# 高速公路改扩建工程路基加宽施工技术

GAOSU GONGLU GAIKUOJIAN GONGCHENG LUJI JIAKUAN SHIGONG JISHU

陈君朝　杨广庆　等◎编著

人民交通出版社股份有限公司
China Communications Press Co.,Ltd.

# 内 容 提 要

本书以京港澳高速公路涿州(京冀界)至石家庄段改扩建路基加宽工程为依托,为实现路基加宽工程的安全、耐久,结合工程实施过程中的经验和研究成果,对采用的新技术、新工艺、新材料、新设备等进行总结和提炼编著了此书。本书内容丰富新颖、系统全面、理论联系实际,具有较强的实用性和可操作性。

全书共分十章,主要内容包括京石高速公路改扩建工程概况、路基加宽设计技术、老路基状态调查与评价、加宽路基软土地基处理施工技术、老路基边沟回填与重型碾压施工技术、老路基边坡台阶开挖与补强施工技术、路基加宽标准化施工技术、特殊路基加宽施工技术、路基边坡植物纤维毯防护施工技术和路基加宽施工沉降变形观测技术等。

本书可作为从事公路工程设计、施工、管理、监理及养护的技术人员和管理人员的参考用书与培训教材,也可供高等院校相关专业师生学习参考。

**图书在版编目(CIP)数据**

高速公路改扩建工程路基加宽施工技术 / 陈君朝等编著. — 北京 : 人民交通出版社股份有限公司, 2014.11

ISBN 978-7-114-11822-7

Ⅰ. ①高… Ⅱ. ①陈… Ⅲ. ①高速公路—路基工程—道路施工 Ⅳ. ①U415.6.

中国版本图书馆 CIP 数据核字(2014)第 252820 号

**书　　名:** 高速公路改扩建工程路基加宽施工技术
**著 作 者:** 陈君朝　杨广庆　等
**责任编辑:** 李　坤
**出版发行:** 人民交通出版社股份有限公司
**地　　址:** (100011)北京市朝阳区安定门外外馆斜街 3 号
**网　　址:** http://www.ccpress.com.cn
**销售电话:** (010)59757973
**总 经 销:** 人民交通出版社股份有限公司发行部
**经　　销:** 各地新华书店
**印　　刷:** 北京盛通印刷股份有限公司
**开　　本:** 787 × 1092　1/16
**印　　张:** 13.5
**字　　数:** 260 千
**版　　次:** 2014 年 11 月　第 1 版
**印　　次:** 2014 年 11 月　第 1 次印刷
**书　　号:** ISBN 978-7-114-11822-7
**定　　价:** 98.00 元

## 编写委员会

**主　编：** 陈君朝　杨广庆

**副主编：** 何敬晨　杜永安　张增廉　游燕燕　王锡朝　赵全胜

**编　委：** 尉红彬　张仲帆　潘晓海　张树军　贾献卓

陈　磊　李　兆　朱　斌　赵　备　熊保林

张春会　刘伟超　梁小勇　周乔勇　郑凤曲

# 前　言

京港澳高速公路涿州(京冀界)至石家庄段(简称京石高速公路)是全国最繁忙的交通通道之一,在国家路网和河北省路网中具有十分重要的地位。京石高速公路于1987年3月开始动工修建,采用先单幅修建,单幅通车,再扩建半幅,全幅通车的建设方式,1994年12月全幅通车运营,全长221.254km,双向四车道,路基宽27m(约18.3km的局部路段路基宽26m)。由于交通量增长迅速,大型车比例递增,道路病害逐渐增加,导致京石高速公路服务水平逐渐下降。为提高道路通行能力,适应交通量迅速增长需要、社会经济发展需要、地方规划需要,发挥通道资源优势需要以及恢复道路使用性能需要,京石高速公路改扩建迫在眉睫,势在必行。

2012年9月28日京石高速公路改扩建工程正式开工建设,采取"两侧拼宽为主、局部分离"的方式将原双向四车道高速公路扩建为双向八车道高速公路,2014年12月建成通车,全长224.678km。

路基加宽作为高速公路改扩建工程的重要组成部分,如何控制新老路基的不均匀沉降、实现新老路基的有效衔接是实施耐久型路基的关键。如果路基加宽处置不当,过大的不均匀沉降将会导致路面开裂,不合理的新老路基搭接将会导致道路沉陷或滑塌,影响道路的正常使用,严重时会中断交通甚至酿成安全事故,造成生命财产损失及不良社会影响。关于高速公路改扩建工程路基加宽施工技术的创新技术主要体现在以下几个方面:一、提出了老路基边沟砂砾回填和重型碾压补强技术,创建了压实度和弯沉双指标控制模式,有效减小了新老路基间的差异沉降,实现了地基整体稳定;二、提出了强力夯实机补强新老路基结合部技术,构建了夯击次数和沉降量双指标控制模式,保证了新老路基的整体稳定性;三、提出了土工格室加筋地基和钢塑格栅加筋路床的新老路基整体化衔接技术,实现了新老路基的有效衔接;四、全线短路基加宽全部采用液态粉煤灰回填技术,保证了路面平顺。

本书共分十章。第1章绪论介绍了京石高速公路改扩建工程概况以及老路基设计状况;第2章介绍了机载三维激光扫描技术在路基加宽勘察设计中的应用,一般路基加宽设计和施工便道设计;第 3 章对高速公路改扩建工程老路基堤身、边坡及边沟状态进行现场调查、分析与评价;第 4 章介绍了高速公路加宽路基软土地基 CFG 桩、水泥搅拌桩、高压旋喷桩复合地基施工及质量检测技术;第 5 章介绍了高速公路路基加宽老边沟回填与重型压路机补强碾压技术;第 6 章阐述了老路基边坡台阶开挖技术、新老路基搭接区域补强以及土工合成材料加筋路基技术;第 7 章介绍了高速公路改扩建工程路基加宽标准化施工技术;第 8 章阐述了高速公路改扩建工程路桥(涵)过渡段路基、短路基等特殊路基加宽施工及冬季备土堆载预压技术;第 9 章介绍了高速公路路基边坡植物纤维毯防护技术;第 10 章介绍了高速公路路基加宽沉降变形观测技术。

本书具有以下几个显著特点:一是密切联系工程实际,以工程应用为宗旨,结合工程实际展开科学试验与研究;二是内容全面、新颖,从老路基状态调查,路基加宽设计、施工,质量检测及沉降观测等多方面对路基加宽工程质量进行多方位控制,并对设计和施工中采用的新技术、新工艺、新材料、新设备进行了介绍;三是形成了产、学、研、用相结合的科技成果开发创新与推广应用模式。

本书由陈君朝、杨广庆等编著。撰写过程中得到了京石高速公路改扩建工程各设计单位、施工单位和监理单位的大力支持,在此表示感谢。

限于时间和编者水平,书中遗漏、不足之处在所难免,敬请广大读者批评、指正。最后,对所有为本书的完成和出版给予支持者表示最衷心的感谢。

**编　者**

**2014 年 9 月**

# 目 录

# 第1章 绪　论

## 1.1 京石高速公路改扩建工程概况

### 1.1.1 项目背景

京港澳高速公路是国家高速公路网(7918 网)中的一条射线,自北向南连接北京、石家庄、郑州、武汉、长沙、广州、香港、澳门8个中心城市,是我国最早规划的高速公路之一,其前身为京珠国道主干线。京港澳高速公路河北段(由京石高速公路和石安高速公路组成)途经河北省会石家庄及保定、邢台、邯郸等城市,在河北省2020年高速公路网“五纵、六横、七条线”的布局规划中,京石、石安高速公路是河北省最主要的南北交通干线,是河北省中南部地区联系首都北京,进而沟通东北、华北和华中地区的重要高速通道,京石、石安高速公路不仅是“五纵、七横”国道主干线“纵3”京珠高速公路的起始路段,同时也是国家高速公路网规划中“射3”京港澳高速公路(G4)的重要组成部分,在河北省以及国家路网中具有十分显要的地位,是全国最繁忙的交通通道之一。

京港澳高速公路河北段的准确定位是:国道主干线、省高速公路骨架和河北省经济发展轴。

京港澳高速公路早期建设时全国的路网规划尚未稳定(建设时期为国家五纵七横中的一纵,统称京珠高速公路),沿线各省根据发展需要进行了分段建设,并相应进行了分段命名,其中北京至石家庄段简称“京石高速公路”,按北京与河北省界划分为京石北京段和京石河北段。

京石高速公路河北段起自涿州市与北京市房山区交界地带,沿途穿过河北省12个市县。从1985年起,涿州(京冀界)至石家庄段(京石高速公路)的项目立项、决策及勘察设计等工作进行了长时间的反复调查与审慎论证。最初论证在原107国道东侧5~7km处修建二级汽车专用公路,后根据国家干线公路网的规划,以及我国经济发展的未来趋势对公路建设等级与规模的要求,并结合当时河北省的财力状况以及京石公路的交通量增长预测分析,河北省交通厅最终决定并经交通部以“(88)交计字346号文”批准,按双向4车道高速公路标准横向分期修建。一期工程(西半幅)为新建半幅高速公路,于1987年3月开工,并分4大段进行设计施工,其中石家庄地、市段48.599km,保定地区南段46.933km,保定市段45.104km,保定地区北段49.423km。至1991年3月,石家庄至定州68km通车投入运营,并取得良好的社会经济效益。1992年11月通车至新城,1993年4月28日通车至涿州,西半幅全线于1993年7月全部建成并投入使用。二期工程(东半幅加宽)于1993年3月开工,经过两年多的努力,于1994年12月18日竣工通车,至此完成京石高速公路的全部建设工作。最终建成双向4车道,全部控制出入口,全封闭、全立交,设有较为完善的交通安全设施、管理设施、服务设施和收费系统的双幅高速公路。京石高速公路采用了先单幅修建,单幅通车,再扩建半幅,全幅通车的建设方式,解决了短期建设资金不足的难题,开创了在经济较落后条件下,阶段性地修建高速公路的一种新观念与新实践,实现了河北省较早地拥有高速公路的目标,同时有力地促进了沿线地区的经济发展,展现了高速公路对社会发展的巨大贡献。

目前,京港澳高速公路河北段交通量增长迅速,大型车比例逐年递增,道路病害逐渐显现,导致京港澳高速公路河北段服务水平逐渐下降,高峰时段道路服务水平下降明显。

为提高道路通行能力适应交通量迅速增长的需要,满足社会经济发展的需要,适应地方规划的需要,发挥通道资源优势的需要,恢复道路使用性能的需要,京港澳高速公路河北段改扩建工程迫在眉睫,势在必行。

2007年4月10日,河北省交通厅委托中交第二公路勘察设计研究院有限公司和河北省交通规划设计院联合开展对京石高速公路改扩建项目的工程可行性进行研究。

2010年6月,项目组提交了经多次省内评审及修编后的工可报告。

2010年10月8日~10月11日,交通运输部规划研究院代部对京石段的项目申请报告及工程可行性研究进行现场调研。

2010年10月28日~11月2日,国家发改委委托博拓投资有限公司对京石段进行可研评估调研会。

2011年3月31日~4月1日,在平山县组织召开本项目初步设计专家初评咨询审查会议,针对会议精神,重点对路拱横坡的设计、老路合成坡度较小路段、分离立交设置、路面设计方案、长联桥改扩建、用地等方面进行深入研究分析。

2011年8月25日,博拓投资有限公司组织人员并邀请专家在北京再次对京石段项目申请报告进行了评估。

2011年11月15日~11月18日,河北省交通运输厅组织在石家庄藁城市召开了本项目两阶段初步设计预审会。

2012年5月16日~18日,代部审查单位中交公路规划设计院有限公司对本项目初步设计进行调研,对一些重要方案进行充分沟通。

2012年7月11日~12日,河北省高速公路管理局组织在石家庄召开了本项目改扩建工程两阶段施工图设计定测验收会。

2012 年 8 月 15 日，交通运输部批复初步设计。

2012 年 9 月 28 日，京港澳高速公路京石段改扩建工程举行开工动员大会，标志着改扩建工程开工。

### 1.1.2 地理位置

河北省涿州（京冀界）至石家庄公路改扩建工程老路扩建段（K42 + 602 ~ K231 + 445）起自河北省与北京市交界的琉璃河附近，沿途经涿州市、高碑店市、定兴县、徐水县、保定市区、清苑县、望都县、定州市、新乐市，止于石家庄市沙河特大桥南岸。新建段起点顺接老路改扩建终点京港澳高速公路连接处设置郭村枢纽互通，经新乐市、藁城市后，在彭家庄枢纽互通终点处，以桥梁形式与石安高速公路顺接（图 1-1）。

图 1-1 京石高速公路改扩建工程地理位置

### 1.1.3 自然条件

(1)自然地理条件

①地形、地貌

河北省地势西北高、东南低,由西北向东南倾斜。地貌复杂多样,高原、山地、丘陵、盆地、平原类型齐全,有坝上高原、燕山和太行山山地、河北平原三大地貌单元。坝上高原属蒙古高原一部分,地形南高北低,平均海拔1200~1500m,面积15954km$^2$,占全省总面积的8.5%;燕山和太行山山地,包括中山山地区、低山山地区、丘陵地区和山间盆地区4种地貌类型,海拔多在2000m以下,高于2000m的孤峰类有10余座,其中小五台山高达2882m,为全省最高峰,山地面积90280km$^2$,占全省总面积的48.1%;河北平原区是华北大平原的一部分,按其成因可分为山前冲洪积平原、中部湖积平原区和滨海平原区3种地貌类型,面积81459km$^2$,占全省总面积的43.4%。

路线所经地区属华北平原的西部边缘带,距太行山主峰50~60km。属太行山山前冲积平原,局部路段地势略高。沿线地势自东北向西南逐步升高,但起伏极小,绝对高程在36~75m之间。沿线所经地区地形平坦,村镇密集。

②气象水文

河北省地处中纬度欧亚大陆东岸,位于我国东部沿海,属于温带湿润半干旱大陆性季风气候,光能资源丰富,全省年总辐射量为4854~5981MJ/m$^2$,其分布趋势北高南低、东西高中间低。长城以北及西部山区年总辐射在5200MJ/m$^2$以上,平原地区年总辐射一般为5000~5400MJ/m$^2$,中间地带为全省最低值区。平均降水量为350~770mm,年降水量时空分布极不均匀。全省有两个少雨区,为冀北高原和新乐、藁城、宁晋一带。全省的两个多雨中心一为燕山南麓,年降水量达700~770mm;二为紫荆关、涞水一带,年降水量在600mm以上。全省年内降水时段分配也极不均匀,降水变率大,强度也大,以夏季降水量最多,占全省年降水总量的65%~75%,一些地区夏季降水往往集中于几次暴雨;冬季降水量最少,仅占全年的2%左右;秋季稍多于春季,分别占15%和10%左右。

河北省年均日照时数在2400~3077h之间,全省范围均属日照条件较好地区。冀北山区及北部山区和渤海沿岸,是稳定的多日照区;燕山南麓和太行山中北部地区次之;山麓平原、低平原及太行山南部最少,为2400~2700h。

项目沿线年平均气温13.5℃,一月平均气温-2.3℃,四月平均气温13.2℃~14.5℃,七月平均气温26.3℃,十月平均气温12.7℃~13.6℃。极端最低气温-22.4℃,极端最高气温43.3℃。年平均降水量558.7mm,雨量多集中在七八月份。年日照2447~2871h。无霜期165~210d。

河北省河流众多,主要河流从南到北依次有漳卫南运河、子牙河、大清河、永定河、潮白河、蓟运河、滦河等,分属海河、滦河、内陆河、辽河4个水系。项目沿线河流大多为干旱河流,常年无水,洪水季节受上游水库调洪影响,近年来大多都被辟为农田。较大河流有北拒马河、南拒马河、漕河、龙泉河、唐河、大沙河、木刀沟河、滹沱河。

(2)工程地质条件

①地层岩性

路线所在地区地层由新到老主要有第四系、第三系、白垩系下统、三叠系下统、二叠系。其中第四系主要以砂、砂砾石、卵砾石、亚砂土、砂质黏土及黏土为主;第三系主要以黏土及砂质黏土为主;白垩系出露灰绿、灰紫和紫红色砂岩、含砾砂岩、粉砂岩、粉砂质页岩、页岩、含油页岩、夹泥岩、凝灰岩及不稳定凝灰质砾岩;三叠系主要为灰白、粉红和浅砖红色后层含砾中~粗粒砂岩,偶夹砖红色粉砂质泥岩、蓝灰色粉砂质页岩及不稳定砾岩,含少量钙质结核和团块;二叠系主要为灰白色中细粒砂岩、深灰色粉砂岩、夹灰黑色砂质泥岩和煤层,含铝土矿,另外分布有黄绿、黄褐及杂色中细粒砂岩、页岩及砂质页岩,并夹有炭质页岩和鲕状铝土岩,局部可见煤线。

②地质构造

本工程项目位于太行山以东华北平原沉积带西部,太行山山前断裂带是分隔太行山隆起区与华北平原拗陷区的边界断裂。区域内断裂构造十分发育,对本项目有影响的深断裂主要有:怀柔~涞水深断裂、定兴~石家庄深断裂。对本项目有影响的大断裂有:无极~衡水大断裂、临漳~魏县大断裂。

③地震

查对分区图,本项目沿线地震动峰值加速度为0.05~0.10$g$,相当于原标准地震基本烈度Ⅵ~Ⅶ度区,设计需按相关规定进行设防。地震动反应谱特征区划为0.35~0.45s。

④水文地质

区域内地下水位深度一般介于20~30m之间,储水层为第四系冲积层砂砾层,地下水位下1~3m为浅层咸水,200m以下储水丰富,为淡水,水质良好。地层中存在几层高液限黏土和中液限黏土薄层,深度在1~3m之间,起到隔水板作用,如果遇到降水,上面将存在上层滞水,其厚度根据降雨量大小而定,此时表层粉质亚砂土将达到饱和状态。

⑤特殊性岩土

本工程项目沿线特殊性岩土主要为软土、砂土液化及浅表层次生黄土。

软土:主要分布在K48+050~K56+000、K59+200~K63+500、K77+050~K84+050、K87+150~K90+400、K140+720~K140+820、K204+550-K204+780、K209+300~K209+400地段,软土呈灰色、深灰色夹灰黑色等,由淤泥质土、黏土、粉质黏土等组成,具

有含水量高、压缩性高和强度低的特征。

另外由于原老路部分路段在老路边坡坡脚设置蒸发池，拼宽路基范围内的老路蒸发池需进行处理。

砂土液化：沿线地表均为第四系松散堆积物覆盖，岩性为黏性土、粉性土、砂土和卵砾石层。局部穿越河道路段地下水位埋深较深，一般大于28m，地下水位以下存在饱和的砂土层，勘察区沿线地震动峰值加速度为0.05～0.10$g$，相当于原标准地震基本烈度Ⅵ～Ⅶ度区，砂土在地震作用下具有产生砂土液化的可能。由于本区地下水位埋藏较深，一般大于28m，地震动峰值加速度为0.05～0.10$g$，地震基本烈度Ⅵ～Ⅶ度，故本路段可不考虑砂土液化问题。

次生黄土：沿线局部分布有次生湿陷性黄土。主要分布在K158+200～K169+400、K172+500～K176+500和K240+320～K264+466段，属第四系全新统（$Q_4^{al+pl}$）次生黄土，黄褐色、褐黄色夹少许灰白色网纹等，可塑状为主，发育较多虫孔，导水性强，具弱湿陷性；层厚一般为0.6～2.5m，最厚达3.7m。黄土自重湿陷量平均9.3，范围为1.58～37.25。总湿陷量平均59.62，范围为1.08～187.11。

（3）工程地质评价

①区域稳定性评价

本工程项目位于太行山以东华北平原沉积带西部，太行山山前断裂带是分隔太行山隆起区与华北平原拗陷区的边界断裂。该断裂带隐伏于华北平原西侧第四系覆盖层之下，呈北北东向延伸，北端插入燕山隆起，南端结束于新乡附近。从大区域而言，沿线大地构造单元为中朝准地台和中～新生代盆地。中朝准地台基底褶皱包括阜平期褶皱、五台期～吕梁期褶皱，盖层褶皱有第一套盖层（Lg1，长城系Ch）、第二套盖层（Lg2，蓟县系Jx）、第四套盖层（Lg4，ε－O2）、第五套盖层（Lg5，C2－T2）；中生代盆地包括燕山旋迴Ⅳ幕（Y4，K1）、喜山旋迴（X1，E）。

区域内断裂构造十分发育，对本项目有影响的深断裂主要有：

怀柔～涞水深断裂　北起怀柔城北，向南经海淀、房山至涞水，长约140km，总体走向北东35°，倾向南东，倾角较陡。房山以北，又称黄庄～高丽营断裂，对中生代尤其是新生代的沉积有明显的控制作用，形态类型属于正断层。据人工地震资料，断裂的铅直断距可达800m左右，晚近期活动强烈；房山～涞水段，累计垂直断距2000m左右。

定兴～石家庄深断裂　大体沿路线分布，长约200km，近期活动明显，断裂向南东陡倾，为中、新生代的继承性正断层，累计铅直断距5000m以上。在平面上，断裂两段及中间多处被北西向断层错移，并均为左行扭动性质，水平错距20km以内。

对本工程项目有影响的大断裂有：

无极～衡水大断裂　该断裂西起曲阳以西，向东南经无极、衡水，于德州以南延入山东。区内全长约200km,总体走向北西50°,该断裂对两侧的中、新生代的沉积有明显的控制作用。

临漳~魏县大断裂　该断裂位于本区的南部边缘。断裂走向北西70°左右,区内长约90km,向东延入山东。为中、新生代的继承性活动断裂,在空间上同北邻的无极~衡水大断裂排成阶梯状,形态类型为正断层。1—康保~围场深断裂;2—丰宁~隆化深断裂;3—大庙~娘娘庙深断裂;4—尚义~平泉深断裂;5—上黄旗~乌龙沟深断裂;6—紫荆关~灵山深断裂;7—怀柔~涞水深断裂;8—定兴~石家庄深断裂;9—邢台~安阳深断裂;10—沧州~大名深断裂;①沽源~张北大断裂;②马市口~松枝口大断裂;③密云~喜峰口大断裂;④平坊~桑园大断裂;⑤青龙~滦县大断裂;⑥固安~昌黎大断裂;⑦无极~衡水大断裂;⑧临漳~魏县大断裂;⑨海兴~宁津大断裂。

线路主要涉及了中朝准地台中华北断拗区的冀中台陷的西缘,是大地构造相对较稳定地段。区域分属山岳、平原和盆岭带3大地貌类型。新构造运动以大面积间歇性升、降,断块差异运动的断裂运动为主要特征,并具继承性和新生性。区内断裂构造发育,构造带内的北北东向、北西西向走滑分量较大的全新世强烈活动断裂,尤其是新生断裂时大震发震断层,断裂未来强震的发生将对线路产生不同程度的影响。

②工程地质评价

本线路道路工程地质分区的原则:

a.工程地质分区按两级分区,一级分区主要根据地貌分区,二级分区主要依据地层岩性及其空间展布状况,将一级分区再划分成若干亚区。

b.依据地质调绘和钻探揭露地层进行工程地质分区。路线段经划分为一个一级工程地质区,冲洪积平原松散岩类土工程地质区。工程地质区工程地质条件及评价如下:

该区总体为山前冲洪积平原地貌,地势平坦开阔,地形高差起伏较小,该区岩性主要是第四系全新统冲洪积成因黏土、亚黏土、粉砂、中砂、粗砂、砾石及少量卵石为黄褐、灰黄、黄色,含铁、锰质氧化物。区内地层层位不稳定,砂类土承载力总体较高,以中密~密实状为主,局部存在砂土液化问题;黏性土土质不均,含较多粉细砂,以硬塑状为主;地表低洼地带分布着程度不等的次生黄土。本区工程地质条件总体较好,砂土液化是该区主要的工程地质问题。

### 1.1.4　建设规模

涿州(京冀界)至石家庄段(京石高速公路)改扩建工程的起点为涿州(京冀界)K45+602,终点位于石家庄市大沙河南岸K231+445,路线全长185.843km;新建路段起点顺接老路扩建段,终于石黄高速公路枢纽与石安高速公路段相接,线路全长38.835km。全线为双向8车道高速公路,路基标准横断面宽42m。设计速度120km/h,扩建段原构造物设计荷载为汽车—超20、挂车—120，拼宽部分及新建路段为公路—Ⅰ级，设计洪水频率为特大桥1/300，其他桥梁和路基为1/100。

改扩建段包含特大桥2536m/2座，大、中桥3347.34m/22座，互通立交15处（原位利用改造11处、移位重建2处、新增2处），服务区6处（原位利用改造3处，新增3处），新增占地7539.1亩。新建段包含特大桥6891m/3座，互通立交7处，服务区1处，占地7711.9亩。沿线共设连接线10条，总长111.4km，其中保定市7条，石家庄市3条。

沿线相交的主要公路有：京都旅游大道、规划涿州南北外环、津徕线、规划五四路、规划迎宾路、G112、东高线、S232、规划巨力路东延；保定市七一路、省道S334保静线、省道S331保沧线、保沧高速、省道S231保衡线、省道S335蠡野线、博望公路、省道S382河龙线、省道S234定魏线；京港澳高速、石黄高速、S203、S204、S302等。相交铁路有朔黄铁路，平行的铁路主要有京石客运专线、京广铁路、石家庄市规划的轻轨等；相交管道有京邯管道；跨越的主要河流有漕河、唐河、大沙河、木刀沟河、滹沱河等。

勘察设计分为4个合同段，由5家设计单位分别承担。

JSSJ-1合同段为联合体设计，由中交第二公路勘察设计研究院有限公司和河北省交通规划设计院组成，其中中交二院为总体设计单位。K45+602~K130+602路段范围的主体工程、交通工程及沿线设施（含JSSJ-2），设计里程为85.0km，由河北省交通规划设计院承担；K130+602~K231+445路段范围的主体工程、交通工程及沿线设施，设计里程为100.843km，由中交第二公路勘察设计研究院有限公司承担并同时负责全线的总体勘察设计以及各专业设计文件的协调、汇总、上报工作。

JSSJ-2合同段为K231+445~K270+279.767路段的主体工程，设计里程为38.835km，由贵州省交通规划设计院承担。

JSSJ-3合同段为全路段的房屋建筑，里程为224.678km，由河北建筑设计研究院有限公司承担。

JSSJ-4合同段为全路段的环保绿化及景观工程，里程为224.678km，由北京腾远建筑设计有限公司承担。

### 1.1.5 技术标准

京港澳高速公路京石段改扩建工程主线采取“两侧拼宽为主、局部分离”的方式将原双向4车道高速公路扩建为双向8车道高速公路，综合考虑老路现状、互通立体交叉的分布情况及扩建应充分利用老路的需要。各项技术指标按交通运输部部颁《公路工程技术标准》（JTG B01—2003）执行，主要技术标准见表1-1。

主要技术标准表

表 1-1

| 序 号 | 指 标 | | 单 位 | 技 术 标 准 | |
|---|---|---|---|---|---|
| | | | | 规范值 | 采用值 |
| 1 | 起讫桩号 | | | K45 +602 ~ K270 +212.767 | |
| 2 | 路线总长 | | km | 224.611 | |
| 3 | 公路等级 | | | 高速公路 | 高速公路 |
| 4 | 设计速度 | | km/h | 120 | 120 |
| 5 | 路基宽度 | 整体路基 | m | 42 | 42 |
| 6 | 行车道宽度 | | m | 2 × 15 | 2 × 15 |
| 7 | 中央分隔带宽度 | | m | 3.0 | 3.0 |
| 8 | 右侧硬路肩(含路缘带) | | m | 233.0 | 233.0 |
| 9 | 平曲线 | 一般最小半径 | m | 1000 | 2050 |
| | | 极限最小半径 | m | 650 | |
| 10 | 不设超高最小平曲线半径 | | m | 5500 | 5500 |
| 11 | 平曲线最小长度 | | m | 600 | 844.352 |
| 12 | 最大纵坡 | | % | 3 | 1.73 |
| 13 | 最小坡长 | | m | 300 | — |
| 14 | 凸形竖曲线最小半径 | 一般值 | m | 17000 | 18870 |
| | | 极限值 | m | 11000 | |
| 15 | 凹形竖曲线最小半径 | 一般值 | m | 6000 | 12000 |
| | | 极限值 | m | 4000 | |
| 16 | 汽车荷载等级 | | | 公路—Ⅰ级 | |
| 17 | 地震动峰值加速度 | | $m/s^2$ | 0.05 ~ 0.1$g$ | |
| 18 | 设计洪水频率 | 特大桥 | | 1/300 | |
| | | 桥涵、路基 | | 1/100 | |

# 1.2 老路基设计状况

## 1.2.1 老路基标准横断面

京石高速公路全线原有路基宽度为 26.0m 或 27.0m，其中 K45 +602 ~ K57 +960、K134 +585 ~ K152 +935 段为 26.0m，施工中为全幅一次修建成形，其余路段路基全宽为 27.0m，采用分幅修建，先修建西半幅 13m，再修建东半幅，一般采用开挖宽 1.5m、高 1m 的台阶后进行拼接。如图 1-2 所示。

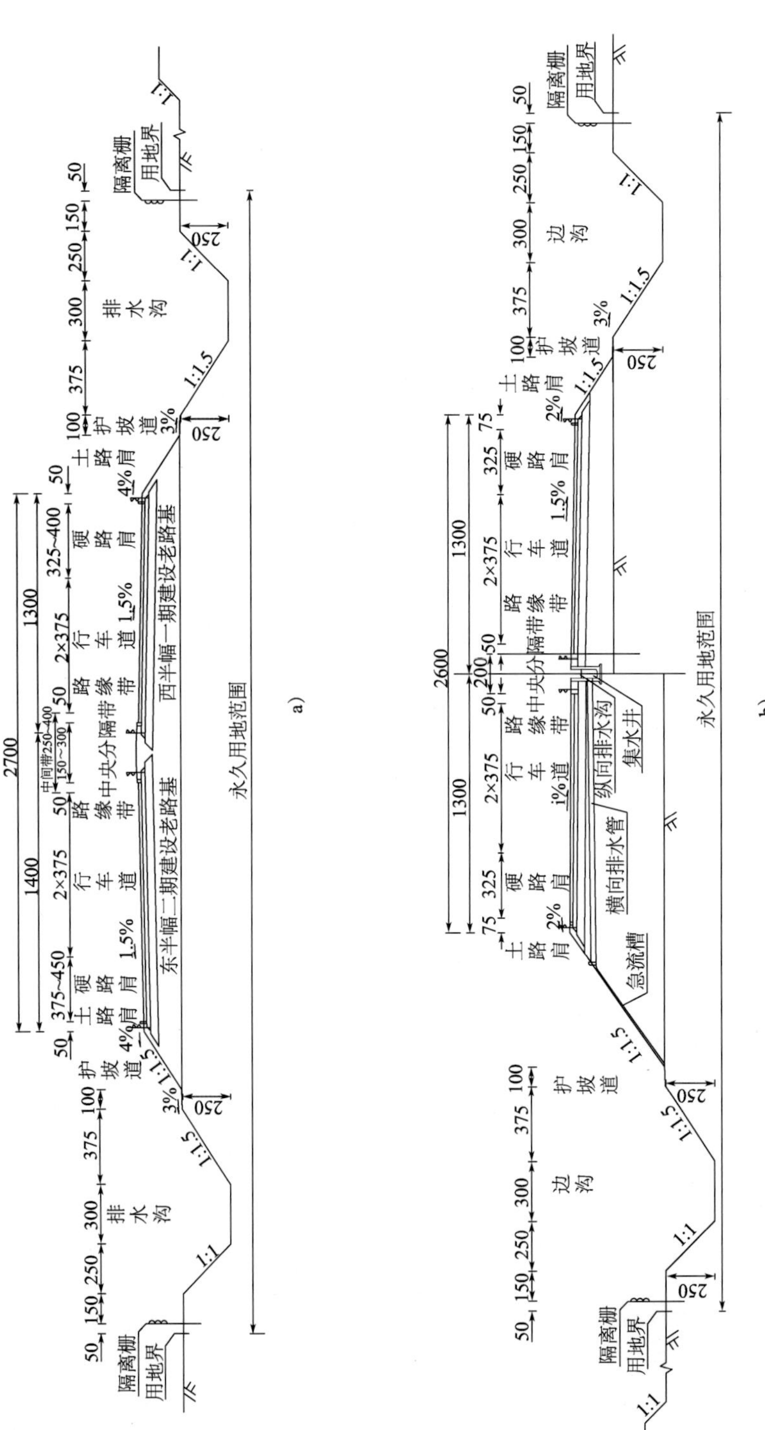


图1-2　老路路基设计标准横断面图(尺寸单位: cm)

### 1.2.2 老路基填料及稳定性情况

根据原老路基竣工图、施工图资料及现场调查,原有老路基填料主要为黏性土、砂性土。经现场调查,现老路基稳定性较好,未出现较大垮塌或边坡失稳情况。另外在新乐段旧路存在约5.2km的填砂路基,分布范围详见表1-2。

特殊填料段落统计表 表1-2

| 起讫桩号 | 原老路设计起讫桩号 | 路基填料 | 里程长度(m) |
|---|---|---|---|
| K197+808.3~K200+364.0 | K21+291.0~K23+846.7 | 砂土 | 2555.7 |
| K200+639.1~K203+255.0 | K18+400.0~K21+015.9 | 砂土 | 2615.9 |

### 1.2.3 老路基排水情况

老路路基一般采用土质大排水沟(底宽3m,顶宽9.25m,深2.5m)兼作蒸发池,由于老路基排水沟尺寸较大,排水沟内基本无积水现象,但在通道处积水较为严重。在定州至新乐段(K203+000~K231+445),设置有蒸发池(一般长15m,宽5m,深3m),主要用于通道排水。

### 1.2.4 老路基防护情况

京石高速全线为填方路堤,边坡防护以植草、种植蕨类为主,局部填方边坡较高路段(一般大于5m路段)在5m以下采用了浆砌片石满铺防护,另外互通区局部路段如保沧互通内采用了菱形框架植草绿化防护,特大、大桥桥头主要采用预制空心六角块防护。

## 1.3 路基加宽工程特点与特色

京石高速公路通车运营多年,路基、地基沉降基本完成,在其边坡上进行扩建加宽时,由于新老路基在沉降、稳定性和承载力等方面的差异,会产生不协调沉降变形,当不协调沉降变形过大时将会产生路面裂缝。同时,新老路基路面之间如何形成统一整体,实现新老路基的合理衔接技术也是路基加宽成功与否的关键。

京石高速公路改扩建路基加宽工程特点与特色:

(1)老路分阶段、分幅修建,沿线软(弱)土地质条件差、土性变化复杂,路基高度差异大。

(2)路基边沟回填快速施工是工程建设关键点。沿线路基两侧边沟形状有差异(西侧为深边沟,东侧为宽浅边沟),沟底范围土体状态差异较大,边沟回填处理及快速施工成为平原区路基加宽的关键之一。

(3)改扩建工程路基施工便道单独设计成为特色。由于沿线边沟复杂多变、道路交叉众多、加宽路基施工的特殊性,路基施工便道的合理设计对工程进度和交通安全具有重要影响。

(4)新老路基台阶补强追密是关键。由于沿线老路基填料多样,压实状态差异较大,老路基边坡开挖合理的台阶宽度是新老路基有效衔接的关键。一般理论意义上的“挖台阶到硬茬”的技术方法在实际工程中难以实现,而对新老路基台阶进行补强追密成为台阶处理的有效方法。

(5)冬季备土对路基进行堆载预压成为有效手段。为有效控制新老路基之间的不协调变形,减小不均匀沉降,除相应的技术措施外,利用冬季进行备土预压成为一种有效手段。

# 第2章　京石高速公路改扩建工程路基加宽设计

## 2.1　机载三维激光扫描技术在路基加宽勘察设计中的应用

### 2.1.1　概述

我国现有道路改扩建工程勘察设计主要采用航空摄影测量辅之以GPS-RTK测量和精密水准测量的方法。人工上路GPS-RTK测量方法和水准测量方法,存在以下局限性。

(1)大量的人工上路测量,存在巨大安全隐患。需要携带测量仪器进行上路测量,与路面快速行驶的车辆极易交叉从而酿成交通事故,存在重大安全隐患。

(2)干扰正常交通秩序。由于需要人工上路测量,且测量点位分布于道路的不同构成部分,无法避免对正常道路交通秩序的干扰。

(3)测量工作量大。需根据一定的断面间距,对每个断面的道路中央隔离带、路面、路基边界、边坡等多个测量点位进行人工测量,工作量庞大。

(4)测量进度缓慢。人工测量效率低,项目测设周期长,且易受路况、天气等条件制约。

(5)测量成本高。由于需要进行大量野外作业,人力和物力成本较高。

(6)信息不完整。仅能获取道路断面单点测量数据,同时缺乏道路附属设施的分布信息等,所获取的信息不完整。

因此,现有的道路改扩建测量技术在效率、安全和成本等方面均难以适应日益增长的公路改扩建需求。如何在不中断交通的情况下,对现有公路安全、快速、经济的进行高精度测量,为公路改扩建提供精确、丰富和完整的信息支持,已成为现有公路改扩建急需解决的重要问题。

机载激光雷达(Light Detection and Ranging,LiDAR)以飞机作为观测平台,是一种集激光测距技术、计算机技术、惯性导航系统(INS)和高精度动态GPS差分定位技术(DGPS)于一身的主动式航空遥感技术,是目前测量精度最高、测量数据最为可靠的大面积精确测量三维空间坐标的方法。

机载激光雷达测量(图2-1)具有以下技术特性:

(1)全天候测量。LiDAR技术是一种主动式测量方式,对天气条件的依赖性小,不易受阴影、太阳高度角的影响,在不需要拍摄影像的情况下可以24h全天候工作。

(2)植被穿透能力强。激光脉冲信号能够部分穿越植被的叶冠,能有效克服植被的影响,从而可以更精确地探测地表真实地形。

(3)外业工作少。三维激光扫描技术基本不需要或很少需要进入测量现场或布置地面控制点,可以对现有高速公路实行空中远距离高精度测量,从而不干扰交通流,高精度获取现有道路信息,保障测设人员安全。

(4)数据精度高。由于采用激光回波探测原理,且激光具有极高的方向指向性,加之配置的高精度姿态测量系统,即使在没有地面控制点的情况下,也能达到较高的定位精度。

(5)数据密度高。根据所需,可灵活调节不同地表数据的采集间隔。数据采集密度高,非常有利于真实地面数字高程模型(DEM)的重建和获取。

(6)产品丰富。利用获取的高密度、高精度的点云及影像数据,可以生成数字表面模型(DSM)、数字高程模型或数字地形模型(DEM)、数字线划图(DLG)和数字正射影像(DOM)等。

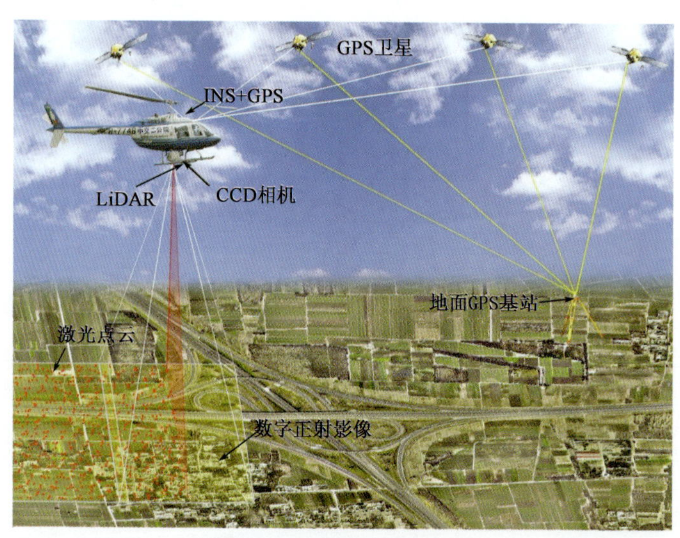


图2-1 机载激光雷达测量

较传统的航空摄影测量、人工测量手段,机载激光雷达测量具有点云扫描密度大、速度快、信息全、不受空域和天气影响等特点,特别是应用于高速公路改扩建工程测量中,更具精度高、作业安全、信息量广等得天独厚的优势,是公路改扩建勘测最为理想的数据采集方法之一。

机载激光雷达测量与传统道路改扩建测量方法的对比情况见表 2-1。

机载激光与传统测量方法比较表　　表 2-1

| 比较指标 | 机载 LiDAR | 传统测量 |
|---|---|---|
| 测量安全性 | 少量路面测量 | 需要携带仪器上路测量，存在较大的安全隐患 |
| 信息完整性 | 能保证设计范围精度一致 | 路面精度高于路外 |
| 测量工作量 | 后期数据处理量大 | 人工实测工作量大 |
| 工作效率 | 高 | 受天气、路况等影响，效率低 |
| 现有交通干扰 | 无 | 存在一定的干扰 |
| 数据结构 | 结构统一 | 路面、路外数据结构不统一 |

在京港澳高速公路涿州(京冀界)至石家庄段改扩建工程勘察设计中即引入直升机激光测量技术，从而代替人工上路测量。

### 2.1.2　机载激光雷达测量技术体系研究

针对京港澳高速公路涿州(京冀界)至石家庄段改扩建工程勘察设计的实际问题，对高速公路改扩建机载激光雷达关键技术问题，包括精密机载激光测量数据采集、机载激光雷达数据处理、机载激光雷达数据精化处理、3D(DEM、DOM、DLG)数字产品生成、既有道路精密三维空间信息数据提取、与道路改扩建 CAD 设计协同等重大技术问题，形成了一整套以直升机激光测量技术为核心的全新的公路改扩建勘察设计技术体系。

以直升机机载激光测量技术为核心的全新的公路改扩建勘察设计技术体系流程如图 2-2 所示。

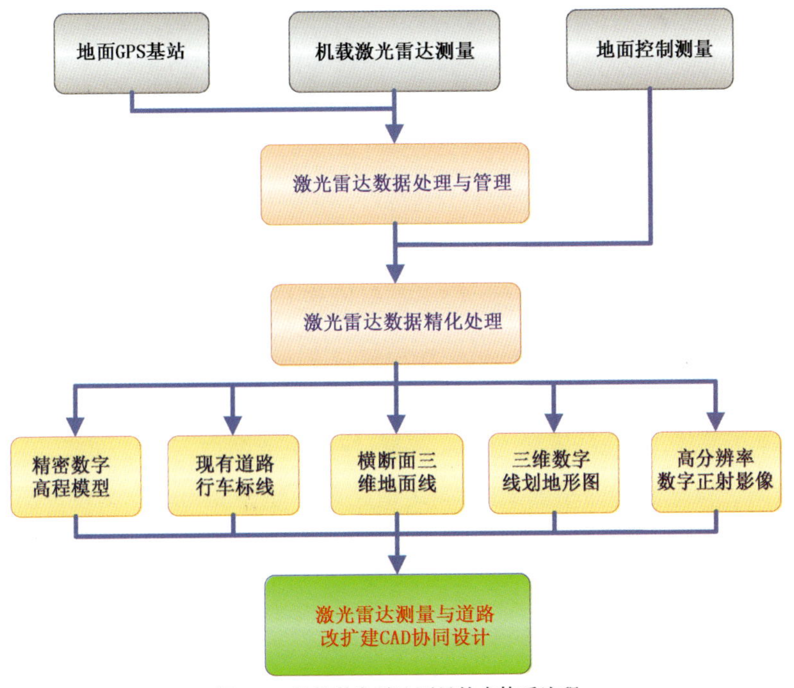

图 2-2　机载激光雷达测量技术体系流程

形成的基于机载激光扫描测量的公路勘察设计技术体系，首次实现了将机载激光雷达测量应用于道路改扩建详测与施工图设计阶段。该技术体系主要包括以下内容。

1.技术指标与要求

机载激光测量应用于道路改扩建的技术指标与技术要求：

(1)采用超低空高密度机载激光测量，激光点云间距约0.20m，原始影像分辨率约0.10m。

(2)小于20km布设一个GPS地面基站，每10km联测一个地面GPS控制点。

(3)机载激光测量数据成果，平面中误差优于0.05m，高程中误差优于0.02m。

(4)数字高程模型(DEM)，采用规则格网，格网间距0.5m，NSDTF-DEM格式或xyz格式。

(5)数字正射影像(DOM)，影像分辨率不大于0.10m，平面精度优于0.10m。

(6)数字线划地图(DLG)，满足1:1000比例尺成图精度要求。

2.技术流程及环节

道路改扩建勘察设计的技术流程与环节：

(1)在整个道路改扩建勘察设计过程中，一次采集数据，多个阶段使用，机载激光测量贯穿于道路勘察设计的可行性研究、初测、施工图设计各个阶段。

(2)直接从空中获取道路改扩建勘察设计所需的高精度三维地形基础信息数据，减少道路改扩建中控制测量、路面测量等测设环节，缩短道路改扩建测设周期。

(3)只需极少的地面控制与外业测量工作，大幅减少外业测量工作量，成果满足道路改扩建详测与施工图设计的精度要求，可代替人工上路测量。

(4)充分利用机载激光雷达测量的覆盖范围广，获取空间信息资料精密、丰富的特点，进行道路改扩建方案的比选与优化设计。

3.数据提取方式

道路改扩建勘察设计所需的主要成果数据及提取方式：

(1)机载激光雷达测量获取的激光点云数据具有三维地理坐标信息，直接生成数字表面模型，快速、高效生成数字高程模型、数字正射影像与数字线划地图。

(2)充分利用高密度激光点云数据的回波强度信息，自动识别并提取现有道路路面的四条白色车道标线的三维激光点数据，用于现有道路的平、纵线形拟合。

(3)直接基于高密度、高精度激光点云数据，快速生成断面三维地面线，避免通过数字高程模型生成断面三维地面线的精度损失，满足道路改扩建详测与施工图设计的精度要求。

### 2.1.3 精密机载激光测量数据采集方法研究

1.高精度机载激光测量平台与设备

采用直升飞机为激光雷达系统搭载平台，其飞行高度低、速度慢、姿态平稳、操纵灵活，有利于对既有道路信息的超低空精密采集。飞机姿态保持由飞机导航用 GPS 设备及航空摄影使用的机载激光雷达先进的惯性导航系统 IMU 和 GPS 全球定位系统共同承担，在航迹修正，飞机的俯仰、横滚与侧滚的控制方面均能达到较高的精度要求。

图 2-3　Bell 206 直升机

京港澳高速公路涿州(京冀界)至石家庄段机载激光雷达数据采集搭载平台使用 Bell 206 直升机(图 2-3)，起降场选在保定徐水县西南角久久集团空旷的草地上，并在望都设有备用起降场(图 2-4)。

图 2-4　区域地理位置图

机载激光雷达设备使用 RIEGL Q560-II 激光雷达测量系统(图 2-5)。该系统由 LMS – Q560 – II 机载激光扫描仪、3900 万高分辨率航空数码相机、高精度 IGI IMU – IId、航空专用 GPS 接收机、航飞控制系统组成。其激光扫描仪脉冲频率最高可达 240000Hz,能够接收无穷次回波。

采用的机载激光扫描仪及惯性导航系统主要参数详见表 2-2、表 2-3。

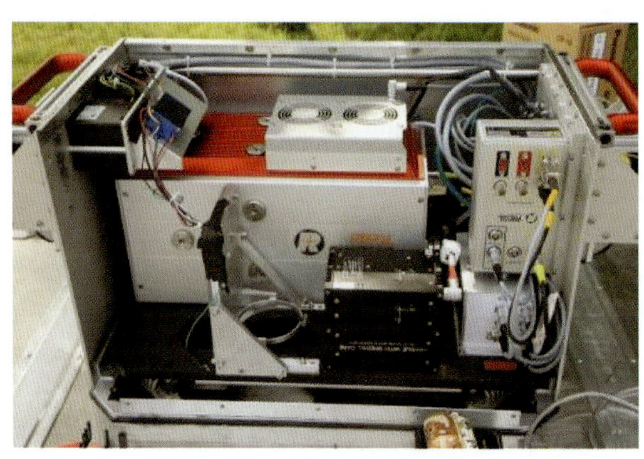

图 2-5　机载激光雷达测量系统

**机载激光扫描仪主要参数**　　表 2-2

| 激光扫描仪 | RIEGL Q560-II |
|---|---|
| 最大激光发射频率(kHz) | 240 |
| 最大扫描频率(Hz) | 2 ~ 256 |
| 回波数 | 全波形分析,无穷次回波 |
| 最大发射频率工作范围($\rho$ < 60%) | 200kHz < 700m;<br>100kHz < 1200m;<br>50kHz < 1800m |
| 数据采集高度(m) | 30 ~ 2000 |
| 最大视场角(°) | 60 |
| 激光器安全等级 | 一级(安全) |
| 使用温度范围(℃) | 0 ~ 40 |
| POS 系统(IMU) | IGI Aero Control IMU – IId |
| 数码相机 | 哈苏 39M |

**惯性导航系统主要参数**　　表 2-3

| IMU 惯性导航系统型号 | IGI IMU – IId |
|---|---|
| IMU 精度(RMS) | 滚动≤0.005°,倾斜≤0.005°,偏航≤0.01° |
| IMU 机载传感器地面精度(cm) | 5 ~ 10 |
| 数据采集频率(Hz) | 256 |
| 光纤匝数(圈) | 200 |

续上表

| | |
|---|---|
| 实时数据采集 | 小于3ms滞后时间 |
| 机载传感器校准方式 | 全自动,空中,时间精度校准POS数据 |
| GPS全球定位仪类型 | 可植入式低噪声双频GPS接收仪 |
| 数据采集控制子系统 | 桌面/便携PCS电脑系统,Windows操作系统,<br>拥有版权的数据采集和控制软件 |
| 重量 | IMU和PCS:7.5kg;GPS:2kg |

2. 机载激光数据采集方案设计

京港澳高速公路涿州(京冀界)至石家庄段改扩建工程机载激光雷达测量是机载激光测量技术在高速公路改扩建中的首次研究与应用。由于现有道路改扩建工程对测量精度的要求远高于新建道路工程,因此,机载激光雷达测量的技术方案设计对整个项目的顺利开展并取得成功至关重要。

机载激光雷达测量数据采集方案从高效、经济的原则出发,综合考虑仪器设备的性能、地形、地势、高差、摄区形状、航高、航向重叠度、旁向重叠度和航行协调等一系列要素,以使最终的激光雷达数字三维测量的数据精度达到高等级道路改扩建精度要求。

根据制订的项目经济技术指标,结合激光雷达设备的激光束性能和激光点密度等指标,项目的技术方案设计为进行相对航高分别为260m、770m的两次机载激光数据采集工作。

260m相对航高的数据采集沿高速公路中心线飞行,无需进行航线设计,主要用于获取路线两侧各100m范围内的高密度、高精度激光点云数据。

770m相对航高的数据采集,主要用于路线方案与互通立交及服务区的高分辨率数码影像拍摄与大比例尺数字线划地形图生成,需要利用专业软件进行专门的航线设计(图2-6)。项目依托工程共设计113条航线,航线里程约440km,共拍摄照片2055张。

两次机载激光数据采集的主要技术参数详见表2-4。

3. 地面GPS基站布设

为保证机载激光雷达扫描测量和GPS/IMU技术的实施,需要在地面布设GPS基站,架设高精度GPS信号接收机,并与机载POS系统内置GPS接收机同步进行GPS观测,以实现动态DGPS相位差分测量定位。

地面GPS基站的选址原则应包括:

(1)站点附近视野开阔,对空观测条件好,无强磁场干扰。

(2)站点附近交通、通信条件良好,便于联络和数据传输。

(3)站点附近地表面有浅植被覆盖,以抑制多路径效应。

(4)点位需设立在人员稀少或不易到达的地点,避免闲杂人滋扰。

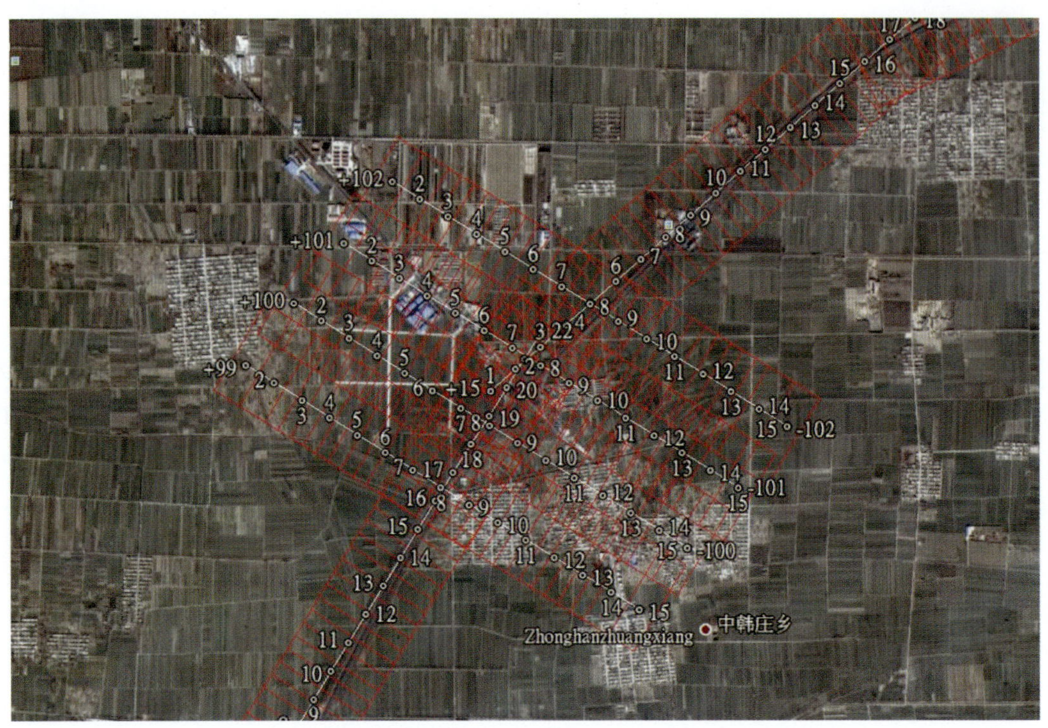


图 2-6　770m 相对航高的航线设计图(局部)

机载激光雷达数据采集的主要技术参数　　表 2-4

| 主要技术参数 | 低空数据采集 | 高空数据采集 |
|---|---|---|
| 相对航高(m) | 260 | 770 |
| 飞机地速(km/h) | 100 | 100 |
| 激光发射频率(kHz) | 240 | 100 |
| 激光扫描角(°) | 60 | 60 |
| 激光带宽(m) | 280 | 889 |
| 激光点密度(个/$m^2$) | 25 | 4 |
| 激光点点间距(m) | 0.2 | 0.50 |
| 镜头焦距(mm) | — | 50 |
| 数码相机像素 | — | 3900 万 |
| 原始影像分辨率(m) | — | 0.10 |
| 影像航向重叠度 | — | 60% |
| 旁向重叠度 | — | 30% |

(5)点位需要设立在稳定的、易于保存的地点。

(6)电源供应可靠,保障设备充电。

项目研究沿京港澳高速公路涿州(京冀界)至石家庄段现有道路共选取 10 个 GPS 地

面控制点(GPS406,GPS414,GPS421,GPS429,GPS438,GPS445,GPS453,GPS462,GPS469,GPS478)用于架设地面基站(图2-7)。

图2-7 地面GPS基站

在进行飞行作业的同时,地面GPS基站需要与机载POS系统内置GPS接收机同步进行GPS观测,同时完成控制网的联测。地面GPS观测需在飞机起飞前15min完成架设和打开GPS接收机,在飞机停机后15min关闭接收机。

4.检校航线设计

为保证机载激光雷达测量成果的精度,需要对机载激光雷达系统进行检校飞行以间接测定检校参数;然后在输出激光点云数据时,利用这些测定的检校参数消除激光雷达系统的系统误差。

在京港澳高速公路涿州(京冀界)至石家庄段改扩建工程勘察设计机载激光雷达数据采集时,采用主检校和次检校相结合的检校飞行方案。主检校在开始进行高精度机载激光雷达数据采集的前后,做一次即可;次检校需要在每一个飞行架次中进行。

主检校是在400m的相对航高,选取1km×1km地物较突出的区域,设计6条航线进行交叉飞行,并对中间1条航线进行来回飞行,以完成对设备的检校;主检校只需进行一次。次检校是在700m的相对航高,设计长约1km的航线进行来回飞行次检校在每次飞行中为保证数据质量都需进行。

5.航飞数据采集的实施

(1)沿京港澳高速公路涿州(京冀界)至石家庄段改扩建工程分别按两种航高进行激光数据的采集,总共飞行时间为1740min,约29h。总共采集激光点云数据大小约686.5G,

拍摄的高分辨率数码影像约2395张。具体如下。

①260m航高数据采集。260m相对航高共进行了两个架次的机载激光数据采集。单次飞行时间分别为246min、316min，合计飞行时间约9.5h，有效的数据采集航程超过200km。

②770m航高数据采集。770m相对航高的航飞数据采集共飞行航线113条，包括沿路线方案50条、互通方案63条，共飞行时间约15h。尽管互通航线短，但由于转弯多，所以直线航线与互通航线约各占一半飞行时间。此外，进行数据采集前后的主检校飞行，共耗时76min。

(2)项目航飞数据采集严格执行以下飞行要求。

①整个航飞过程中，转弯坡度不能超过20°，一般要控制在15°(标准转弯)，否则会造成GPS卫星信号失锁，航飞数据作废，需要重飞。

②飞机在进行作业过程中，每隔10min进行一次绕圈，其目的是使IMU重置，减少累计误差。

③如果航路时间大于30min，则在进入测线前必须转个"n"字形弯，才能开始正式测线航飞。

④在测线飞行过程中，必须满足如下要求：

a.不同航线必须采用左转弯和右转弯交替方式，绝对不能绕圈飞行。

b.偏离航线不得大于25m，航高上下偏离不得大于25m。

c.航偏角一般不大于6°，最大不大于15°。

d.像片倾斜角一般不大于2°，最大不大于4°。

e.航线弯曲度不得大于3%。

### 2.1.4 机载激光雷达数据处理方法研究

机载激光雷达数据处理主要包括GPS数据处理、激光数据处理、激光数据分类等数据处理工作。京港澳高速公路(河北段)改扩建工程勘察设计机载激光雷达数据处理流程如图2-8所示。

1. GPS数据处理

对10个地面基站点及路面标记点进行了GPS联测，对机载GPS观测数据和地面基站GPS观测数据进行联合差分解算，并将惯导(IMU)数据与差分解算成果联合进行处理，确保最终成果数据的坐标系统及精度符合京港澳高速公路涿州(京冀界)至石家庄段改扩建工程勘察设计的要求。

2. 激光数据处理

(1)对基于激光扫描仪的航迹数据文件进行了激光点大地定向处理，并通过计算的坐标转换参数进行激光点云的坐标转换。

(2)对基于机载激光扫描仪的航迹数据文件进行了激光点大地定向处理，通过设备厂家自带的软件自动对每个激光点进行运算处理，得到每个激光点的空间坐标。

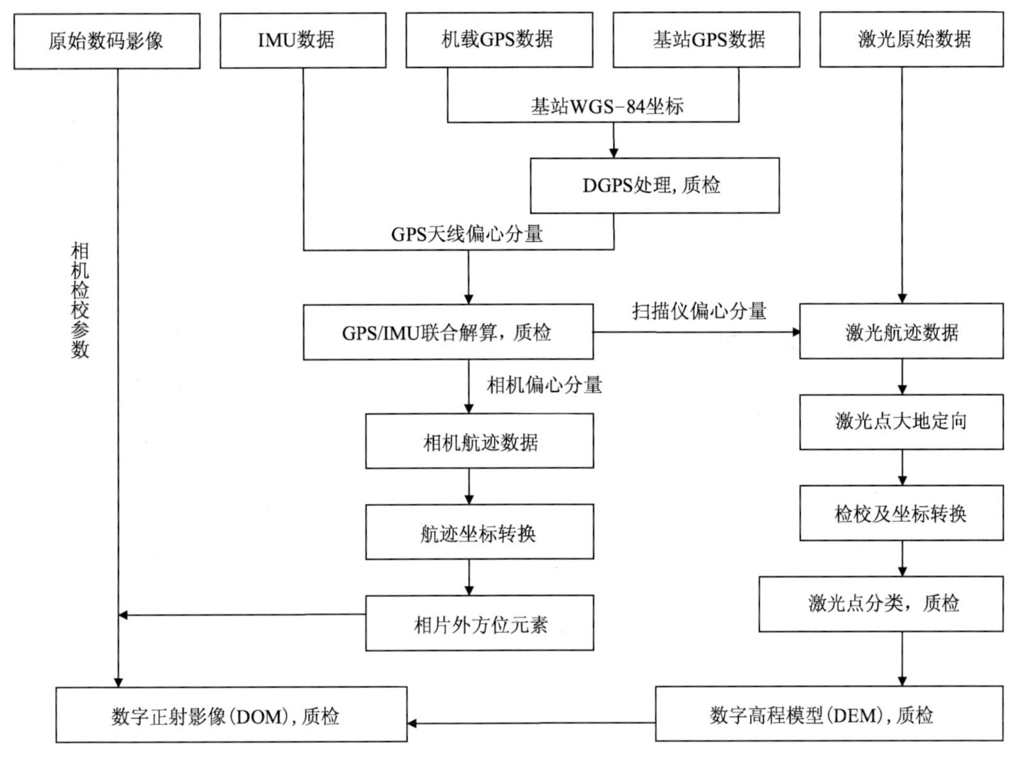


图2-8 数据处理流程图

(3)利用检校场飞行数据，间接测定激光扫描仪与IMU设备之间的偏心向量参数，完成激光扫描仪的检校；并通过计算的坐标转换参数进行激光点云的坐标转换。

(4)激光雷达数字三维测量采用WGS-84坐标系统，需要将其转换到京港澳高速公路涿州(京冀界)至石家庄段改扩建工程勘察设计实际采用的测区坐标系统，包括平面坐标转换与高程基准转换。平面坐标转换采用空间几何变换方法完成。在高程基准转换方面，通过在测区合理布设一定量的高程控制点获取控制点的水准高。采用高程拟合方法，实现WGS-84大地高与水准高的高程转换。

3.激光数据分类

高速公路改扩建勘察设计所需的机载激光雷达测量最终成果是数字地面模型，即只需要地面类的激光点数据，因此需要把激光点云数据中的地面激光点和非地面激光点进行分类。

使用相关的激光分类专业软件进行激光分类处理。在进行分类前，需要对激光数据进行去噪处理，剔除错误点、高程异常点，如特别高的点(空中飞行中的鸟或杂质)。对激光数据运行特别录制的批处理命令(宏命令)，由软件自动进行分类，然后人工交互对自动分类后的数据进行检查和进一步分类。该人工交互时间在整个生产时间中占有较大比重。

工程所在区域地形为河北冀中平原，地形高差小，直升机数据采集的激光点密度较大，机载激光雷达数据处理工作量巨大。在完成 GPS 数据处理、激光数据预处理等工作之后，进而对项目主线 191km 的沿线两侧各 110m 范围激光点云数据进行了精细分类处理，面积约 $42km^2$。同时对各个互通及服务区范围的激光点云进行了分类处理，面积约 $35.8km^2$。

图 2-9 为分类处理后的激光点云数据，其中黄色为地面激光点，绿色为植被激光点，白色为路上车辆的激光点。

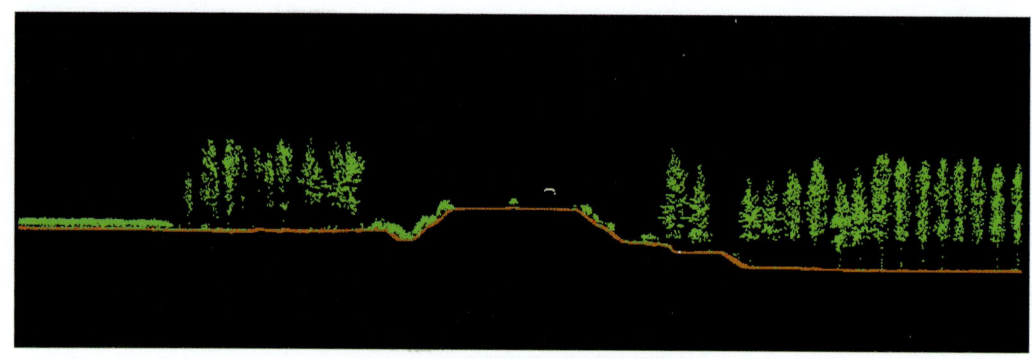

图 2-9　分类处理后的激光点云数据

### 2.1.5　机载激光雷达数据精化处理方法研究

为进一步提高激光点云数据的平面、高程精度，沿京港澳高速公路涿州（京冀界）至石家庄段改扩建工程布设了一定数据的平面、高程控制点，用于对机载激光雷达数据进行精化处理。

1. 平面控制点布设

平面控制点布设于现有道路两侧的硬路肩上，为采用特殊反射材料喷涂的“T”形标记（图 2-10）。

图 2-10　平面控制点

平面控制点的平面测量等级为四等。其最弱点点位中误差为 ±5cm，最弱相邻点相对点位中误差为 ±3cm，最弱相邻点边长相对中误差不得大于 1/35000。

平面控制点的平面位置采用双频 GPS 接收机进行静态定位测量，测量时需严格对准“T”形标记的两条中线相交的位置，打入钢钉并标记、拍照，然后进行测量工作。

2. 高程控制点布设

高程控制点布设于京港澳高速公路涿州（京冀界）至石家庄段改扩建工程两侧靠护栏的硬路肩上。

高程控制点的平面测量精度为一级导线，导线全长相对闭合差不得大于 1/17000。高程控制点的高程测量采用电子水准仪进行，测量等级为四等，每 5km 闭合于已有四等基础高程控制网上，形成附和水准路线。其偶然中误差为 ±5mm，全中误差为 ±10mm。当采用水准方法测量时，其环路闭合差应小于 $20\sqrt{L}$。

高程控制点测量时需选取路面平整处打入钢钉并标记、拍照，然后进行测量工作。

3. 测量数据处理

（1）GPS 观测数据处理

存储在 GPS 接收机内的观测数据，应及时地传输至计算机中并进行数据质量检查。

对于失周较多或接收质量较差时段的数据，其观测值数据剔除率应小于 10%，否则应予以重测。

GPS 网的平差计算，首先以基线向量网的三维无约束平差来计算，三维基线向量网的无约束平差在 WGS-84 坐标系中进行；然后进行二维基线向量网的坐标转换和地面网的约束平差计算。

（2）高程数据处理

水准观测严格按组内检查和队内检查后用于平差计算。

每条水准路线按测段往返测高差较差，当附合路线的环线闭合差或计算高差中误差或高差中数的全中误差超限时，应对路线上闭合差较大的测段进行重测。

4. 激光数据精化处理

高速公路改扩建工程对原有路面的数据测量精度要求极高，在充分利用测区地面 GPS 基站测量数据基础上，采用沿现有道路路面左右两侧布设的大量平面控制点和高程控制点测量成果，对激光点云残留的平面、高程误差进行修正，从而提高路面激光点的平面、高程定位精度，达到京港澳高速公路涿州（京冀界）至石家庄段改扩建工程勘察设计的精度要求。

### 2.1.6 3D（DEM、DOM、DLG）数字产品生成方法研究

1. 精密数字地面模型生成

机载激光雷达测量获取的激光点云数据具有精确的三维地理坐标信息，见图 2-11。

基于处理后的高密度、高精度激光点云数据，利用相关的激光数据处理专业软件，导入分类出来的地面激光点数据，构建不规则三角网；见图2-11。基于不规则三角网生成最终的格网数字高程模型成果(DEM)。

京港澳高速公路涿州(京冀界)至石家庄段改扩建工程生成的精密数字地面模型主要用于方案比选与优化等，项目设计采用的所有数据，包括车道标线数据、纵断面数据、横断面地面线数据等，全部直接基于激光点云数据提取，而不是通过数字高程模型内插得到。

项目研究采用规则格网数字高程模型，格网间距0.5m，xyz格式。主线数字高程模型覆盖公路沿线两侧各110m范围，面积约$42km^2$。各个互通及服务区范围的数字高程模型，根据勘察设计需要增大处理范围，面积约$35.8km^2$。

图2-11　激光点云立体显示图

2. 高清晰度的数字正射影像制作

机载激光测量除了能够提供高密度、高精度的激光点云数据，代替人工上路测量外，还能提供信息丰富的彩色数码影像，从而对项目勘察设计成果予以真实、客观、形象地图形展示如图2-12所示。

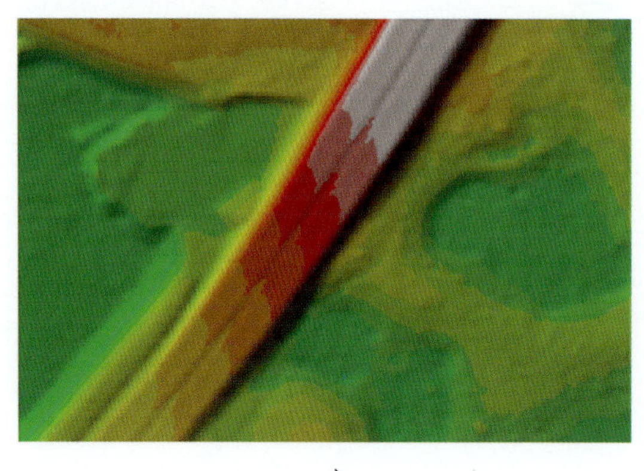

a)

b)

图2-12　数字地面模型彩色渲染图

项目研究的机载激光雷达数字正射影像制作流程如下：

(1)影像格式转换

使用设备厂家配的软件把数码航片影像文件从原始的 fff 格式转换成通用的 tif 格式，软件在转换格式的同时可以进行统一的色彩调整。

(2)航迹坐标转换

利用相关的机载激光雷达数据处理软件，把相机航迹数据从 WGS-84 坐标系转换到 1980 西安坐标系，从大地高转换到 1985 高程。

(3)航片外方位元素

根据每张航片曝光瞬间的 GPS 时间信息和航迹数据，即刻得到每张航片的六个外方位元素：$X$、$Y$、$Z$、$\psi$、$\omega$、$K$。

(4)生成数字正射影像(DOM)

基于每张航片的外方位元素及地面激光点数据，利用相关的机载激光雷达数据处理软件自动进行单片微分纠正(倾斜改正、地形纠正)，并对设定范围内纠正后的航片进行镶嵌、裁切，得到数字正射影像成果(DOM)。

京港澳高速公路涿州(京冀界)至石家庄段改扩建工程的主线数字正射影像覆盖公路沿线两侧各 300m 范围，面积约 118km$^2$。互通范围的数字正射影像根据勘察设计的需要扩大范围。影像分辨率为 0.1m，GeoTIFF 格式。京港澳高速公路廊涿枢纽互通彩色影像如图 2-13 所示。

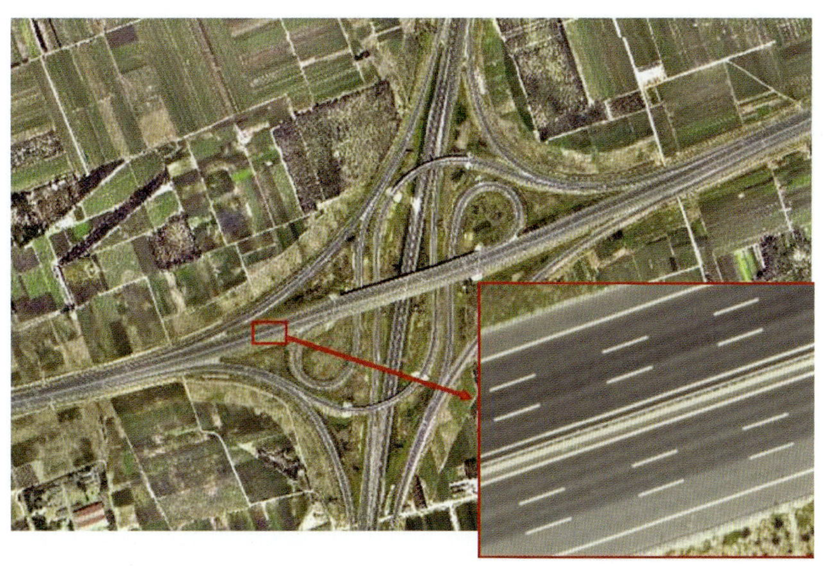

图 2-13 京港澳高速公路廊涿枢纽互通彩色影像图

3. 大比例尺三维数字线划地形图绘制

相对传统航空摄影测量而言，机载激光雷达能高精度地快速获取高精度数字地面模型和高分辨率数字正射模型，但在生成三维数字线划地形图方面相对困难和复杂。如何利用激光雷达生成的数字地面模型、数字正射影像和空中获取的数字影像，高效的生成公路勘察设计所需的1∶1000三维数字地形图，是项目研究攻克的一个技术关键。

获取大比例尺三维数字线划地形图的方法很多，技术最为成熟、最为可行的方法是进行全野外布控测量；但是机载激光雷达采集的CCD像片属小像幅立体数码影像，野外布控的工作量极大，不能做到经济、快速、高效的统一。

机载激光雷达能快速高效地生产高密度、高精度DEM和高分辨率DOM。项目研究基于高密度、高精度激光点云数据与DEM数据，实现等高线、高程注记点的计算机自动绘制以及陡坎等信息的自动探测；并基于高分辨率、高精度数字正射影像完成房屋、道路等地物信息数据的高效提取，从而快速、高效生成1∶1000比例尺数字线划地形图（图2-14）。

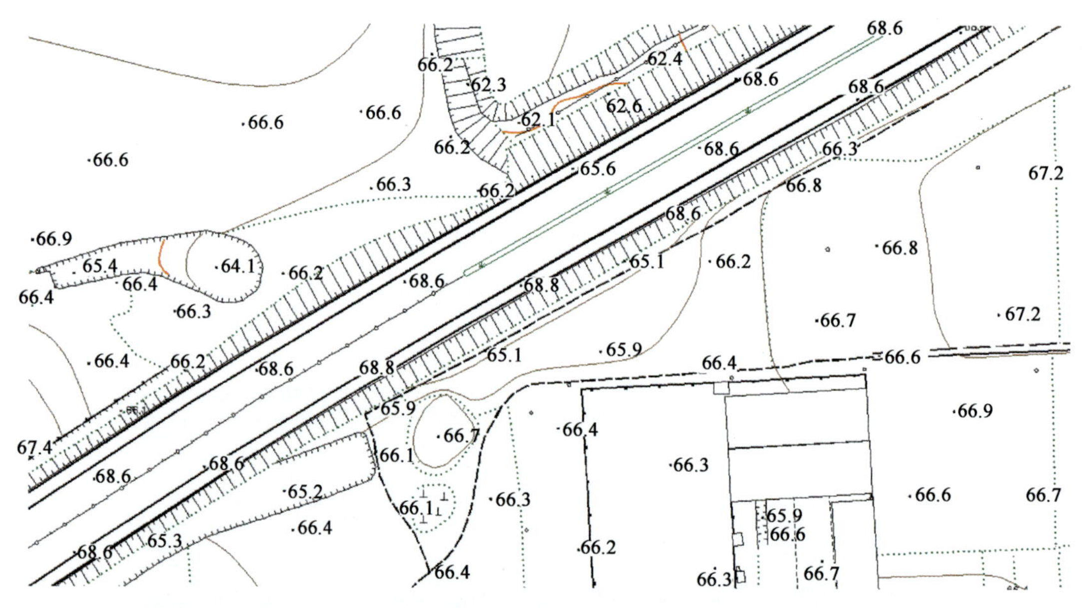


图2-14 1∶1000比例尺线划地形图

### 2.1.7 既有道路精密三维空间信息数据提取方法研究

1. 车道标线激光数据提取

机载激光点云数据的平面特征识别相对困难，而既有道路的平面位置信息对于道路改扩建工程勘察设计却十分关键。项目研究基于机载激光测量获取的全线高密度、高精度激光点云数据，充分利用激光点云数据的强度信息，提取了京港澳高速公路涿州（京冀界）至石家庄段改扩建工程全线4条车道标线（图2-15），用于道路平纵横线形拟合与恢复。

基于机载激光雷达数据提取的用于道路平纵横线形拟合与恢复的4条车道标线，分别为中央分隔带附近2条车道标线和靠硬路肩侧的2条车道标线，如图2-16所示中的A、B、C、D 4条线。

图2-15 带强度信息的激光点云数据

图2-17和图2-18给出了对图2-15所示激光点提取的车道标线的实际效果图。其中，图2-17为车道标线激光点的效果图，图2-18为提取的车道标线与激光点云叠加的效果图，图2-19为提取的4条车道标线的三维激光点的平面展示。

图2-16 提取4条车道标线的示意图

图2-17 车道标线激光点的效果图

图2-18 车道标线与激光点云叠加效果图

图2-19 提取的4条车道标线的三维激光点平面展示

2. 既有道路纵断面高程数据提取

基于提取的现有高速公路路面4条车道标线的三维激光点数据,对京港澳高速公路涿州(京冀界)至石家庄段改扩建工程的平面线形进行了拟合设计,得到了现有高速公路的中心线平面位置。

为实现对现有高速公路纵横断面的拟合与恢复,项目将拟合设计的平面中心线位分别向左、右各偏移2.25m和9.75m,然后基于激光点云数据内插获取左、右2.25m处和9.75m处的高程值,并利用这4条纵断面高程点进行高速公路改扩建的纵横断面设计。

针对京港澳高速公路涿州(京冀界)至石家庄段改扩建工程的激光雷达点云数据量很大(原始点云数据达到几百个GB)、人工操作十分繁琐、工作量巨大且容易出错等情况,研究基于海量高密度数据动态管理技术的任意点高程快速插值,内插出任意点的高程。该方法突破了传统的处理思路,不是直接针对所有的点云数据进行构网或者曲面,减少了作业工序,提高了工作效率。

图2-20中的红色线为道路设计中心线,4条黄色线为中心线向左、右两侧各偏移2.25m和7.75m的连线,白色线为横断面三维地面线,蓝色圆点为内插的纵断面高程点。

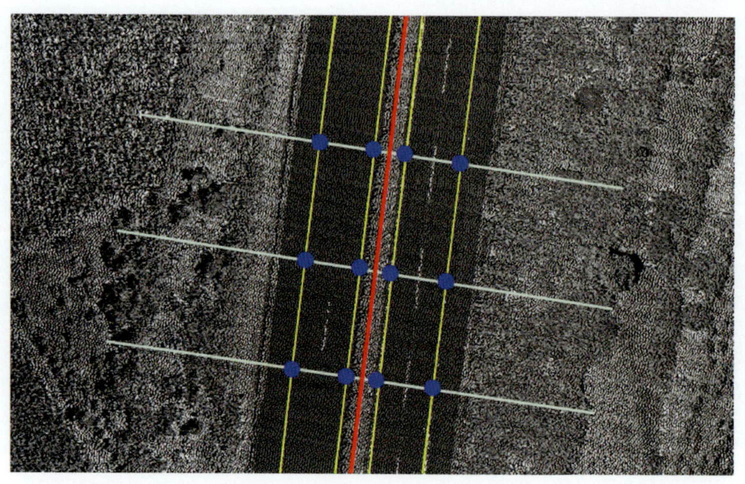

图2-20 纵断面平面位置示意图

3. 横断面三维地面线自动生成

横断面测量是公路勘察设计中的一项重要工作。传统的方法是标定好中桩,利用水准仪逐桩号测量;目前主流的方法是利用全站仪或者 GPS-RTK 先放样出中桩,然后再测出每个横断面的高程。利用这些方法生成横断面需要耗费大量人力物力,效率很低。

机载激光雷达扫描具有测量精度高、能穿透植被、克服自然条件影响等优势,更适合横断面测量的要求。项目研究直接基于高密度、高精度激光点云数据,快速生成横断面三维地面线,避免通过数字高程模型生成断面三维地面线的精度损失,满足道路改扩建详测与施工图设计的精度要求。

项目研究依托工程基于机载激光雷达测量获得的高精度、密集的激光点云,按中桩距离法完成全线横断面三维地面线(图 2-21 和图 2-22)生产,横断面两边各宽 50m,横断面间距按设计需要,共生成 23550 个横断面地面线数据。

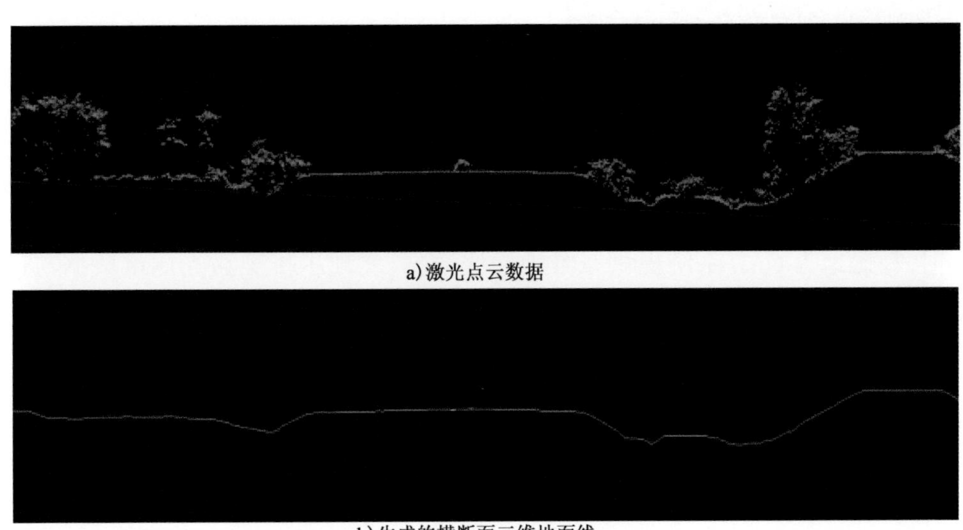

a)激光点云数据

b)生成的横断面三维地面线

图 2-21 单个横断面三维地面线

基于激光点云数据生成横断面三维地面线(图 2-22)的方法,大大提高了公路勘察设计中地表信息的获取效率,节省了外业测量工作量,其成果满足公路交通建设详测与施工图设计的精度要求。

4. 与道路改扩建 CAD 设计协同方法研究

当前道路改扩建工程勘察设计主要以航空摄影测量,辅之以 GPS - RTK 测量和精密水准测量方法,采用一次定测的方式完成路面、桥梁、被交路和其他细部测量。由于需要大量人工上路测量,不仅外业测量工作量巨大、工作效率低、测设周期较长,而且往往需要中断现有道路交通流,会带来较大的经济损失与负面社会影响。

机载激光雷达数字三维测量技术,作为一种全新的技术手段可以进行高速公路老路

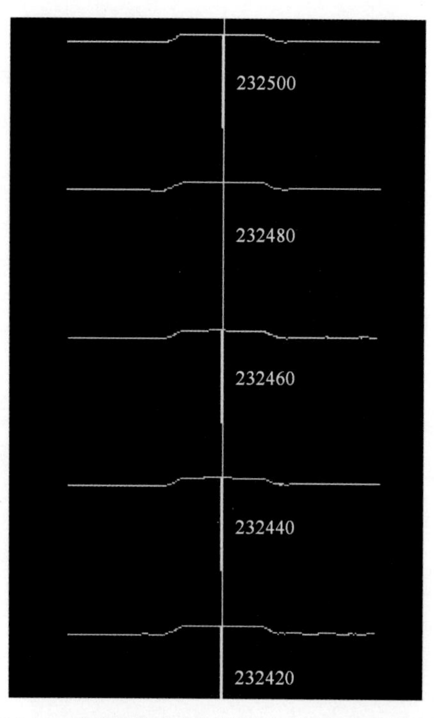


图 2-22　激光数据生成的横断面三维地面线示意图

改扩建地形勘测。在不中断现有道路交通流的情况下,可快速提供高精度的纵、横断面地面线数据及大比例尺数字线划地形图等重要测量成果,实现了机载激光测量数据与道路改扩建CAD系统的数据交互与集成,不仅节省人工野外作业环节,更缩短了路线测设周期。

根据设计阶段的不同,高速公路改扩建勘察设计对基础资料的要求也有所不同。针对京港澳高速公路涿州(京冀界)至石家庄段改扩建道路勘察设计的特点,项目研究对改扩建工程勘察设计的基础资料及数据精度要求详见表 2-5。

项目研究了机载激光雷达测量与道路改扩建设计接口,对基于机载激光测量的详测与施工图设计技术作业流程进行了系统总结。利用机载激光雷达技术获取的海量、高密度激光点云可实时、精确地为CAD系统提供三维地面线数据,实现了机载激光测量数据与道路改扩建CAD系统的数据交互与集成,不仅节省人工野外作业环节,更缩短了路线测设周期。

**机载激光雷达测设方法的数据要求**　　表 2-5

| 序　号 | 专 业 类 别 | 数 据 结 构 | 精 度 要 求 |
|---|---|---|---|
| 1 | 路线 | 需要有能拟合出平、纵线位的数据资料 | 横向平面误差不得大于5cm,纵面高程误差不得大于2cm |
| 2 | 互通 | 提供互通范围内的数模文件 | 范围及精度满足要求 |
| 3 | 路面 | 横向地面线按绝对高程法提供 | 与实测断面误差不超过5% |

项目研究的机载激光测量与道路改扩建设计的数据流交互与设计协同具有以下技术特点:

(1)通过机载激光测量与道路改扩建设计接口,实时、精确地提供满足精度要求、格式要求的数据成果,实现机载激光雷达测量与道路改扩建的数据流交互与协同。

(2)机载激光测量与道路改扩建勘察设计密切集成,实现机载激光测量数据与道路改扩建勘察设计CAD系统的功能模块交互与协同。

(3)通过数据流及功能模块的交互与协同,达到机载激光雷达测量与道路改扩建CAD设计协同(图 2-23),提升道路改扩建勘察设计的自动化、一体化水平。

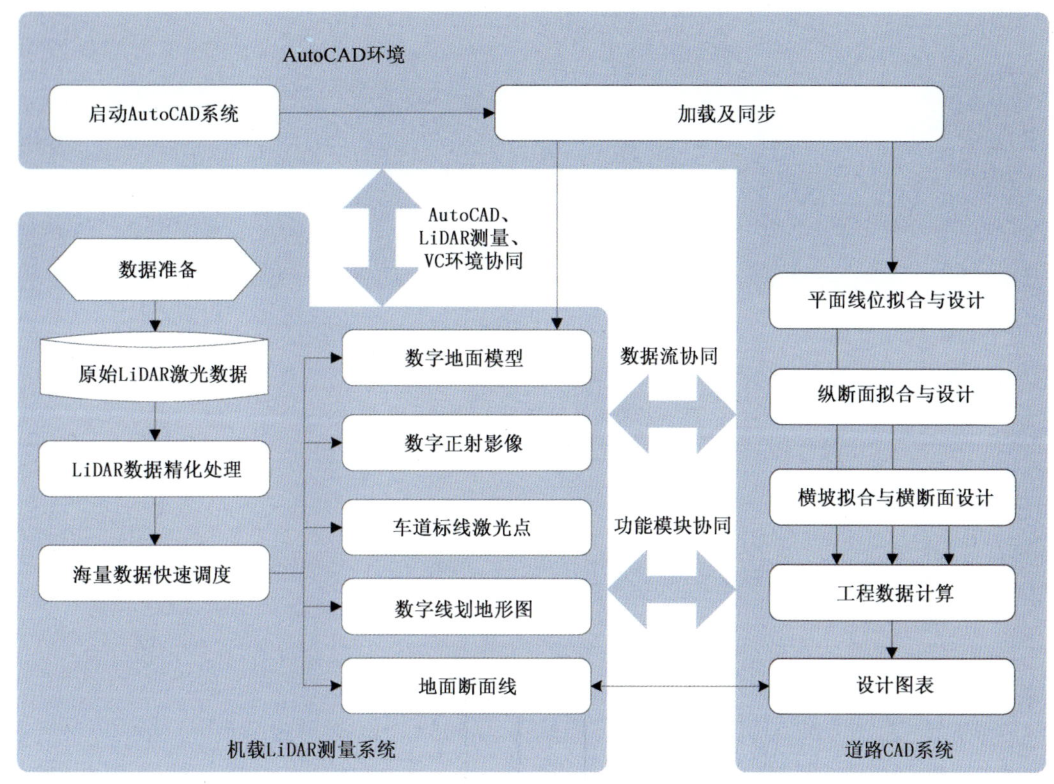


图 2-23　机载激光雷达测量与道路改扩建 CAD 设计协同

### 2.1.8　精度检测与分析

项目研究成果在京港澳高速公路涿州(京冀界)至石家庄段改扩建工程勘察设计中的应用,经过了项目组精度自检、设计单位与咨询单位抽检、施工单位精度复测等三种方式的精度检测。

1. 项目组精度自检

为对机载激光测量研究与应用成果的精度进行检测、分析,在京港澳高速公路涿州(京冀界)至石家庄段选取了 K90 +000 ~ K93 +000、K137 +000 ~ K139 +000 两段进行检测点外业测量工作。

外业测量沿中央分隔带两侧车道标线中心线、路缘石与硬路肩的交线等 4 条线,并分别用 A、B、C、D 予以表示,检测点点位分布如图 2-24 所示。

项目研究在河北京港澳高速公路 K90 +000 ~ K93 +000 段,共实测 280 个检测点数据(A、B、C、D 各条线的检测点为 70 个)。在 K137 +000 ~ K139 +000 段,外业测量沿中央分隔带两侧车道标线中心线进行测量,共实测 151 个检测点数据(全部分布于 B、C 两条线上)。

图 2-24　京港澳高速公路检测点点位分布示意图

外业检测点分布情况详见表 2-6。

**外业检测点分布情况**　　表 2-6

| 检 测 路 段 | K90 +000 ~ K93 +000 | K137 +000 ~ K139 +000 |
|---|---|---|
| 标准路线里程(km) | 3 | 2 |
| 检测点数量(个) | 280 | 151 |
| 点位分布(个) | B、C 两条线:140<br>A、D 两条线:140 | B、C 两条线:151 |

2. 激光数据平面精度检测

平面精度检测主要是以现有道路路面的车道标线为检测对象,外业测量车道标线中心线如图 2-25 所示,并与激光测量提取的车道标线进行精度对比和分析。通过统计,可以得到机载激光测量的平面精度。

图 2-25　野外实地检测照片

采用外业测量的 B、C 两条车道标线数据进行激光数据的平面精度检测。K90 +000 ~ K93 +000、K137 +000 ~ K139 +000 段总共 291 个实测检测点,通过计算外业实测数据到提取的车道标线图形文件的垂直距离,统计机载激光测量成果的平面精度。

总体平面精度统计详见表 2-7。

3. 激光数据高程精度检测

机载激光测量研究与应用成果的高程精度检测方法,是利用外业检测数据的平面坐标,基于激光点云数据内插出检测点处的激光测量高程,与实际测量高程值进行比较,并对其误差进行分析,可以统计出激光测量数据的高程精度。

**平面精度统计表**　　表 2-7

| 检测里程(km) | 检测点数量(个) | 平均值(m) | 中误差(m) |
|---|---|---|---|
| 5 | 291 | 0.037 | 0.045 |

K90 +000 ~ K93 +000、K137 +000 ~ K139 +000 段在老路路面沿中央分隔带两侧车道标线中心线、路缘石与硬路肩的交线等 4 条线，共实测 431 个外业检测点。分别用这 431 个外业检测点对机载激光测量成果的高程精度进行检测，得出机载激光测量研究与应用成果的总体高程误差，见表 2-8。

高程误差分布表　　表 2-8

| 误差区间(m) | < -0.04 | -0.04 ~ -0.03 | -0.03 ~ -0.02 | -0.02 ~ -0.01 | -0.01 ~ 0 |
|---|---|---|---|---|---|
| 数　量(个) | 4 | 21 | 56 | 72 | 92 |
| 误差区间(m) | 0 ~ 0.01 | 0.01 ~ 0.02 | 0.02 ~ 0.03 | 0.03 ~ 0.04 | 合　计 |
| 数　量(个) | 91 | 52 | 40 | 3 | 431 |

根据高程误差分布区间统计结果，其误差分布直方图如图 2-26 所示。

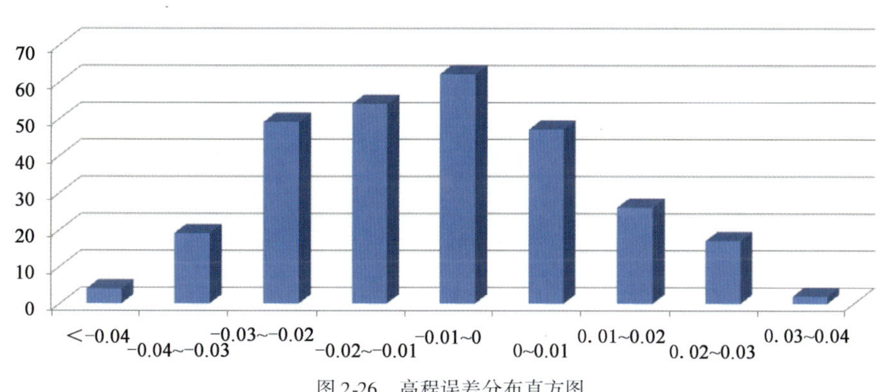


图 2-26　高程误差分布直方图

K90 +000 ~ K93 +000、K137 +000 ~ K139 +000 两段的高程精度统计详见表 2-9。

高程精度统计表　　表 2-9

| 检测里程(km) | 检测点数量(个) | 平均值(m) | 中误差(m) |
|---|---|---|---|
| 5 | 431 | -0.004 | 0.018 |

4. 横断面三维地面线精度检测

项目研究根据京港澳高速公路改扩建勘察设计的需要，基于机载激光雷达测量数据，共计算生成了 23550 个横断面三维地面线。为了检测生成的横断面地面线的精度，在 K137 +500 ~ K139 +500 段共实测了 76 个实测横断面三维地面线用于横断面三维地面线精度检测。

横断面三维地面线的精度检测方法是，将激光雷达测量计算的横断面三维地面线与外业实测的横断面三维地面线进行图形形态对比检测，即利用激光雷达获取的激光测量点云、数字地面模型、数字正射影像等，按照提供的中桩点坐标，生成对应的横断面，然后在 AutoCAD 软件下与外业实测的地面线三维图形叠加，通过两者的图形形态吻合情况进行对比、分析，得出检测结果。

通过与外业实测的横断面图形文件进行对比、分析，发现两种方法产生的横断面三维地面线的形态特征精确符合（图 2-27）。可以看出，基于机载激光雷达数据生成的断面线上断面点密度均匀，微地貌的刻画明显好于野外实测断面。

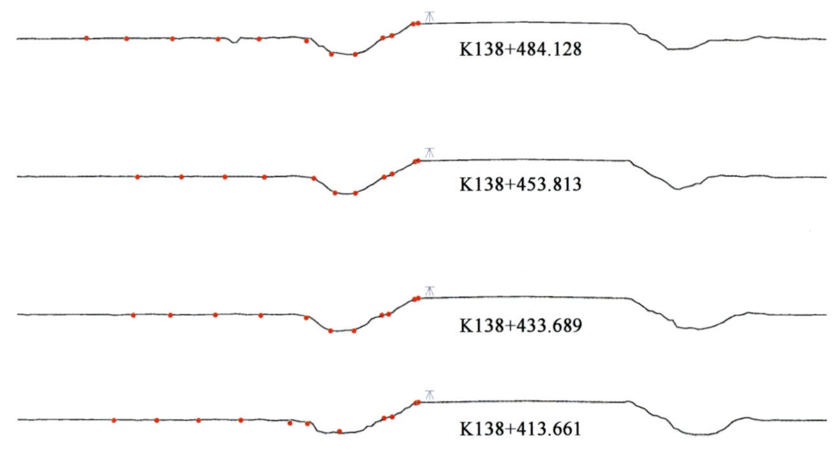


图 2-27　激光生成断面与野外实测断面形态对比

注：黑色线是激光生成断面地面线，红色点为野外实测断面点。

除了对激光生成地面线与野外实测断面线进行图形形态对比外，项目研究通过求出野外实测断面线上点到激光数据生成断面线的垂直距离，还对激光生成横断面三维地面线的精度进行了量化分析。

横断面三维地面线精度统计情况见表 2-10。

**激光生成断面与野外实测断面对比高程精度统计表**（单位：m）　　表 2-10

| 断 面 宽 度 | 平均垂向差距 | 高差中误差 |
| --- | --- | --- |
| 100 | 0.052 | 0.064 |

从表中可以看出：

（1）从断面的垂向差距来看，两个断面非常接近，形态符合很好。

（2）从精度情况来看，激光数据生成的成果能够满足公路交通建设详测与施工图设计的要求。

图 2-28　控制点标石正面图像

5. *数字正射影像精度检测*

在京港澳高速公路涿州（京冀界）至石家庄段改扩建工程，项目的测设单位沿现有道路两侧布置了大量的四等 GPS 控制点及一级 GPS 导线点。各个四等 GPS 控制点及一级 GPS 导线点均埋设了控制点标石，其规格为 0.4m × 0.4m × 0.6m 的水泥混凝土桩（图 2-28）。

同时,在实施京港澳高速公路涿州(京冀界)至石家庄段改扩建工程机载激光测量之前,项目研究沿现有道路路面用白色油漆喷绘了一定量的“T”字形地面控制点或检测点,其长度、宽度分别为1.0m和0.5m(图2-29)。

图2-29　T形标记点

在0.1m高分辨率的数字正射影像上,可十分清晰地识别控制点标石及路面T形标记点。通过量取实测点与影像上识别出的对应点的平面距离,检测数字正射影像的精度,如图2-30、图2-31所示(图中黑色十字丝为外业实测点,其所在的白色影像为其在影像上的对应点,由此可见二者的平面坐标十分吻合)。

图2-30　GPS控制点的精度分析

图2-31　T形标记点的精度分析

项目研究在制作完成的数字正射影像图上,共识别出724个影像检测点。数字正射影像的误差分布靶心图如图2-32所示。

数字正射影像的误差统计结果见表2-11。

6. 设计单位、咨询单位精度检测

设计单位中交第二公路勘察设计研究院有限公司、河北省交通规划设计院在京港澳高速公路涿州(京冀界)至石家庄段改扩建工程沿线采集了大量的点坐标数据。项目研究共收到设计单位提供的约 2850 个实测点,去掉部分桥梁板底高程的实测点后,共有 1921 个有效点数据可用于机载激光测量数据的高程精度检测。精度检测结果表明,机载激光测量数据的高程精度为 ±0.015m。

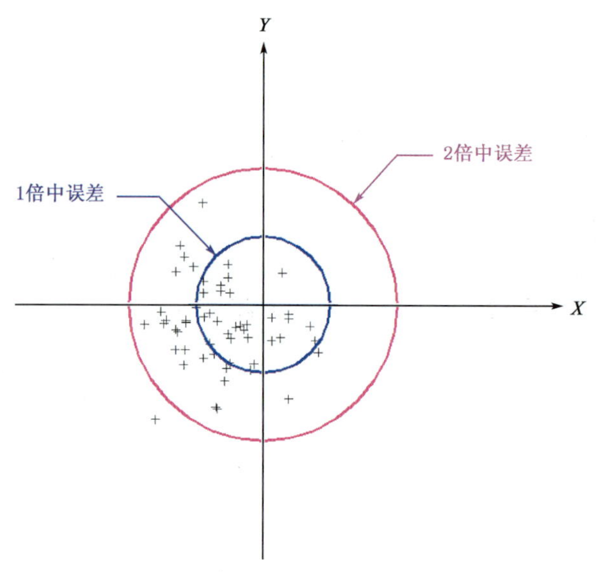


图 2-32 数字正射影像误差分布靶心图

数字正射影像误差统计表(单位:m) 表 2-11

| 统计数据 | $\Delta X$ | $\Delta Y$ | $\Delta S$ |
|---|---|---|---|
| 平均值 | -0.009 | -0.017 | 0.074 |
| 中误差 | 0.062 | 0.056 | 0.083 |

全部 1921 个桥梁测点高程误差统计见表 2-12。

桥梁测点高程误差统计表(单位:m) 表 2-12

| 平均值 | 中误差 |
|---|---|
| -0.004 | 0.015 |

项目咨询单位广东省公路勘察规划设计院有限公司在京港澳高速公路涿州(京冀界)至石家庄段改扩建工程全线随机抽选了 5 段进行精度检测,检测结果与项目组精度自检结果一致。

7. 施工复测

在工程施工过程中,JS5、JS6 两标段施工单位反映"激光数据生成横断面在老路路面部分非常准确,但在老路边坡的下半部分存在高程误差偏大,约有 0.3m"。针对此种情况,项目业主单位、施工单位和设计单位一起对施工单位反应误差较大的 K99、K104、K105 等多个工点的横断面数据进行复测。横断面复测平面采用 GPS-RTK 测量,高程采用水准测量。

共实测48个横断面检测点数据,施工复测的横断面高程误差统计见表2-13。

施工复测高程误差统计表(单位:m)　　表2-13

| 平均值 | 中误差 |
|---|---|
| 0.005 | 0.041 |

施工复测否定了施工单位的意见,再一次证明并确认了设计所用激光测量数据生成横断面的精度非常高,远高于勘测规范对断面测量的要求。

## 2.2　一般路基加宽设计

### 2.2.1　设计原则

(1)认真分析地质勘探资料,根据不良地质分布的情况合理划分路基段落。

(2)改扩建路段应确保路基稳定,控制老路中心沉降、拼宽路基路拱横坡度增大值及加宽路基工后沉降量。

(3)结合地形地貌及地域特点,建立合理、有效的排水体系,特别是对于水资源保护区的路基排水方案应作重点研究。

(4)重点分析老路路基的现状检测和评价资料,充分利用现有老路路基工程,合理考虑新老路基衔接方式。

(5)路基边坡防护方案应充分考虑环保、景观绿化问题。

(6)路基设计高程为中央分隔边缘处(左侧路缘带外侧)的高程。

### 2.2.2　路基横断面布置

1. 改扩建段

本高速公路设计时速为120km/h,由原四车道扩建为八车道后,主线整体式路基全宽42.0m,其中中间带宽4.5m(含2×0.75m路缘带+3.0m中央分隔带),行车道为8×3.75m,右硬路肩为2×3.0m(含2×0.5m路缘带),土路肩为2×0.75m。一般路段行车道及硬路肩横坡值采用2%,土路肩4%(图2-33)。

2. 新建段

本标段为平原区,全线采用整体式路基横断面。根据工可报告,本项目采用设计速度120km/h,K线(主线)双向八车道断面,路基宽度42m。其中:行车道宽2×4×3.75m,硬路肩宽2×3.0m(含右侧路缘带宽2×0.5m),中间带宽4.5m,(中央分隔带宽3.0m,左侧路缘带宽2×0.75m),路段土路肩宽2×0.75m(图2-34)。

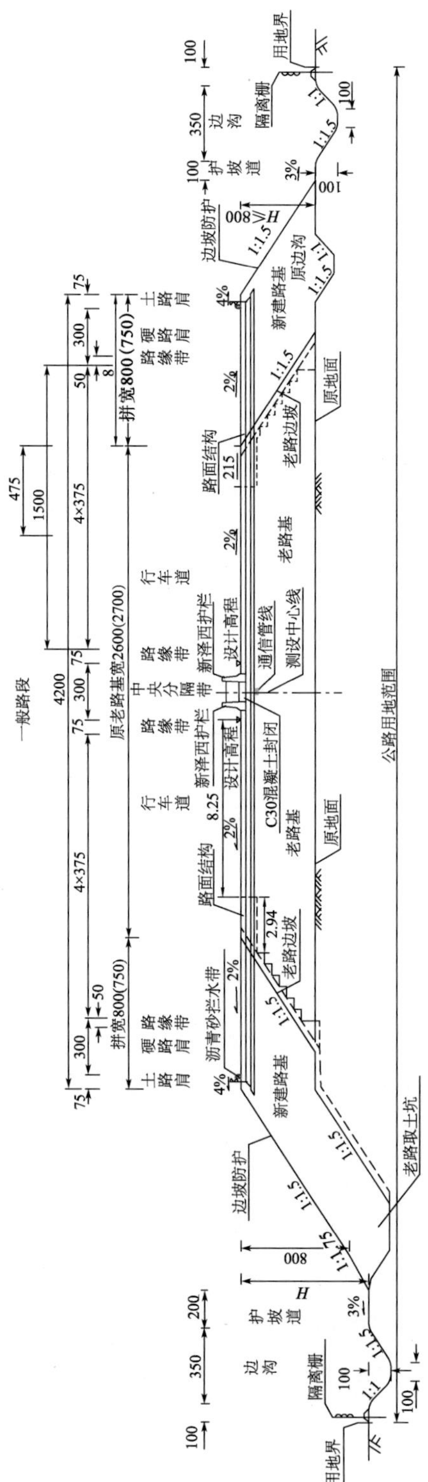


图2-33 主线两侧拼接八车道路基标准横断面图(尺寸单位: cm)

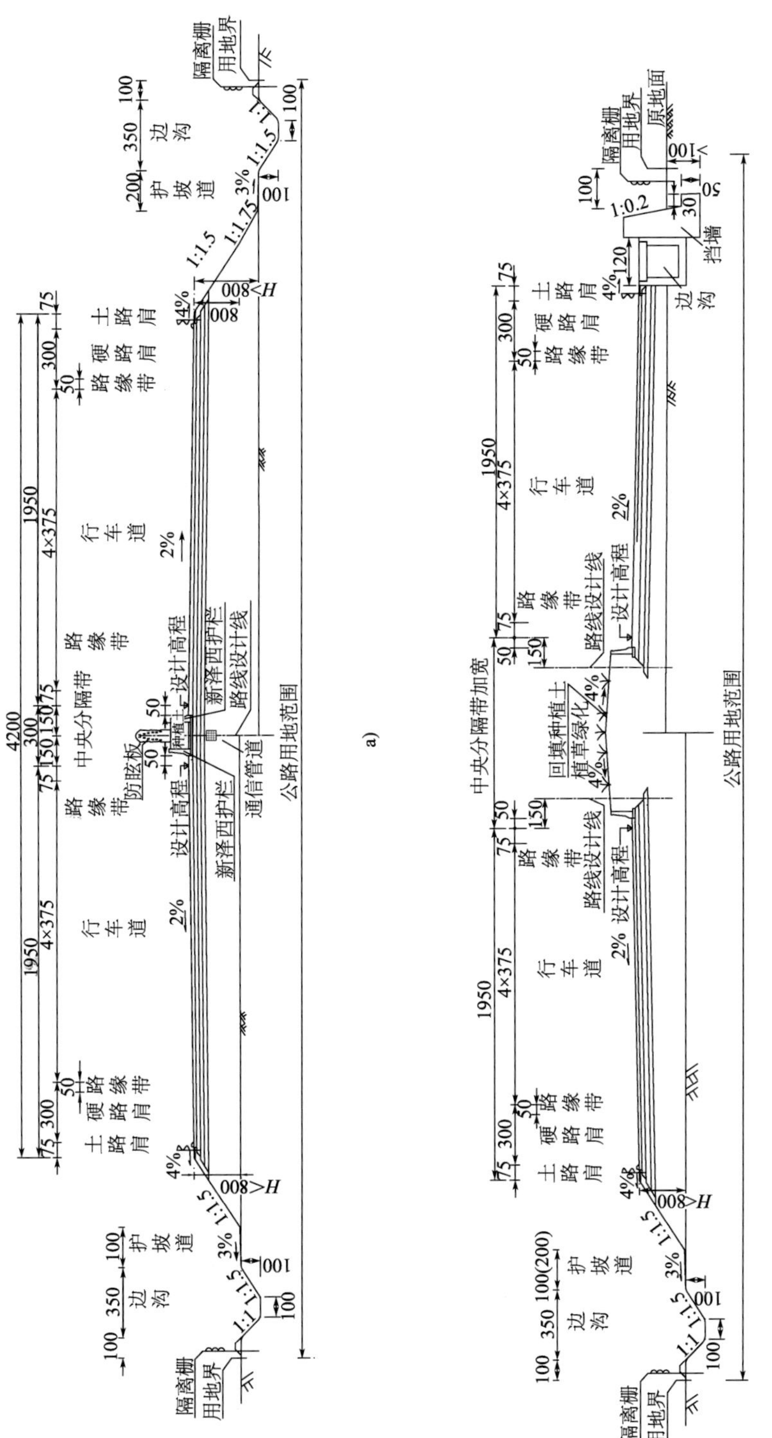


图2-34　新建段八车道路基标准横断面图(尺寸单位：cm)

### 2.2.3 路堤边坡及护坡道

一般填方路基边坡高度小于等于 8m 时，边坡率为 1∶1.5；当填方路基边坡高度大于 8m 时，边坡上部 8m 边坡率为 1∶1.5，8m 以下边坡率为 1∶1.75，不设分级平台。

路基填高小于或等于 8m 时，护坡道宽度 1m；大于 8m 时，护坡道宽度 2m，护坡道采用 3% 外倾。

### 2.2.4 地表处理

路基填筑前先清表后进行夯实处理，清表厚度平均采用 30～40cm。碾压夯实沉降按 10cm 计。

1. 一般填方路段

路基高度 $H>(80+$路面厚度$)$cm 时为一般填方路段，路基填筑前先清表 30～40cm。

2. 低填方路段

当路基高度 $H\leq(80+$路面厚度$)$cm 时，为低填路段。低填路段路基填筑前先按一般填方路段清表 30～40cm。为保证路基的强度和稳定，满足填料强度和压实度标准及施工要求，对低填方路段需进行相应改良处理，即待清表后，再开挖至路床底高程，后回填 50cm 合格填料砂性土（下路床）+30cm5% 石灰土（上路床）。

### 2.2.5 新老路基衔接

（1）原老路基为低填路段（填方高度不大于 0.8m + 路面厚度），采用开挖一级台阶，宽 1.5m，一级台阶到顶，为减小新老路基不均匀沉降及提高新老路基衔接性，在下路床底面及顶面分别铺设一层钢塑格栅。

（2）原老路基非填砂路段，边坡高度大于（0.8m + 路面厚度）且小于或等于 8m 时，原老路基边坡清坡 50cm 或 75cm（土路肩宽度）后，自下而上开挖台阶。第一级台阶采用 1.5m（宽）×1m（高），第二级台阶及第二级台阶以上采用 1.2m（宽）×0.8m（高），开挖一级填筑一级；填筑路基时在基底铺设一层宽 8m 土工格室，在距上路床顶面以下 50cm、80cm 处分别铺设一层宽 6m 钢塑格栅，以减小新老路基不均匀沉降及提高新老路基衔接性。

（3）原老路基非填砂路段，边坡高度大于 8m 时，先清坡 50cm 或 75cm（土路肩宽度）后，分层填筑拼宽路基至距路基设计高程 5m 处时，开始自下而上开挖台阶。第一级台阶宽 1.5m、高 1m，第二级台阶及第二级台阶以上采用 1.2m×0.8m，开挖一级填筑一级；填筑路基时在基底铺设一层宽 8m 土工格室，在距上路床顶面以下 50cm、80cm 处分别铺设一层宽 6m 钢塑格栅，以减小新老路基不均匀沉降及提高新老路基衔接性。

（4）老路填砂路段，先清除包边土，然后在坡表喷 2～3cm 厚 M10 水泥砂浆，自下而上开挖台阶。第一级台阶宽1.5m、高1m,第二级台阶及第二级台阶以上采用0.6m×0.4m,开挖一级填筑一级;填筑路基时在基底铺设一层宽8m土工格室,在距上路床顶面以下50cm、80cm处分别铺设一层宽6m钢塑格栅,以减小新老路基不均匀沉降及提高新老路基衔接性。

### 2.2.6　地基处理设计

本段不良地质主要为软弱土、零散分布的浅表层弱湿陷性次生黄土及弱膨胀土。原老路路基边坡坡脚处设置的蒸发池也需要处理。

1. 设计标准或原则

(1)沉降控制标准

为保证新老路基的良好衔接,本路段加宽路基施工完成后,要求原高速公路路基中心与新路肩的横坡度增大值应不大于0.5%,与原公路横坡相比不得出现反坡。加宽路基施工后,原路中心附加沉降增量应小于30mm,加宽路基工后沉降应小于100mm。

(2)稳定验算的安全系数

稳定验算的安全系数(采用固结有效应力法、直接快剪)以$K \geqslant 1.2$控制。

(3)沉降计算

采用考虑时间效应的二维分析方法进行固结和沉降的计算。模拟施工加载全过程,即先按老路基的加载、预压和路面结构层逐级施加荷载,进行过程模拟,以求得任一时刻的沉降、水平位移及有关应力的变化。同时利用实测资料,采用参数反分析法修正试验参数后,将拼接荷载逐级施加,使沉降计算更加切合实际。

2. 浅层软土、膨胀土及过湿土

浅层软土、浅层膨胀土及过湿土其底高程距地表均小于3m,采用清淤换填3%石灰土处理方案。

3. 次生黄土

本段零星分布次生黄土,具弱湿陷性,属轻微湿陷场地,层厚0.6~3.7m,埋深及厚度分布不均匀。对次生黄土厚度小于或等于2m路段采用挖除换填石灰土的方式,对于次生黄土厚度大于2m路段,挖除2m后采用冲击碾压处治,再换填2m厚3%石灰土。

4. 积水路段及老路坡脚处有蒸发池路段

老路排水沟有积水路段或老路坡脚处有蒸发池路段需先进行清淤排水处理,然后回填3%石灰土,处治方式与浅层软土一致。

5. 深层软土或局部填高较大、不满足加宽路基沉降控制要求的路段

根据计算,绝大部分路段不需要采用复合地基处理,地基土各项指标较低的局部路段,其沉降不满足控制要求时可采用CFG桩(或高压旋喷桩、水泥搅拌桩)进行加固。

CFG桩指标参数及相关要求:

水泥粉煤灰碎石桩的设计桩径为0.4m,设计的桩长穿透软土层,根据稳定及沉降计算的要求,桩距采用1.2~1.6m,桩位在平面上呈等边三角形布置。

水泥粉煤灰碎石桩设计桩身的28d龄期立方体抗压强度为$R_{28}=10.0$MPa。加固材料采用$R_{325}$普通硅酸盐水泥、3~5cm级配碎石、石屑、Ⅲ级以上粉煤灰,CFG桩浆液建议配合比为每1立方浆液中:水(189kg)、水泥(175.0kg)、粉煤灰(207.0kg)、石屑(492.8kg)、碎石(1236.2kg),早强剂采用三乙醇胺,掺入量为水泥重量的0.2%。所购置的水泥、粉煤灰应是国家免检产品。

在CFG桩顶部铺设一层砂垫层,砂砾垫层的材料为中粗砂及砾砂,含泥量不大于5%;宽度自开挖台阶内侧至拼宽路基坡脚,砂砾垫层的厚度设置为40cm。

### 2.2.7 边沟回填设计

1.老路基边沟类型划分

从京石高速公路老路基状况现场调查来看,按照调查时老路基边沟是否有水,可分为有水边沟和无水边沟。按照老路基边沟基地内50cm范围内土质工程性质,可分为软弱基底边沟、普通基底边沟。按照老路基边沟尺寸可以分为小边沟和大边沟。小边沟是指加宽路基坡脚与边沟外沿线相交或在边沟范围以外的边沟,如图2-35所示;大边沟是指加宽路基坡脚落在边沟底范围内的边沟,如图2-36所示。

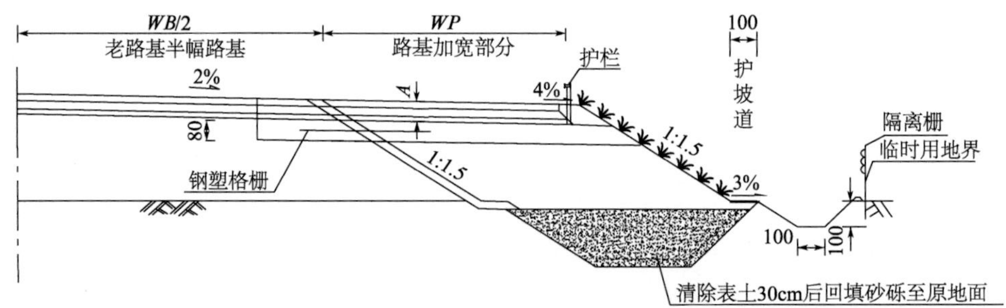


图2-35　小边沟回填示意图(尺寸单位:cm)

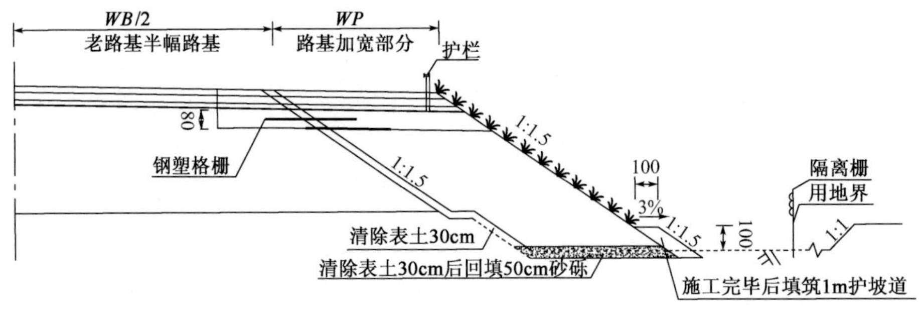


图2-36　大边沟回填示意图(尺寸单位:cm)

2. 老路基边沟回填设计技术方案

(1)边沟回填的侧壁台阶

为强化边沟回填土料与边沟侧壁的结合,回填时边沟侧壁应开挖台阶,其示意图如图2-37所示。第一级台阶尺寸为150cm×100cm,以上台阶尺寸为120cm×80cm,若为小边沟,则对称开挖台阶。边沟基底尺寸应保证使用机械设备所要求的工作面。

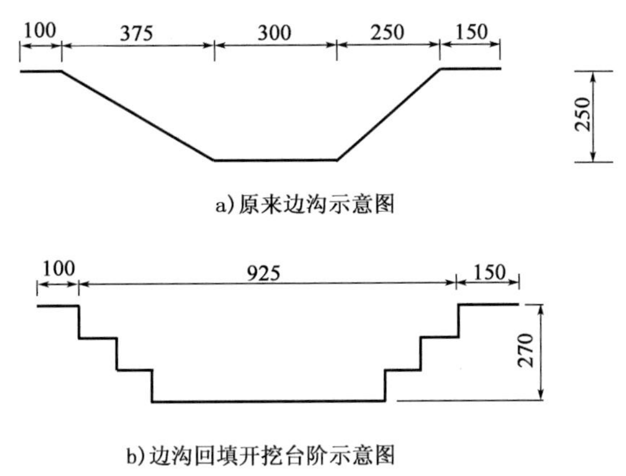


图2-37　边沟回填侧壁台阶(尺寸单位:cm)

(2)边沟回填的技术方案

按照老路基边沟尺寸划分的类型来制订相应的处理方案。

①小边沟路段。为保证拼宽路基的质量和减少工后沉降,使用砂砾或山皮土回填边沟。

②大边沟路段。结合现场实际情况,大边沟路段按以下三种情况处理:

a. 清表后直接填土或通过翻拌晾晒后填土。

b. 对含水率过大通过翻拌晾晒不能解决的,掺5%~8%的石灰进行处理。

c. 对于泄水槽附近过湿部位采用砂砾或山皮土进行填筑,处理范围为泄水槽每侧各2m。

③湿陷性黄土路基边沟。对于沿线局部的湿陷性黄土路基段,采用换填法消除湿陷性黄土对加宽路基不均匀沉降的影响。结合施工便道设置,将湿陷性黄土路段换填范围优化至拼宽路基护坡道外缘。对于不同边沟类型采取如下换填方案:

a. 旧路基有边沟且拼宽路基坡脚落在旧边沟外侧平台或落在边沟外侧坡体上时,以边沟外侧平台(原地表)作为换填顶面,如图2-38a)所示。

若设计换填底面高于原沟底,清表后先填筑砂砾或山皮土至换填底面,再开始做开挖换填处理;若换填底面低于原沟底,清表后,即开始开挖做换填处理。

b. 旧路基无边沟或边沟较宽路段(拼宽路基坡脚落在旧边沟沟底内),以旧路基坡脚处平台作为换填顶面,如图2-38b)所示。

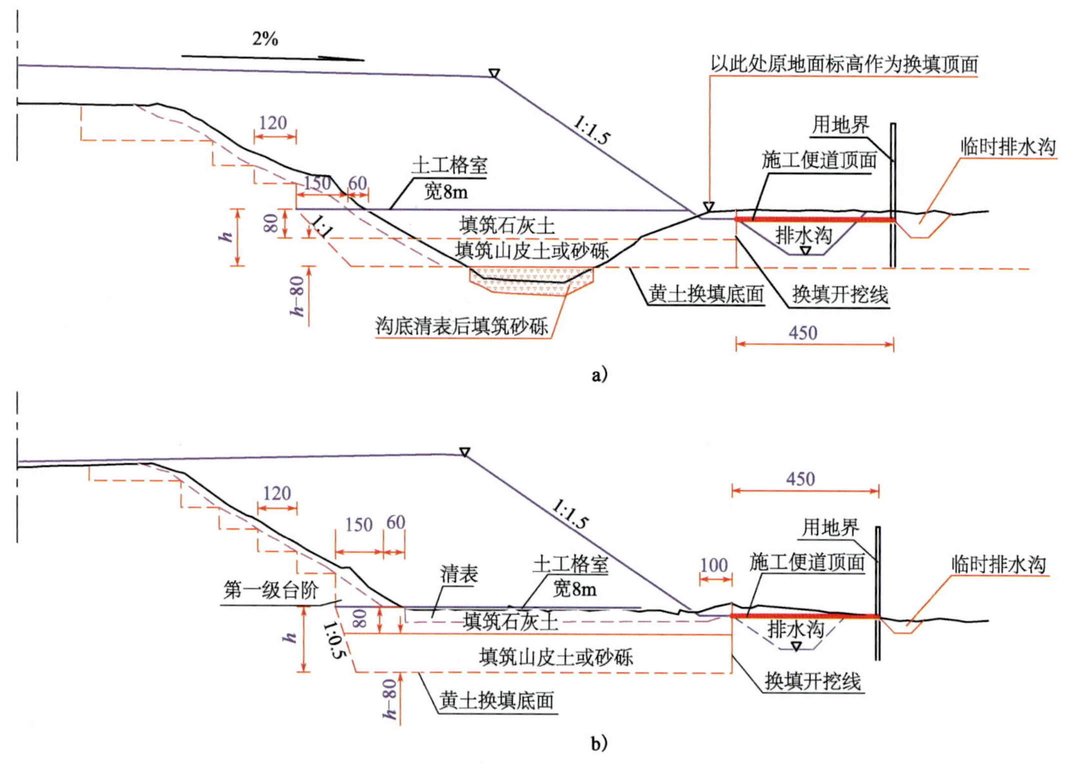


图 2-38　湿陷性黄土路基段换填方案(尺寸单位:cm)

## 2.2.8　路基压实

根据相关规范、规定及本项目特点,加宽路基的加宽部分路基压实度比规范提高 1 个百分点,拟定路基压实度标准见表 2-14。

**路基压实度控制标准一览表**　　表 2-14

| 路基部位 | 路面底面以下(cm) | 承载比 CBR(%) | 压实度(%) | | 填料最大粒径(cm) |
|---|---|---|---|---|---|
| | | | 新建路基 | 拼宽路基 | |
| 上路床 | 0~30 | 8 | ≥96 | ≥97 | 10 |
| 下路床 | 50~80 | 5 | ≥96 | ≥97 | 10 |
| 上路堤 | 80~150 | 4 | ≥94 | ≥95 | 15 |
| 下路堤 | >150 | 3 | ≥93 | ≥94 | 15 |
| 清表回填及河塘回填 | — | 3 | ≥90 | ≥91 | 15 |

为确保路基填筑达到压实度控制标准,加宽路基分层碾压填筑后,再用重型压路机增强补压(每填高 0.8m 后补压一层)。

### 2.2.9 边坡防护

(1)一般填方路段路基边坡采用植物纤维毯防护方案。

(2)一般桥梁桥头路段采用C40预制空心六棱块植草防护,桥头浸水路堤采用C40预制实心六棱块。

(3)局部路段受征地拆迁限制路段设置挡墙、护肩、护脚等;减少征地拆迁,挡墙采用重力式路堤墙或仰斜式路肩墙。

## 2.3 特殊路基加宽设计

对扶壁式桥台和重力式桥台桥头路基及短路基路段采用填筑液态粉煤灰,其他形式桥台桥头路基采用7%石灰土填筑,处理范围见表2-15。

桥、涵、通道过渡段处理范围 表2-15

| 构造物类型 | 底部处理长度(m) | 处 理 高 度 | 上部处理长度(m) | 备 注 |
|---|---|---|---|---|
| 桥梁、涵洞(不含圆管涵) | 3.00 | 桥台高度$H$ | $1.5H+1.5$ | 单侧 |
| 圆管涵 | 2.00或3.00 | 净空$h+2.0$ | $(h+1.0)$ | 单侧 |

1. 材料

(1)粉煤灰

①粉煤灰为$SiO_2$、$Al_2O_3$和$Fe_2O_3$的总含量应大于70%,烧失量不应超过10%,比表面积宜大于2500$cm^2/g$。

②干粉煤灰和湿粉煤灰均可使用。干粉煤灰如堆放于空地上,应进行覆盖以防止飞扬造成污染;湿粉煤灰含水率不宜超过35%,并在浇筑前测定含水率。

③凝结的粉煤灰块应打碎,并应清除有害杂物。

(2)水泥

宜采用32.5MPa水泥,水泥堆放应注意防潮。

(3)水

凡人或牲畜的饮用水均可用于施工。

2. 施工要求及注意事项

(1)施工配合比

根据工程使用部位及强度要求,视具体情况调整施工配合比。常用配合比范围如下:水泥:粉煤灰:水=(6%~10%):(94%~90%):(65%~75%)(外掺)。

添加剂为水泥用量的1%~5%。

(2)施工机械

①要求施工机械及相应设施有三相动力线，架设临时电线不方便时，可采用6kW以上发电机。

②拌和设备一般采用400L以上强制式水泥混凝土拌和机、泥浆泵或拌合站。当使用泥浆泵时，要与卧式混凝土拌和机结合使用。

(3)施工准备

①浇注前应清除基底(或基坑)的虚渣、浮土、积水，并应夯实整平。

②施工前应对进场的材料按批进行抽检，以保证材料质量。

③施工前应对施工设备进行全面检查、调整，以保证设备处于良好状态。

④应有充足的水源。

(4)混合料的搅拌

①拌制混合料时，各种衡量器应保持准确，对粉煤灰的含水率应经常进行检测，以调整水的用量。

②混合料应使用机械拌和，搅拌均匀，一般搅拌时间不应小于3min。

③混合料配料允许偏差见表2-16。

**混合料配料允许偏差**(质量计)　　表2-16

| 项　次 | 材　料 | 允许偏差(%) |
|---|---|---|
| 1 | 水泥 | ±1 |
| 2 | 粉煤灰 | ±3 |
| 3 | 水 | ±3 |

(5)混合料浇筑

①混合料浇筑速度要与混合料的拌合速度相匹配，使浇注工作不间断。

②浇筑混合料前，应对支架、模板进行检查，模板内的杂物积水应清理干净，模板如有缝隙，应填塞严密，模板内面应涂刷脱模剂。

③混合料应按一定厚度、顺序和方向分层浇筑，并应在下层混合料初凝或重塑前浇筑完成上层混合料。

④斜面上浇筑混合料时，应从低处开始逐层扩展升高，保持水平分层。

⑤气温低于5℃时，应停止浇筑。进行浇筑前，以1m的灌注高度为单位，两侧对称浇筑，每灌注一次自然晾晒2~3d；待自然强度形成和开裂后，对裂缝以1:2的水泥浆灌注，再进行下次灌注。且灌注过程中，要尽量保持同一平面，不应形成太大坡度。每次灌注结束后用刮板人工整平至2%横坡，刷搅拌罐废水自行处理到路基范围之外。

(6)养护

混合料浇筑完成后，对于台背应铺盖草袋养护(24h后)，以保证强度增长，养护期间应严禁车辆、行人通行。

3. 质量检测

(1)施工过程中每天至少做 2 组试件,监测现场强度,7d 强度不小于 0.4MPa 必要时可进行取芯检测,要求 28d 强度大于 0.6MPa。

(2)材料检测项目及频率未注明之处,均按交通运输部颁布标准执行。

# 2.4 高速公路改扩建路基加宽施工便道设计

## 2.4.1 便道设计基本原则

(1)主线两侧均设便道贯通,便道宽 5m,以西半幅为主,便于运输筑路材料。

(2)东侧便道路面采用 15cm 泥结碎石,西侧便道采用 15cm 泥结碎石 +20cm10% 石灰土。

(3)便道设置需充分利用永久性占地,如扩建后护坡道、边沟场地等。

(4)便道设置需设置临时排水沟,便于施工期间排水。

(5)过村路段便道设置需充分利用地方村道。

(6)沿线便道设置如遇建筑物等重要设施需进行绕行。

(7)通道前后 30m 范围内的隔离栅,考虑移至现有高速公路护栏处。

(8)跨河、沟(有水)桥梁路段便道设置需根据实际沟渠宽度、深度及流水量综合考虑设置便桥或埋管。

(9)局部路段便道设置较高,需做好防护,主要采用浆砌片石护坡。

(10)互通便道设置需结合互通设计及施工组织同时考虑。

## 2.4.2 边沟与便道设置综合考虑方案

1. 一般路段(即顶宽 3.5m 排水沟路段)

一般路段的便道设计是利用排水沟场地,临时征地宽度 1.5m(图 2-39)。

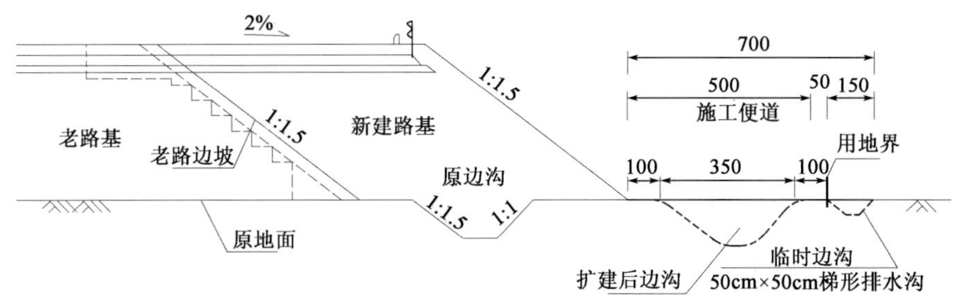


图 2-39　一般路段便道设计(尺寸单位:cm)

2. 小型排水沟(如 60cm×60cm 排水沟)路段(图 2-40)

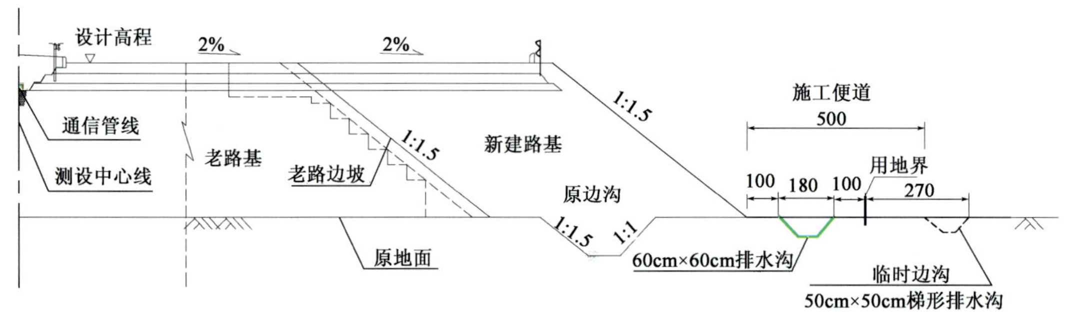


图 2-40　小型排水沟路段便道设计(尺寸单位:cm)

3. 老排水沟较大或无排水沟路段(图 2-41)

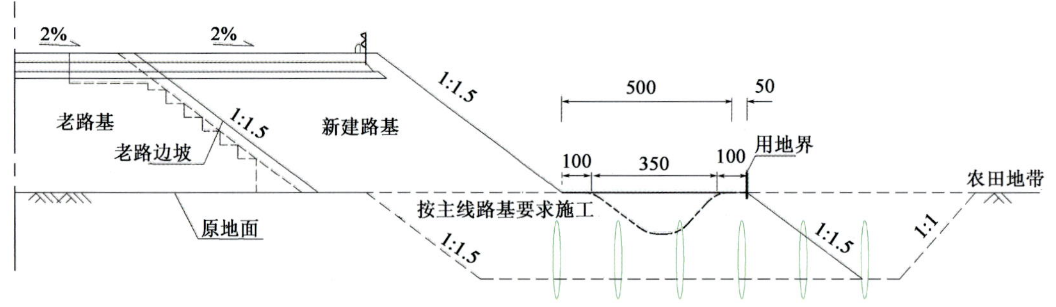


图 2-41　老排水沟较大或无排水沟路段便道设计(尺寸单位:cm)

4. 挡墙路段

(1)无拆迁影响的挡墙路段便道设计如图 2-42 所示。

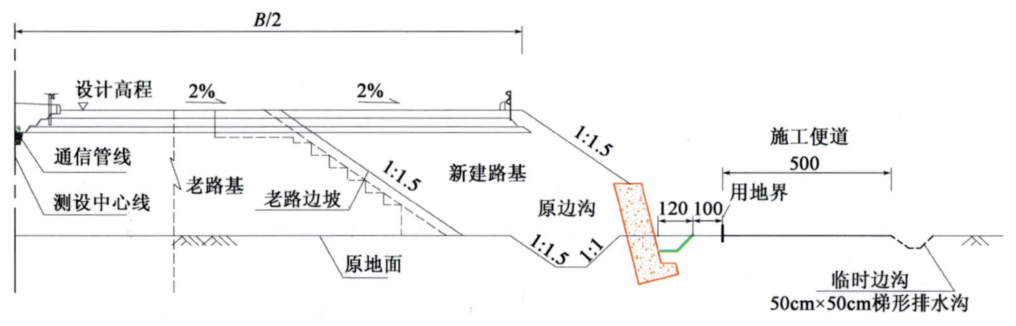


图 2-42　无拆迁影响的挡墙路段便道设计(尺寸单位:cm)

(2)有拆迁影响时采用绕行方案。

5. 河渠路段便道设置方案

跨河、沟(桥下有水)路段考虑采用便桥或设置暗涵。

6. 互通立交段便道设置方案

(1)原位改建施工便道及排水考虑

原位改建互通范围内,原则上在互通范围内选取适当位置设置便道,通过匝道上设置的通道进行通行;匝道上无通道的、在互通范围内不能贯通的,可在最外侧匝道的外侧设置便道。便道临时排水方案与主线一致。

(2)新建互通考虑

新建互通在互通范围外设便道,互通内侧整平场地后再行施工。

7. 上跨分离立交段便道设置方案

(1)上跨分离立交的保通方案及拆除方案的考虑

结合主线两车道保通方案,均采用半幅保通方案。

①新建分离式立交。封闭左半幅,右半幅通车,先建左半幅墩柱,包括中央分隔带墩柱;建好后,封闭右半幅,将交通转移至左半幅,建右半幅墩柱;右半幅墩柱建好后,开始架梁(约1~2d),再转移至左半幅架梁。

②拆除重建方案。上跨桥先拆除半幅,另半幅通车,再开始建拆除半幅,建完后再建另半幅。

(2)临近通道横向通行保通方案

对于临近通道横向通行应充分与当地村民协商,采取间隔施工以保证横向通行。

# 第3章　高速公路改扩建工程老路基状态调查与评价

## 3.1　老路路基堤身状态调查与评价

路基作为公路路面的基础，在行车荷载和自然环境因素的长期作用下，其物理力学特性可能会发生改变。如何确保在路基加宽过程中老路基的稳定性及新加宽路基工后沉降控制在合理的范围内，需要对老路基的物理力学状态进行分析和评价，为高速公路改扩建设计和施工方案提供技术支持，并为控制路基横向不均匀沉降提供技术参考。

### 3.1.1　老路基土室内试验及结果

1. 老路基土试样获取

为了了解老路基填筑土体的工程特性，沿京石高速公路北京和石家庄方向分别选取10个典型断面（表3-1），在硬路肩位置采用钻机干钻采取试样（图3-1），查明路堤及地基范围内各土层分布情况以及各土层的物理力学性质。

**取土断面表**　　表3-1

| 序　号 | 起讫桩号 | 地理位置 | 路基高度（m） | 地基类型 |
|---|---|---|---|---|
| 1 | K49 +900 | 涿州市 | 7.6 | 软土地基 |
| 2 | K68 +450 | 涿州市 | 7.0 | 软土地基 |
| 3 | K80 +000 | 高碑店市 | 7.8 | 软土地基 |
| 4 | K87 +400 | 定兴县 | 12.3 | 软土地基 |
| 5 | K104 +700 | 定兴县 | 7.2 | 软土地基 |
| 6 | K111 +500 | 徐水县 | 7.0 | 软土地基 |
| 7 | K166 +900 | 清苑县 | 7.0 | 次生黄土 |
| 8 | K185 +500 | 望都县 | 7.5 | 高填方 |
| 9 | K206 +550 | 定州市 | 6.1 | 高填方 |
| 10 | K228 +900 | 新乐市 | 6.2 | 高填方 |

2. 老路基土体界限含水率试验

老路基土体界限含水率试验数据结果见表3-2。

a)

b)

图3-1　京石高速公路老路肩现场取土

**试验结果**　表3-2

| 桩　号 | 深度(m) | 含水率(%) | 天然密度($g/cm^3$) | 干密度($g/cm^3$) | 平均干密度($g/cm^3$) | 定　名 |
|---|---|---|---|---|---|---|
| 石家庄方向 K206+550 | 1~2 | 15.18 | 2.093 | 1.82 | 1.81 | 低液限粉土 |
| | | 14.33 | 2.061 | 1.80 | | |
| | 2~3 | 12.03 | 2.119 | 1.89 | 1.86 | 低液限粉质黏土 |
| | | 13.75 | 2.088 | 1.84 | | |
| | 3~4 | 14.15 | 2.02 | 1.74 | 1.77 | 低液限粉质黏土 |
| | | 14.07 | 2.053 | 1.80 | | |
| | 4~5 | 13.65 | 2.068 | 1.83 | 1.81 | 低液限粉质黏土 |
| | | 13.06 | 2.022 | 1.79 | | |
| | 5~6 | 13.94 | 1.982 | 1.74 | 1.73 | 低液限粉质黏土 |
| | | 13.64 | 1.966 | 1.73 | | |
| | 6~7 | 11.25 | 1.883 | 1.69 | 1.70 | 低液限粉质黏土 |
| | | 10.22 | 1.893 | 1.72 | | |
| 北京方向 K206+550 | 1~2 | 12.03 | 2.124 | 1.90 | 1.89 | 低液限粉土 |
| | | 12.38 | 2.125 | 1.89 | | |
| | 2~3 | 13.93 | 2.009 | 1.76 | 1.77 | 低液限粉质黏土 |
| | | 13.91 | 2.025 | 1.78 | | |
| | 3~4 | 14.24 | 2.039 | 1.79 | 1.76 | 低液限粉土 |
| | | 15.76 | 2.006 | 1.73 | | |
| | 4~5 | 15.06 | 2.025 | 1.73 | 1.76 | 低液限粉土 |
| | | 15.34 | 2.064 | 1.79 | | |
| | 5~6 | 16.77 | 1.990 | 1.70 | 1.71 | 低液限粉土 |
| | | 16.72 | 2.013 | 1.72 | | |
| | 6~7 | 16.44 | 1.932 | 1.66 | 1.64 | 低液限粉土 |
| | | 16.58 | 1.888 | 1.62 | | |

续上表

| 桩　　号 | 深度(m) | 含水率(%) | 天然密度(g/cm³) | 干密度(g/cm³) | 平均干密度(g/cm³) | 定　　名 |
|---|---|---|---|---|---|---|
| 石家庄方向 K185 +500 | 1～2 | 13.53 | 1.984 | 1.75 | 1.73 | 低液限粉土 |
| | | 14.28 | 1.961 | 1.72 | | |
| | 2～3 | 14.35 | 1.955 | 1.71 | 1.71 | 低液限粉土 |
| | | 14.09 | 1.948 | 1.71 | | |
| | 3～4 | 18.38 | 2.108 | 1.78 | 1.75 | 低液限粉质黏土 |
| | | 20.82 | 2.085 | 1.73 | | |
| | 4～6 | 16.31 | 2.070 | 1.78 | 1.81 | 低液限粉土 |
| | | 16.13 | 2.125 | 1.83 | | |
| | 6～7 | 13.87 | 1.959 | 1.72 | 1.71 | 低液限粉土 |
| | | 13.72 | 1.945 | 1.71 | | |
| | 7～8 | 16.24 | 2.080 | 1.79 | 1.77 | 低液限粉土 |
| | | 16.08 | 2.031 | 1.75 | | |
| 北京方向 K185 +500 | 1～3 | 14.06 | 2.121 | 1.86 | 1.86 | 低液限粉土 |
| | | 14.26 | 2.125 | 1.86 | | |
| | 3～4 | 15.00 | 2.117 | 1.84 | 1.85 | 低液限粉土 |
| | | 14.80 | 2.130 | 1.86 | | |
| | 4～5 | 14.76 | 2.065 | 1.80 | 1.79 | 低液限粉土 |
| | | 15.81 | 2.073 | 1.79 | | |
| | 5～6 | 18.91 | 2.015 | 1.69 | 1.71 | 低液限粉质黏土 |
| | | 17.25 | 2.012 | 1.72 | | |
| | 6～7 | 16.45 | 1.910 | 1.64 | 1.70 | 低液限粉质黏土 |
| | | 15.84 | 2.039 | 1.76 | | |
| | 7.2 | 15.99 | 1.945 | 1.68 | 1.68 | 低液限粉土 |
| | | 15.44 | 1.940 | 1.68 | | |
| 石家庄方向 K166 +900 | 1～2 | 14.23 | 2.136 | 1.87 | 1.87 | 低液限粉土 |
| | | 13.89 | 2.130 | 1.87 | | |
| | 2～3 | 11.86 | 2.230 | 1.88 | 1.87 | 低液限粉质黏土 |
| | | 11.69 | 2.174 | 1.86 | | |
| | 3～4 | 14.46 | 2.049 | 1.79 | 1.80 | 低液限粉质黏土 |
| | | 14.65 | 2.063 | 1.80 | | |
| | 4～5 | 14.28 | 2.057 | 1.80 | 1.80 | 低液限粉质黏土 |
| | | 14.19 | 2.055 | 1.80 | | |
| | 5～6 | 13.70 | 2.068 | 1.82 | 1.80 | 低液限粉质黏土 |
| | | 13.96 | 2.023 | 1.77 | | |

续上表

| 桩　号 | 深度(m) | 含水率(%) | 天然密度(g/cm³) | 干密度(g/cm³) | 平均干密度(g/cm³) | 定　名 |
|---|---|---|---|---|---|---|
| 石家庄方向 K166+900 | 6~7 | 16.19 | 2.045 | 1.76 | 1.78 | 低液限粉质黏土 |
| | | 16.13 | 2.090 | 1.8 | | |
| 北京方向 K166+900 | 1~2 | 11.21 | 1.939 | 1.73 | 1.75 | 低液限粉质黏土 |
| | | 11.34 | 2.007 | 1.77 | | |
| | 2~3 | 11.00 | 2.018 | 1.82 | 1.83 | 低液限粉质黏土 |
| | | 11.43 | 2.047 | 1.84 | | |
| | 3~4 | 24.47 | 2.051 | 1.65 | 1.68 | 低液限粉质黏土 |
| | | 19.81 | 2.059 | 1.72 | | |
| | 4~5 | 18.41 | 2.06 | 1.74 | 1.70 | 低液限粉质黏土 |
| | | 17.92 | 1.969 | 1.67 | | |
| | 5~6 | 17.74 | 2.003 | 1.70 | 1.70 | 低液限粉质黏土 |
| | | 17.82 | 2.011 | 1.71 | | |
| | 6~7 | 16.87 | 2.022 | 1.73 | 1.70 | 低液限粉质黏土 |
| | | 16.54 | 1.946 | 1.67 | | |
| 石家庄方向 K111+500 | 1~2 | 14.42 | 2.090 | 1.83 | 1.79 | 低液限粉土 |
| | | 14.03 | 2.041 | 1.76 | | |
| | 2~4 | 14.20 | 1.964 | 1.72 | 1.77 | 低液限粉土 |
| | | 14.27 | 2.079 | 1.82 | | |
| | 4~6 | 13.76 | 1.957 | 1.79 | 1.80 | 低液限粉土 |
| | | 13.94 | 2.005 | 1.81 | | |
| | 6~7 | 14.06 | 1.984 | 1.74 | 1.68 | 低液限黏土 |
| | | 14.28 | 1.851 | 1.62 | | |
| 北京方向 K111+500 | 1~3 | 10.80 | 1.983 | 1.79 | 1.78 | 低液限粉质黏土 |
| | | 10.88 | 1.974 | 1.78 | | |
| | 3~5 | 11.55 | 1.985 | 1.78 | 1.79 | 低液限粉质黏土 |
| | | 11.52 | 2.007 | 1.80 | | |
| | 5~6 | 12.90 | 1.874 | 1.66 | 1.65 | 低液限黏土 |
| | | 13.02 | 1.865 | 1.65 | | |
| | 6~7 | 14.32 | 1.977 | 1.73 | 1.71 | 低液限黏土 |
| | | 14.55 | 1.936 | 1.69 | | |
| 石家庄方向 K104+700 | 1~2 | 13.64 | 2.034 | 1.79 | 1.80 | 低液限粉土 |
| | | 13.38 | 2.052 | 1.81 | | |
| | 2~3 | 13.24 | 2.106 | 1.86 | 1.86 | 低液限粉土 |
| | | 13.60 | 2.113 | 1.86 | | |

续上表

| 桩　　号 | 深度（m） | 含水率（%） | 天然密度（g/cm³） | 干密度（g/cm³） | 平均干密度（g/cm³） | 定　　名 |
|---|---|---|---|---|---|---|
| 石家庄方向 K104 +700 | 3 ~ 4 | 13.64 | 2.057 | 1.81 | 1.83 | 低液限粉土 |
| | | 13.40 | 2.098 | 1.85 | | |
| | 4 ~ 5 | 13.19 | 2.105 | 1.86 | 1.85 | 低液限粉质黏土 |
| | | 12.89 | 2.088 | 1.85 | | |
| | 5 ~ 7 | 12.49 | 2.047 | 1.82 | 1.80 | 低液限粉土 |
| | | 12.59 | 2.004 | 1.78 | | |
| | 7 ~ 8 | 12.57 | 2.004 | 1.78 | 1.77 | 低液限粉土 |
| | | 12.43 | 1.990 | 1.77 | | |
| 北京方向 K104 +700 | 1 ~ 2 | 11.08 | 2.177 | 1.96 | 1.96 | 低液限粉质黏土 |
| | | 11.18 | 2.179 | 1.96 | | |
| | 2 ~ 3 | 12.51 | 2.048 | 1.82 | 1.84 | 低液限粉质黏土 |
| | | 12.17 | 2.087 | 1.86 | | |
| | 3 ~ 5 | 13.45 | 2.019 | 1.78 | 1.81 | 低液限粉土 |
| | | 13.50 | 2.077 | 1.83 | | |
| | 5 ~ 6 | 14.28 | 2.057 | 1.80 | 1.79 | 低液限粉土 |
| | | 14.36 | 2.047 | 1.79 | | |
| | 6 ~ 7 | 15.30 | 1.914 | 1.66 | 1.69 | 低液限粉质黏土 |
| | | 15.42 | 1.985 | 1.72 | | |
| | 7 ~ 8 | 16.29 | 2.070 | 1.78 | 1.75 | 低液限粉质黏土 |
| | | 16.40 | 2.002 | 1.72 | | |
| 石家庄方向 K87 +400 | 1 ~ 3 | 13.95 | 2.051 | 1.80 | 1.80 | 低液限粉质黏土 |
| | | 13.77 | 2.048 | 1.80 | | |
| | 3 ~ 4 | 15.01 | 2.024 | 1.76 | 1.78 | 低液限粉质黏土 |
| | | 14.89 | 2.068 | 1.80 | | |
| | 4 ~ 7 | 15.34 | 2.012 | 1.75 | 1.76 | 低液限粉质黏土 |
| | | 15.08 | 2.037 | 1.77 | | |
| | 7 ~ 9 | 18.28 | 2.106 | 1.78 | 1.79 | 低液限粉质黏土 |
| | | 18.31 | 2.120 | 1.79 | | |
| | 9 ~ 10 | 17.66 | 2.036 | 1.73 | 1.70 | 低液限黏土 |
| | | 17.70 | 1.977 | 1.68 | | |
| | 10 ~ 12 | 17.60 | 1.938 | 1.65 | 1.66 | 低液限黏土 |
| | | 17.23 | 1.949 | 1.66 | | |
| 北京方向 K87 +400 | 1 ~ 2 | 10.26 | 2.029 | 1.84 | 1.78 | 低液限粉质黏土 |
| | | 10.45 | 1.899 | 1.72 | | |

续上表

| 桩　　号 | 深度（m） | 含水率（%） | 天然密度（g/cm³） | 干密度（g/cm³） | 平均干密度（g/cm³） | 定　　名 |
| --- | --- | --- | --- | --- | --- | --- |
| 北京方向 K87 +400 | 2 ~ 5 | 11.76 | 1.933 | 1.73 | 1.73 | 低液限粉质黏土 |
| | | 11.75 | 1.933 | 1.73 | | |
| | 5 ~ 7 | 12.18 | 2.030 | 1.81 | 1.82 | 低液限粉土 |
| | | 12.52 | 2.059 | 1.83 | | |
| | 7 ~ 10 | 13.27 | 2.027 | 1.79 | 1.79 | 低液限粉土 |
| | | 13.18 | 2.026 | 1.79 | | |
| | 10 ~ 11 | 14.00 | 2.143 | 1.88 | 1.83 | 低液限粉质黏土 |
| | | 14.51 | 2.038 | 1.78 | | |
| | 11 ~ 12 | 16.10 | 1.857 | 1.60 | 1.63 | 低液限粉土 |
| | | 15.92 | 1.924 | 1.66 | | |
| 石家庄方向 K68 +450 | 1 ~ 2 | 13.80 | 2.094 | 1.84 | 1.83 | 低液限粉土 |
| | | 13.86 | 2.083 | 1.83 | | |
| | 2 ~ 3 | 14.50 | 2.061 | 1.80 | 1.81 | 低液限粉土 |
| | | 14.52 | 2.084 | 1.82 | | |
| | 3.8 | 14.26 | 1.977 | 1.73 | 1.69 | 低液限粉质黏土 |
| | | 14.20 | 1.884 | 1.65 | | |
| | 4 ~ 5 | 16.56 | 2.051 | 1.76 | 1.77 | 低液限粉质黏土 |
| | | 16.24 | 2.069 | 1.78 | | |
| | 5 ~ 6 | 14.55 | 2.004 | 1.75 | 1.72 | 低液限粉质黏土 |
| | | 14.59 | 1.937 | 1.69 | | |
| | 6 ~ 7 | 10.14 | 1.850 | 1.68 | 1.65 | 低液限粉质黏土 |
| | | 10.46 | 1.789 | 1.62 | | |
| 北京方向 K68 +450 | 1 ~ 2 | 12.88 | 1.952 | 1.73 | 1.73 | 低液限粉土 |
| | | 13.54 | 1.976 | 1.74 | | |
| | 2.4 | 13.78 | 1.991 | 1.75 | 1.78 | 低液限粉土 |
| | | 13.97 | 2.063 | 1.81 | | |
| | 3 ~ 4 | 14.69 | 1.961 | 1.71 | 1.71 | 低液限粉质黏土 |
| | | 15.21 | 1.959 | 1.70 | | |
| | 4 ~ 5 | 16.25 | 2.081 | 1.79 | 1.77 | 低液限粉质黏土 |
| | | 15.96 | 2.029 | 1.75 | | |
| | 6.2 | 16.93 | 2.116 | 1.81 | 1.82 | 低液限粉质黏土 |
| | | 16.58 | 2.133 | 1.83 | | |
| | 7 ~ 8 | 17.68 | 2.118 | 1.80 | 1.76 | 低液限粉土 |
| | | 18.04 | 2.030 | 1.72 | | |

续上表

| 桩　　号 | 深度（m） | 含水率（%） | 天然密度（g/cm$^3$） | 干密度（g/cm$^3$） | 平均干密度（g/cm$^3$） | 定　　名 |
|---|---|---|---|---|---|---|
| 石家庄方向 K49 +900 | 1 ~ 2 | 13.20 | 1.924 | 1.70 | 1.67 | 低液限粉土 |
| | | 13.60 | 1.863 | 1.64 | | |
| | 2 ~ 3 | 14.36 | 1.933 | 1.69 | 1.70 | 低液限粉质黏土 |
| | | 14.26 | 1.954 | 1.71 | | |
| | 3 ~ 4 | 13.94 | 1.959 | 1.72 | 1.70 | 低液限粉质黏土 |
| | | 13.84 | 1.912 | 1.68 | | |
| | 4 ~ 6 | 18.60 | 1.862 | 1.57 | 1.59 | 低液限粉土 |
| | | 18.40 | 1.906 | 1.61 | | |
| | 6 ~ 7 | 15.46 | 1.974 | 1.71 | 1.68 | 低液限粉质黏土 |
| | | 15.40 | 1.904 | 1.65 | | |
| | 7 ~ 8 | 16.64 | 1.749 | 1.50 | 1.50 | 低液限粉土 |
| | | 16.76 | 1.751 | 1.50 | | |
| 北京方向 K49 +900 | 1 ~ 2 | 11.06 | 1.931 | 1.68 | 1.62 | 低液限粉土 |
| | | 11.28 | 1.942 | 1.56 | | |
| | 2 ~ 3 | 19.21 | 1.973 | 1.66 | 1.68 | 低液限粉质黏土 |
| | | 16.55 | 1.990 | 1.71 | | |
| | 3 ~ 4 | 16.77 | 1.821 | 1.56 | 1.57 | 低液限粉质黏土 |
| | | 16.44 | 1.850 | 1.59 | | |
| | 4 ~ 6 | 17.87 | 1.827 | 1.55 | 1.58 | 低液限粉质黏土 |
| | | 17.40 | 1.890 | 1.61 | | |
| | 6.6 | 18.56 | 1.921 | 1.62 | 1.59 | 低液限黏土 |
| | | 18.78 | 1.853 | 1.56 | | |
| | 7 ~ 8 | 20.16 | 1.874 | 1.56 | 1.56 | 低液限黏土 |
| | | 19.78 | 1.868 | 1.56 | | |

从试验结果可以看出：京石高速公路老路基填料大致分为 3 类——即低液限粉土、低液限粉质黏土和低液限黏土，并且以粉土和粉质黏土为主。土体含水率沿路基高度呈上小下大分布，路堤上部含水率较低，下部土体含水率较高，尤其是在老路坡脚附近的含水率偏大，可能是由于毛细现象，使土中水的含量上升。路基含水率范围为 10% ~ 20% 之间，含水率的范围变化较大。

路基土的天然密度一般比较大，主要是由于在堤身自重以及汽车荷载的长期作用下，土体逐渐被压缩，土体之间的颗粒相互错动，填补了颗粒之间的空隙，使土体比较密实，密度比较大。

3. 老路基土击实试验

老路堤典型填料的击实试验结果如图 3-2 ~ 图 3-4 所示。

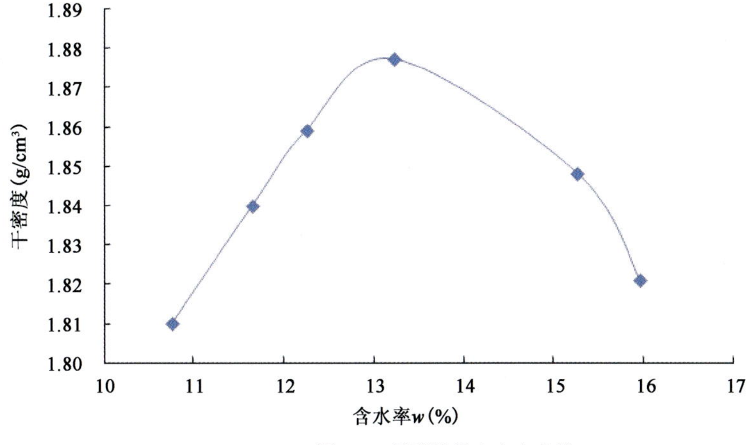


图 3-2 低液限粉土击实曲线

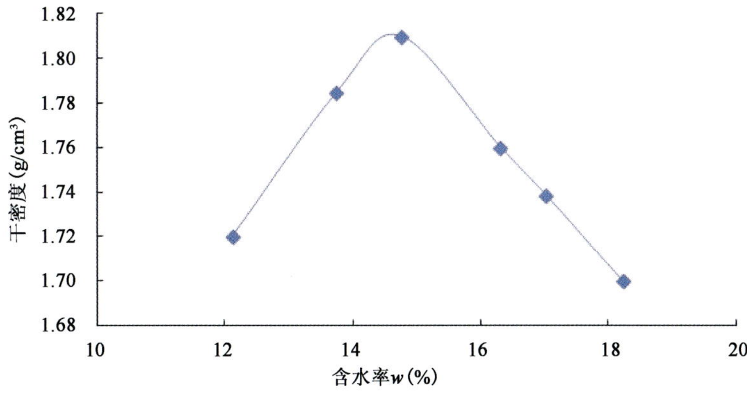


图 3-3 低液限粉质黏土击实曲线

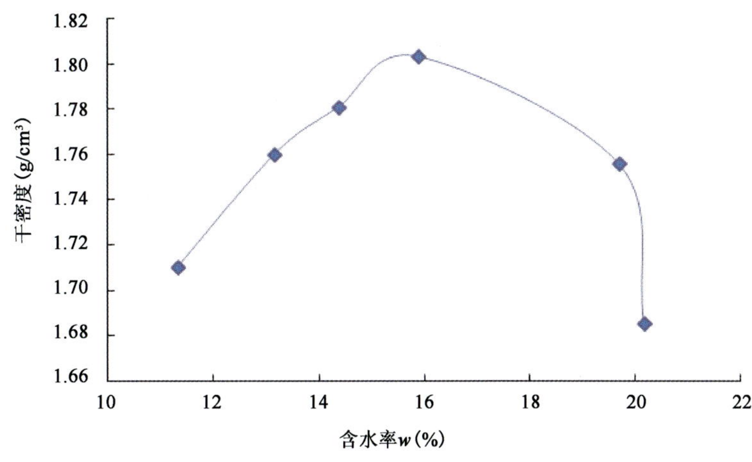


图 3-4 低液限黏土击实曲线

由图3-2～图3-4可知，低液限粉土的最佳含水率为13.22%，最大干密度为1.88g/cm$^3$；低液限粉质黏土的最佳含水率为14.75%，最大干密度为1.81g/cm$^3$；低液限黏土的最佳含水率为15.88%，最大干密度为1.80g/cm$^3$。

低液限粉土、低液限粉质黏土、低液限黏土的最佳含水率依次增大。通过击实曲线可以看出，在含水率小于最佳含水率情况下，最大干密度随着含水率的增加而增大，超过最佳含水率则随着含水率的增大而减小。这是由于在未到达最佳含水率之前，水主要是起到润滑膜的作用，减小了颗粒之间的摩擦力及咬合力，使土体容易挤密。在超过最佳含水率后，部分水消耗了部分的击实功，使土体不能有足够的击实功来击实土体；特别是含水率超过最佳含水率一定范围后，最大干密度下降很快，说明孔隙水压力消耗了大部分的击实功，土体很难被压实。

### 3.1.2 老路基填料试验结果数据分析

1. 老路基填料液塑限及击实试验数据分析

不同深度处路基土的压实度见表3-3。

压实度数据(单位:%)　表3-3

| 桩号 \ 距路面深度 | 1.2m | 2.2m | 3.2m | 4.2m | 5.2m | 6.2m |
|---|---|---|---|---|---|---|
| K206+550石向 | 96.27 | 99.80 | 97.60 | 96.20 | 95.41 | 94.19 |
| K206+550北向 | 100.72 | 97.81 | 93.56 | 93.40 | 91.18 | 90.68 |
| K185+500石向 | 97.28 | 96.00 | 96.85 | 96.41 | 96.24 | 94.26 |
| K185+500北向 | 99.01 | 98.40 | 95.43 | 94.22 | 93.80 | 89.31 |
| K166+900石向 | 99.79 | 99.67 | 99.57 | 99.36 | 99.26 | 98.45 |
| K166+900北向 | 96.87 | 95.80 | 93.00 | 94.15 | 94.14 | 93.85 |
| K111+500石向 | 99.09 | 98.01 | 95.93 | 93.45 | 93.01 | 94.02 |
| K111+500北向 | 98.40 | 95.48 | 91.44 | 94.80 | 95.70 | 93.20 |
| K104+700石向 | 99.74 | 98.68 | 97.43 | 98.65 | 95.40 | 97.91 |
| K104+700北向 | 104.06 | 97.69 | 96.34 | 95.45 | 93.34 | 93.35 |
| K87+400石向 | 99.43 | 98.45 | 97.21 | 98.69 | 94.31 | 91.95 |
| K87+400北向 | 98.34 | 92.21 | 96.83 | 95.34 | 97.24 | 89.84 |
| K80+000石向 | 96.88 | 97.56 | 93.57 | 88.94 | 94.53 | 86.88 |
| K80+000北向 | 96.90 | 94.92 | 96.74 | 93.89 | 91.90 | 89.57 |
| K68+450石向 | 97.45 | 96.34 | 93.41 | 94.16 | 95.14 | 87.98 |
| K68+450北向 | 95.80 | 94.81 | 94.65 | 94.3 | 96.89 | 93.61 |
| K49+900石向 | 92.45 | 93.97 | 94.28 | 88.12 | 93.05 | 83.01 |
| K49+900北向 | 89.43 | 92.88 | 86.96 | 87.31 | 88.45 | 86.49 |

路基土的压实度分布如图3-5所示。

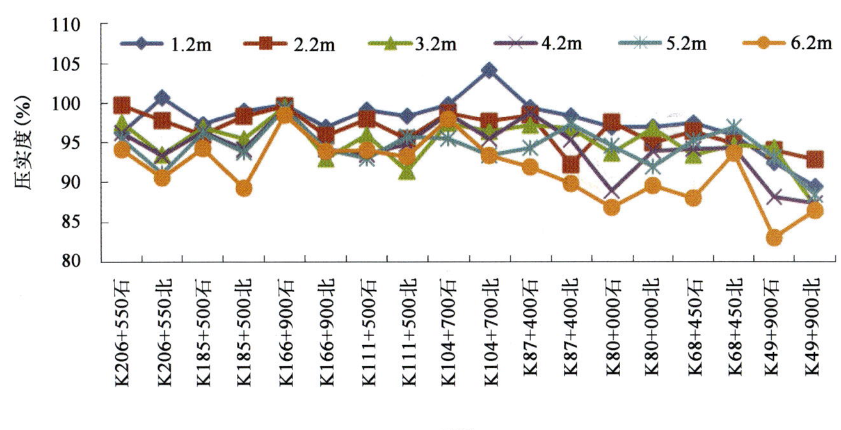


图3-5　压实度分布图

我国的《公路路基施工技术规范》(JTG F10—2006)和《公路路基设计规范》(JTG D30—2004)对各等级公路压实度控制标准具体要求见表3-4。

公路路基设计标准　　表3-4

| 填料应用部位(m) | | 压实度(%) | | |
|---|---|---|---|---|
| | | 高速公路<br>一级公路 | 二级公路 | 三、四<br>级公路 |
| 路堤 | 上路床(0~0.30) | ≥96 | ≥95 | ≥94 |
| | 下路床(0.30~0.80) | ≥96 | ≥95 | ≥94 |
| | 上路堤(0.80~1.50) | ≥94 | ≥94 | ≥93 |
| | 下路堤(>1.50) | ≥93 | ≥92 | ≥90 |
| 零填及挖<br>方路基 | (0~0.30) | ≥96 | ≥95 | ≥94 |
| | (0.30~0.80) | ≥96 | ≥95 | — |

根据公路压实标准和试验数据,可以分析出老路基的压实情况(路面厚度为70cm):

(1)1.2m处的压实度:超过100%的有2个,大部分压实度大于96%,不足96%的有3个,其中有1个接近96%,1个接近90%。按照《公路路基设计规范》(JTG D30—2004),高速公路上路堤0.3~0.8m的范围内的压实度要大于或等于96%。

(2)2.2m处的压实度:根据公路路基设计规范规定,0.80~1.50m的上路堤压实度要大于或等于94%。其中只有1个压实度为92%,其他的压实度都比较大,说明这一高程的路堤施工质量比较好,压实度满足了设计要求。

(3)3.2m处的压实度:只有2位置的压实度没有达到要求,其他的都满足要求。

(4)4.2m处的压实度:要求压实度大于93%,本位置不满足的有3点,并且根据液塑限的试验数据可知,这3点含水率比较大。

(5)5.2m 处的压实度:有 2 处不满足,其中 K206 +550 北京方向含水率小,其中 K206 +000 北京方向含水率过大。

(6)6.2m 处的压实度:不满足要求的位置很多,有 8 处。

路基上部压实度偏大是由于路面行车荷载的反复作用所引起的。在北京方向 K87 +400 点处,测得的含水率为 11.70%,而室内试验测得的含水率为 16.10%,远低于最佳含水率,可能是在施工过程中含水率的控制不严格,导致压实度偏小。在北京方向 K49 +900、北京方向 K111 +500 处,在室内测得的含水率过大,超过了最佳含水率,造成了压实度不够。在北京方向 K185 +500 处含水率在最佳含水率附近,压实度也不满足要求,可能是因为在施工过程中施工方法、碾压遍数、机械组合的问题。

2. 老路堤填料含水率分析

(1)含水率与压实度分析

施工过程要求要在最佳含水率附近进行碾压,通过压实度、天然含水率、最佳含水率之间的关系来确定含水率的范围,具体数值见表 3-5。

**天然含水率和最佳含水率数据** 表 3-5

| 桩 号 | 深度(m) | 压实度 $K$(%) | 天然含水率 $w$(%) | 最佳含水率 $w_{op}$(%) | $w-w_{op}$(%) |
|---|---|---|---|---|---|
| 石家庄方向 K206 +550 | 1.2 | 96.27 | 14.70 | 13.22 | 1.48 |
| 石家庄方向 K206 +550 | 2.2 | 99.80 | 13.70 | 14.75 | -1.05 |
| 石家庄方向 K206 +550 | 3.2 | 97.60 | 14.10 | 14.75 | -0.65 |
| 石家庄方向 K206 +550 | 4.2 | 96.20 | 13.60 | 14.75 | -1.15 |
| 石家庄方向 K206 +550 | 5.2 | 95.41 | 13.80 | 13.22 | 0.58 |
| 石家庄方向 K206 +550 | 6.2 | 94.19 | 14.15 | 14.75 | -0.60 |
| 石家庄方向 K185 +500 | 1.2 | 97.28 | 13.80 | 13.22 | 0.58 |
| 石家庄方向 K185 +500 | 2.2 | 96.00 | 13.90 | 13.22 | 0.68 |
| 石家庄方向 K185 +500 | 3.2 | 96.85 | 18.30 | 14.75 | 3.55 |
| 石家庄方向 K185 +500 | 4.2 | 96.41 | 16.22 | 14.75 | 1.47 |
| 石家庄方向 K185 +500 | 5.2 | 96.24 | 13.80 | 13.22 | 0.58 |
| 石家庄方向 K185 +500 | 6.2 | 94.26 | 16.16 | 14.75 | 1.41 |
| 石家庄方向 K166 +900 | 1.2 | 99.79 | 14.10 | 13.22 | 0.88 |
| 石家庄方向 K166 +900 | 2.2 | 99.67 | 11.80 | 14.75 | -2.95 |
| 石家庄方向 K166 +900 | 3.2 | 99.57 | 14.56 | 14.75 | -0.19 |
| 石家庄方向 K166 +900 | 4.2 | 99.36 | 14.24 | 14.75 | -0.51 |
| 石家庄方向 K166 +900 | 5.2 | 99.26 | 13.90 | 14.75 | -0.85 |
| 石家庄方向 K166 +900 | 6.2 | 98.45 | 16.42 | 14.75 | 1.67 |

续上表

| 桩　号 | 深度(m) | 压实度 $K$(%) | 天然含水率 $w$(%) | 最佳含水率 $w_{op}$(%) | $w-w_{op}$(%) |
|---|---|---|---|---|---|
| 石家庄方向 K111 +500 | 1.2 | 99.09 | 14.22 | 13.22 | 1.00 |
| | 2.2 | 98.10 | 14.21 | 13.22 | 0.99 |
| | 3.2 | 95.93 | 13.85 | 13.22 | 0.63 |
| | 4.2 | 93.45 | 14.17 | 13.22 | 0.95 |
| | 5.2 | 93.01 | 14.83 | 13.22 | 1.61 |
| | 6.2 | 94.02 | 15.76 | 14.75 | 1.01 |
| 石家庄方向 K104 +700 | 1.2 | 99.74 | 13.50 | 13.22 | 0.28 |
| | 2.2 | 98.68 | 13.42 | 13.22 | 0.20 |
| | 3.2 | 97.43 | 13.52 | 13.22 | 0.30 |
| | 4.2 | 98.65 | 13.10 | 14.75 | -1.65 |
| | 5.2 | 95.40 | 12.54 | 13.22 | -0.68 |
| | 6.2 | 97.91 | 12.50 | 13.22 | -0.72 |
| 石家庄方向 K87 +400 | 1.2 | 99.43 | 13.86 | 13.22 | 0.64 |
| | 2.2 | 98.45 | 14.95 | 14.75 | 0.20 |
| | 3.2 | 97.21 | 15.21 | 14.75 | 0.46 |
| | 4.2 | 98.69 | 18.20 | 14.75 | 3.45 |
| | 5.2 | 94.31 | 17.63 | 15.88 | 1.75 |
| | 6.2 | 91.95 | 17.50 | 15.88 | 1.62 |
| 石家庄方向 K80 +000 | 1.2 | 96.88 | 14.70 | 14.75 | -0.05 |
| | 2.2 | 97.56 | 15.31 | 14.75 | 0.56 |
| | 3.2 | 93.57 | 16.32 | 14.75 | 1.57 |
| | 4.2 | 88.94 | 18.60 | 14.75 | 3.85 |
| | 5.2 | 94.53 | 18.46 | 15.88 | 2.58 |
| | 6.2 | 86.88 | 24.00 | 15.88 | 8.12 |
| 石家庄方向 K68 +450 | 1.2 | 97.45 | 13.83 | 13.22 | 0.61 |
| | 2.2 | 96.34 | 14.51 | 13.22 | 1.29 |
| | 3.2 | 93.41 | 14.23 | 14.75 | -0.52 |
| | 4.2 | 94.16 | 16.40 | 13.22 | 3.18 |
| | 5.2 | 95.14 | 14.57 | 14.75 | -0.18 |
| | 6.2 | 87.98 | 10.30 | 14.75 | -4.45 |
| 石家庄方向 K49 +900 | 1.2 | 92.45 | 13.40 | 13.22 | 0.18 |
| | 2.2 | 93.97 | 14.31 | 13.22 | 1.09 |
| | 3.2 | 94.28 | 13.89 | 13.22 | 0.67 |
| | 4.2 | 88.12 | 18.50 | 13.22 | 5.28 |
| | 5.2 | 93.05 | 15.43 | 14.75 | 0.68 |
| | 6.2 | 83.01 | 16.70 | 13.22 | 3.48 |

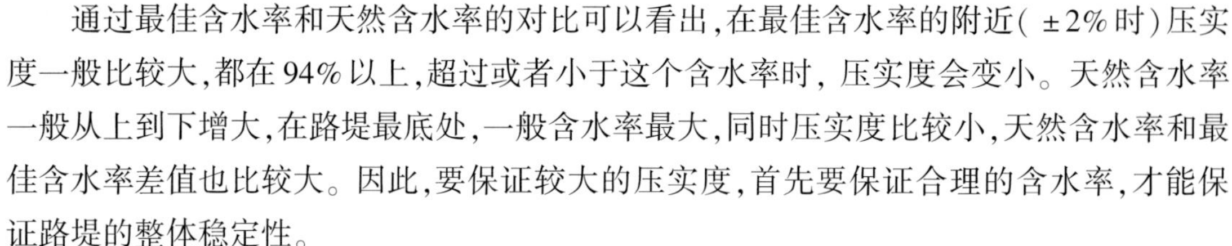

通过最佳含水率和天然含水率的对比可以看出，在最佳含水率的附近（±2%时）压实度一般比较大，都在94%以上，超过或者小于这个含水率时，压实度会变小。天然含水率一般从上到下增大，在路堤最底处，一般含水率最大，同时压实度比较小，天然含水率和最佳含水率差值也比较大。因此，要保证较大的压实度，首先要保证合理的含水率，才能保证路堤的整体稳定性。

（2）地基土含水率与压缩模量分析

压缩模量是在约束侧向位移的条件下，应力增量与应变增量的比值，它是影响地基沉降最重要的参数之一，其值反映地基被压缩的难易程度。一般压缩模量越大，土体越难被压缩，地基的沉降量越小。表3-6为压缩模量与含水率之间的关系。

**含水率 $w$ 与压缩模量 $E_s$ 试验数据** 表3-6

| 桩号 | 深度（m） | 含水率 $w$（%） | $E_s$（MPa） | | 土名 |
|---|---|---|---|---|---|
| | | | $P=100\sim200$kPa $E_{s1\text{-}2}$ | $P=300\sim400$kPa $E_{s3\text{-}4}$ | |
| 石家庄方向 K206+550 | 1.0~2.0 | 15.2 | 6.47 | 13.27 | 低液限粉质黏土 |
| | 2.0~3.0 | 15.4 | 4.17 | 18.51 | 低液限粉土 |
| 北京方向 K206+550 | 1.0~2.0 | 13.6 | 3.78 | 8.96 | 低液限粉土 |
| | 2.0~3.0 | 18.2 | 4.69 | 10.58 | 低液限粉土 |
| 石家庄方向 K185+500 | 1.0~2.0 | 16.4 | 6.08 | 8.11 | 低液限粉质黏土 |
| | 4.0~5.0 | 23.0 | 7.28 | 15.80 | 低液限粉土 |
| 北京方向 K185+500 | 1.0~2.0 | 21.5 | 4.52 | 10.44 | 低液限粉土 |
| | 2.0~3.0 | 18.0 | 9.84 | 11.92 | 低液限粉质黏土 |
| | 4.0~5.0 | 21.5 | 4.62 | 9.48 | 低液限粉质黏土 |
| 石家庄方向 K166+900 | 1.0~2.0 | 19.4 | 5.88 | 10.59 | 低液限粉质黏土 |
| | 2.0~5.0 | 20.2 | 5.25 | 11.91 | 低液限粉质黏土 |
| | 7.8 | 19.2 | 6.35 | 13.17 | 低液限粉土 |
| 北京方向 K166+900 | 1.0~2.0 | 18.6 | 6.76 | 12.44 | 低液限粉质黏土 |
| | 2.0~5.0 | 23.2 | 5.99 | 14.73 | 低液限粉质黏土 |
| | 5.0~7.0 | 20.0 | 6.05 | 11.12 | 低液限粉土 |
| 石家庄方向 K111+500 | 1.6~2.0 | 19.5 | 5.10 | 11.45 | 低液限粉土 |
| | 3.6~4.0 | 11.4 | 8.77 | 15.67 | 低液限粉土 |
| | 5.0~6.0 | 13.4 | 9.45 | 16.14 | 低液限粉土 |
| 北京方向 K111+500 | 1.0~2.0 | 21.5 | 8.79 | 17.95 | 低液限粉质黏土 |
| | 4.0~5.0 | 20.7 | 5.83 | 10.82 | 低液限粉质黏土 |
| 石家庄方向 K104+700 | 1.6~2.0 | 22.5 | 5.32 | 12.37 | 低液限粉土 |
| | 5.8~6.0 | 16.3 | 9.27 | 15.43 | 低液限粉质黏土 |

续上表

| 桩　　号 | 深度(m) | 含水率 $w$(%) | $E_s$(MPa) |  | 土　名 |
|---|---|---|---|---|---|
|  |  |  | $P=100\sim200$kPa $E_{s1\text{-}2}$ | $P=300\sim400$kPa $E_{s3\text{-}4}$ |  |
| 石家庄方向 K104+700 | 1.0~2.0 | 20.7 | 5.91 | 11.94 | 低液限粉质黏土 |
|  | 2.0~4.0 | 13.7 | 2.96 | 8.29 | 低液限粉土 |
| 北京方向 K104+700 | 4.0~5.0 | 22.2 | 5.69 | 10.89 | 低液限粉质黏土 |
|  | 5.0~7.0 | 16.8 | 7.08 | 13.98 | 低液限粉土 |
| 石家庄方向 K87+400 | 1.2~2.0 | 11.0 | 3.46 | 9.16 | 低液限粉质黏土 |
|  | 2.4~3.0 | 23.8 | 5.03 | 10 | 低液限粉质黏土 |
|  | 4.6~5.0 | 20.6 | 5.42 | 8.57 | 低液限粉质黏土 |
| 北京方向 K87+400 | 1.6~2.0 | 11.5 | 5.91 | 12.04 | 低液限粉质黏土 |
|  | 2.3~3.0 | 10.7 | 4.25 | 7.93 | 低液限粉质黏土 |
|  | 3.8~4.0 | 27.0 | 3.55 | 6.71 | 低液限粉质黏土 |
|  | 5.0~6.0 | 23.7 | 3.88 | 9.80 | 低液限粉质黏土 |
| 石家庄方向 K80+000 | 1.1~2.0 | 19.4 | 5.91 | 12.02 | 低液限粉质黏土 |
|  | 3.1~4.0 | 19.2 | 8.83 | 14.69 | 低液限粉质黏土 |
|  | 10.2~11.0 | 25.1 | 3.95 | 8.37 | 低液限粉质黏土 |
| 北京方向 K80+000 | 2.6~3.0 | 22.7 | 5.60 | 9.96 | 低液限粉质黏土 |
|  | 7.0~8.0 | 22.4 | 7.65 | 12.56 | 低液限粉质黏土 |
| 石家庄方向 K68+450 | 1.8~2.0 | 15.4 | 3.45 | 8.57 | 低液限粉质黏土 |
|  | 4.4~5.0 | 22.0 | 5.38 | 11.11 | 低液限粉质黏土 |
|  | 8.2~9.0 | 17.0 | 6.04 | 12.59 | 低液限粉土 |
| 北京方向 K68+450 | 1.2~2.0 | 15.5 | 2.83 | 5.37 | 低液限粉质黏土 |
|  | 4.2~5.0 | 21.3 | 3.61 | 6.88 | 低液限粉土 |
| 石家庄方向 K49+900 | 1.4~2.0 | 19.1 | 5.69 | 13.67 | 低液限粉土 |
|  | 3.4~4.0 | 19.3 | 4.60 | 10.19 | 低液限粉土 |
|  | 9.4~10.0 | 23.2 | 6.56 | 13.66 | 低液限粉土 |
| 北京方向 K49+900 | 1.2~2.0 | 16.6 | 7.23 | 15.91 | 低液限粉土 |
|  | 2.2~3.0 | 22.4 | 4.35 | 11.80 | 低液限粉质黏土 |
|  | 9.2~10 | 27.1 | 5.04 | 10.01 | 低液限粉质黏土 |

含水率 $w$ 与压缩模量 $E_s$ 之间的关系如图 3-6 和图 3-7 所示。

工程中含水率的测试比较简单，而压缩模量一般需要在室内通过压缩试验得到，这种方法相对繁琐；通过拟合曲线，能比较方便地用含水率来估算压缩模量，使用起来比较方便。

表 3-5 和图 3-6、图 3-7 中所示主要为低液限粉质黏土和低液限粉土，并且在含水率

20%左右,压缩模量数据比较集中。图中曲线斜向下,说明含水率与压缩模量之间成负相关,随着含水率的增大,压缩模量减小。

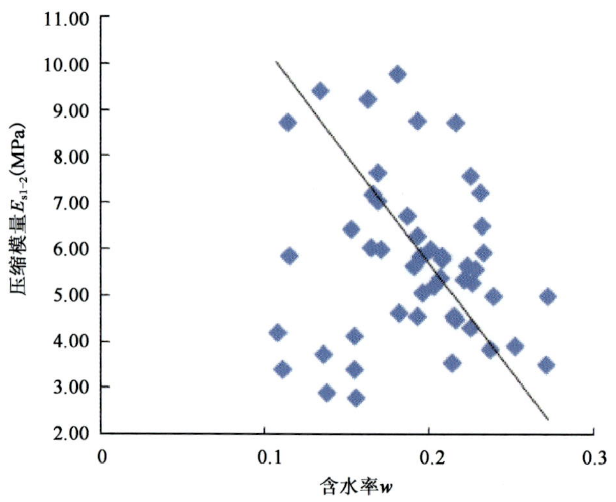


图3-6 含水率$w$与压缩模量$E_{s1-2}$之间的关系

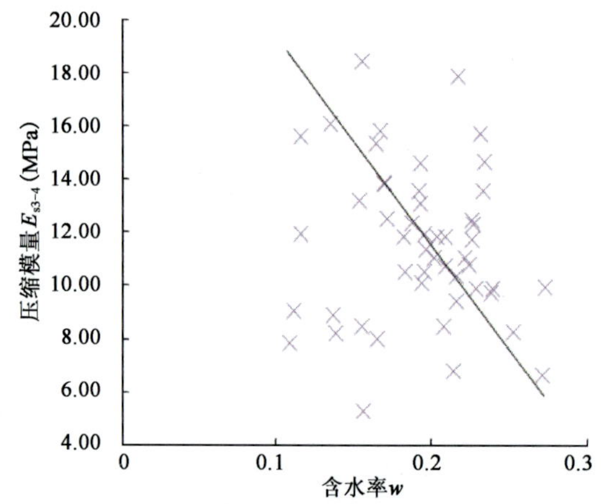


图3-7 含水率$w$与压缩模量$E_{s3-4}$之间的关系

含水率与压缩模量在$P=100\sim200$kPa之间的相关方程如式(3-1)所示。

$$y=-46.866x+15.06 \tag{3-1}$$

相关系数为$R^2=0.997$。从上表中还可以看出,大部分数据集中在4~8MPa之间。

含水率与压缩模量在$P=300\sim400$kPa之间的相关方程如式(3-2)所示。

$$y=-78.773x+27.76 \tag{3-2}$$

相关系数为$R^2=0.999$,从上表中还可以看出,大部分数据集中在8~16MPa之间。在相同含水率时,压力较大,压缩模量会相应的增大,但是增大的数值有限。

从相关系数可以看出,公式和数据之间的相关性很好,可以利用公式快速得到压缩模量,也可对做出的压缩模量做简单的校验。

其出现负相关的原因可能为:在含水率较小时,由于毛细现象比较明显,毛细力将土体紧密的挤压在一起,使土体的刚度比较大,压缩模量比较大,土体不易被压缩;当土中的含水率上升,毛细现象逐渐减弱,当含水率达到饱和时,毛细现象消失,同时部分自由水承担了润滑剂的作用,使土体刚度减小,压缩模量减小。

因此想要获得较高的压缩模量就需要减小含水率。但是减小含水率,就不能保证土体的压实,因此需要找到最佳的含水率,既能保证压实度,也要保证较大的压缩模量,减小沉降。

3. 路堤荷载对抗剪强度的影响

抗剪强度(黏聚力和内摩擦角)是验算路堤整体稳定性的重要指标之一。抗剪强度越高,路堤越稳定,安全系数越高,其表格数据列于表3-7、表3-8。

**抗剪强度对比表**(石家庄方向 K80 +000) 表3-7

| 深度(m) | 外侧20m处 | | 地基 | | 土 类 |
|---|---|---|---|---|---|
| | $c$(kPa) | $\varphi$(°) | $c$(kPa) | $\varphi$(°) | |
| 1.2~1.4 | 14.7 | 16.8 | 17.2 | 27.3 | 低液限粉质黏土 |
| 7.2~7.4 | 25.2 | 27.5 | 33.9 | 31.4 | 低液限粉质黏土 |
| 9.7~9.9 | 44.0 | 19.9 | 47.9 | 30.8 | 低液限黏土 |

**抗剪强度对比表**(北京方向 K166 +900) 表3-8

| 深度(m) | 外侧20m处 | | 地基 | | 土 类 |
|---|---|---|---|---|---|
| | $c$(kPa) | $\varphi$(°) | $c$(kPa) | $\varphi$(°) | |
| 1.0~1.2 | 11.3 | 27.5 | 18.4 | 29.4 | 低液限粉质黏土 |
| 3.2~3.4 | 16.3 | 20.7 | 22.7 | 29.5 | 低液限粉土 |
| 9.7~9.9 | 41.8 | 30.2 | 45.8 | 34.3 | 低液限粉质黏土 |

从以上数据可以看出:黏聚力和内摩擦角在路堤荷载的作用下都呈增大的趋势,随着深度的增加,增加值呈减小的趋势。

增大的原因可能是:路堤荷载使原来的土粒相互错位、移动,减小了土粒之间的孔隙,增强了土粒之间的咬合作用,使土粒之间的接触更紧密,密实度大大增加了,从而提高了地基的抗剪强度值。

一般在验算地基安全系数时,采用的是原地基的抗剪强度指标,计算的结果偏于保守,如果进行地基处理,结果往往会造成资源的浪费。

### 3.1.3 地基沉降量数据分析

1. 地基附加应力计算

在路基加宽工程中,道路的破损或者病害的发生往往是因为新老路基之间不均匀沉降产生的。特别是在软土地基段,老路基沉降基本完成,新地基沉降大,怎样减少和控制不均匀沉降是工程中重要的问题。要控制不均匀沉降,就要了解老路基的沉降大小和固结规律,为以后路基加宽提供数据支持和理论依据。

地基在附加荷载作用下,将发生固结沉降和压缩变形,导致地基沉降,地基的最终沉降量是指地基土固结稳定后的最大值。影响地基沉降量的因素较多,一般地基的沉降由3部分组成:主固结沉降 $S_c$、瞬时沉降 $S_d$、次固结沉降 $S_s$。主固结沉降是指饱和或者接近饱和的黏性土在路基荷载作用下,孔隙水压力消散和土骨架变形造成的沉降。瞬时沉降是指在荷载加载的瞬间,土体体积的压缩量。对于饱和或者接近饱和的黏性土,加载的瞬间土中水来不及排出,瞬时的沉降量很小,对于路基来说在计算中可以忽略。次固结沉降是指固结沉降完成后,由于土体本身的蠕变性质导致的沉降。其沉降量大约占总沉降量的10%,这和土体本身的性质有关,在计算沉降时,可以用修正系数进行修正。

当然在土体的固结沉降过程中,3种沉降不能截然分开,以主固结沉降为主的过程中伴随着次固结沉降。地基固结沉降计算采用的是分层总和法,考虑到瞬时沉降和次固结沉降对沉降的影响不大,计算时未考虑在内。分层总和法的假设如下:

(1)假定土层是均质、各向同性半无限体。

(2)不允许有侧向变形,计算参数采用完全侧向条件下的指标。

(3)土颗粒不可压缩,外荷载一次性施加。

(4)采用基底中心点处的附加应力计算地基沉降。

(5)地基最终沉降量为计算范围内各层土层压缩之和。

主固结沉降($S_c$)按下式计算:

$$S_c = \sum_{i=1}^{n} \frac{e_{0i} - e_{1i}}{1 + e_{0i}} \Delta h_i \tag{3-3}$$

式中:$n$——地基沉降计算分层层数;

$\Delta h_i$——地基沉降计算分层第 $i$ 层计算分层厚度,一般宜为0.5~1.0m;

$e_{0i}$——地基沉降计算分层中点,自重应力作用下的孔隙比;

$e_{1i}$——地基沉降计算分层中点,在自重应力与附加应力共同作用下的孔隙比。其中孔隙比是在室内做压缩试验,在 $e$-$p$ 曲线中读取的。因软土有压缩性高、抗剪强度低、孔隙比大等不良的工程特性,以软土地基K80为例计算沉降量。

K80+000位置参数列于表3-9~表3-11。

老路堤试验数据

表 3-9

| 桩号 | 深度(m) | 含水率 $w$(%) | 天然密度($g/cm^3$) | 土名 |
|---|---|---|---|---|
| 石家庄方向 K80+000 | 1.5上 | 16.2 | 2.099 | 低液限粉质黏土 |
| | | 16.9 | 2.099 | |
| | 1.5下 | 10.0 | 1.871 | 低液限粉质黏土 |
| | | 10.0 | 1.871 | |
| | 2.6~3.0 | 13.8 | 2.001 | 低液限粉质黏土 |
| | | 14.4 | 2.001 | |
| | 4.7~5.0 | 19.0 | 1.892 | 低液限粉质黏土 |
| | | 18.4 | 1.931 | |
| | 6.8~7.4 | 24.9 | 1.934 | 低液限黏土 |
| | | 23.3 | 1.947 | |
| 北京方向 K80+000 | 1.2~2.0 | 14.4 | 1.989 | 低液限粉质黏土 |
| | | 12.7 | 1.994 | |
| | 2.7~3.0 | 16.1 | 1.995 | 低液限粉质黏土 |
| | | 16.2 | 1.997 | |
| | 3.8~4.0 | 17.5 | 2.137 | 低液限粉质黏土 |
| | | 16.7 | 2.183 | |
| | 4.7~5.0 | 12.2 | 1.888 | 低液限粉质黏土 |
| | | 12.5 | 1.931 | |
| | 5.8~6.0 | 19.7 | 1.976 | 低液限粉质黏土 |
| | | 19.6 | 1.983 | |
| | 6.7~7.0 | 16.4 | 1.844 | 低液限黏土 |
| | | 13.3 | 1.879 | |

地基土的试验数据

表 3-10

| 桩号 | 深度(m) | 含水率 $w$(%) | 天然密度($g/cm^3$) | $Es_{1-2}$(MPa) | $Es_{3-4}$(MPa) | 土名 |
|---|---|---|---|---|---|---|
| 石家庄方向 K80+000 | 0.8~1.0 | 19.4 | 2.042 | 5.91 | 12.02 | 低液限粉土 |
| | 3.1~4.0 | 19.2 | 2.117 | 8.83 | 14.69 | 低液限粉土 |
| | 7.7~8.0 | 25.4 | 1.941 | 4.71 | 8.61 | 低液限粉质黏土 |
| | 10.2~11 | 25.1 | 2.059 | 3.95 | 8.37 | 低液限黏土 |
| 北京方向 K80+000 | 2.6~3.0 | 22.7 | 2.017 | 5.60 | 9.96 | 低液限粉质黏土 |
| | 7.0~8.0 | 22.4 | 2.041 | 7.65 | 12.56 | 低液限粉质黏土 |
| | 9.2~10.0 | 36.2 | 1.941 | 8.98 | 18.11 | 低液限黏土 |

坡脚外地基土试验数据　　表 3-11

| 桩号 | 深度(m) | 含水率 $w$ (%) | 天然密度 (g/cm$^3$) | $Es_{1-2}$ (MPa) | $Es_{3-4}$ (MPa) | 土名 |
|---|---|---|---|---|---|---|
| 石家庄方向 K80 +000 | 1.0 ~ 1.2 | 16.58 | 1.977 | 7.364 | 10.861 | 低液限粉土 |
| | | 16.98 | 1.974 | | | |
| | 1.2 ~ 1.4 | 14.40 | 1.898 | 6.558 | 9.596 | 低液限粉质黏土 |
| | | 14.60 | 1.893 | | | |
| | 3.5 ~ 3.7 | 16.70 | 2.127 | 10.021 | 18.546 | 低液限粉质黏土 |
| | | 16.65 | 2.092 | | | |
| | 7.0 ~ 7.2 | 22.8 | 1.980 | 4.323 | 8.101 | 低液限粉质黏土 |
| | | 23.15 | 1.998 | | | |
| | 7.2 ~ 7.4 | 21.59 | 2.085 | 7.989 | 14.64 | 低液限粉质黏土 |
| | | 21.44 | 2.079 | | | |
| | 9.7 ~ 9.9 | 25.22 | 2.040 | 10.453 | 21.058 | 低液限黏土 |
| | | 25.97 | 2.053 | | | |
| 北京方向 K80 +000 | 2.0 ~ 2.2 | 21.79 | 2.007 | 6.403 | 8.466 | 低液限粉质黏土 |
| | | 21.47 | 2.002 | | | |
| | 2.2 | 20.88 | 1.963 | 6.698 | 9.249 | 低液限粉质黏土 |
| | | 21.09 | 1.982 | | | |
| | 6.2 ~ 6.4 | 20.46 | 2.103 | 8.701 | 17.268 | 低液限粉质黏土 |
| | | 20.67 | 2.093 | | | |
| | 6.4 ~ 6.6 | 22.13 | 2.044 | 12.976 | 19.626 | 低液限粉土 |
| | | 21.89 | 2.049 | | | |
| | 8.8 ~ 9.0 | 25.8 | 2.022 | 5.849 | 20.777 | 低液限粉质黏土 |
| | | 23.41 | 2.007 | | | |
| | 9.2 ~ 9.4 | 27.70 | 1.984 | 9.828 | 21.277 | 低液限黏土 |
| | | 25.20 | 1.996 | | | |

从表 3-9 ~ 表 3-11 数据可以看出,老地基土种类和坡脚以外土的种类基本相同,所处位置也基本相近。因此,可采用估算的方法,用老地基坡脚以外土的参数替换原地基土的参数来计算沉降,用现有地基土的参数来计算新加宽路堤引起的附加沉降,试验证明这样计算是合理的。

计算方法采用分层总和法,计算内容为主固结沉降,所采用的参数是通过室内试验测得。因新路堤尚未填筑,故假设新老路堤的填料相同,即老路基填料即为新路堤的填料。其中老路堤高度为 7.8m,宽度为 26m,边坡坡率为 1∶1.5。

新老路堤产生的附加应力按图 3-8、图 3-9 所示方法计算。即将梯形路堤荷载划分为两端的三角形荷载和中间的均布荷载,采用公式计算各点附加应力,计算深度为 10m,计算间隔为 1m。

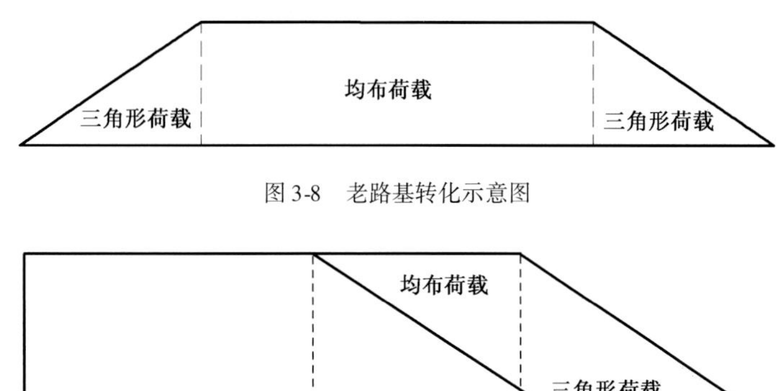


图 3-8　老路基转化示意图

图 3-9　新加宽部分转化示意图

条形基础均布荷载的附加应力计算:采用弹性半空间理论解答推导附加应力值。通过垂直均布荷载和垂直三角形荷载附加应力相加减,得出梯形荷载下的附加应力值。根据布辛奈斯克公式,条形均布荷载作用下任一点的附加应力按式(3-4)计算:

$$\sigma_z = \frac{p}{\pi}\left[\arctan\frac{m}{n} - \arctan\frac{m-1}{n} + \frac{mn}{m^2+n^2} - \frac{n(m-1)}{n^2+(m-1)^2}\right] \tag{3-4}$$

条形基础三角形荷载,土体中任一点的附加应力值按式(3-5)计算:

$$\sigma_z = \frac{p_t}{\pi}\left\{m\left[\arctan\left(\frac{m}{n}\right) - \arctan\left(\frac{m-1}{n}\right)\right] - \frac{(m-1)n}{(m-1)^2+n^2}\right\} \tag{3-5}$$

式中:$m = x/B$——横向距原点的距离与荷载宽度的比值;

$x$——距离荷载原点的距离;

$B$——荷载的宽度;

$n = z/B$——竖向深度与荷载宽度的比值;

$z$——竖向深度。

未加宽前计算断面如图 3-10 所示。

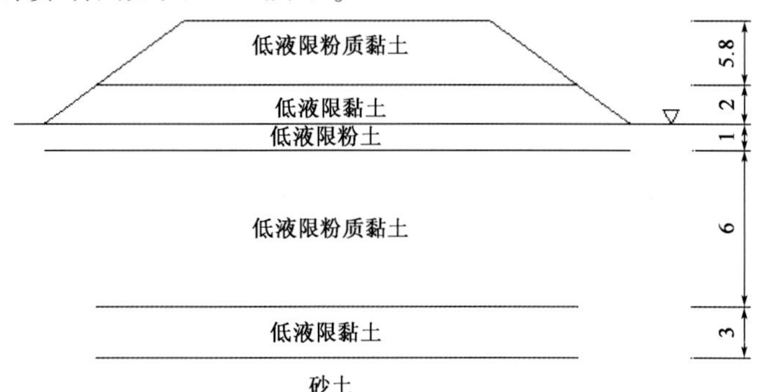


图 3-10　老路基计算示意图

加宽后计算断面如图 3-11 所示。

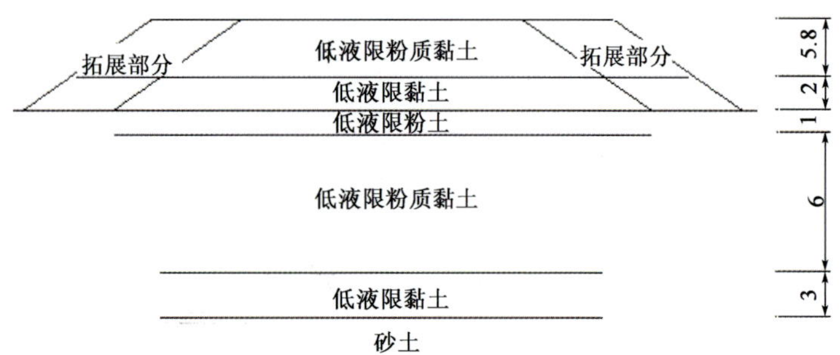


图 3-11 路基加宽示意图

(1)老路中心附加应力分布计算图

加宽前后由新老路堤引起的老路中心处附加应力如图 3-12 所示。

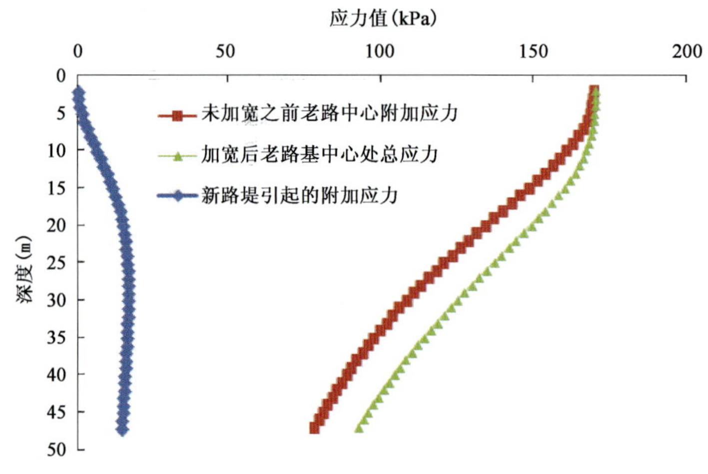


图 3-12 附加应力分布图

从图中可以得出,在老路中心接近地面处,新路堤引起的附加应力值比较小,说明新加宽路堤在地基表面基本不起作用。随着深度的增大,附加应力值增大,在 28m 处附加应力达到最大值,超过临界深度则随着深度的增加,附加应力值减小。在 28m 处的附加应力值为 17kPa 左右,整体的附加应力比较小,说明新加宽路堤对老路中心产生的影响比较小,基本不产生竖向沉降。

从老路基及整体加宽后的应力分布图可以看出,应力分布基本上呈上大下小的趋势,且走向趋势基本相同,在深度 15m 以下应力值衰减的速度比较快,说明随着深度的增大地基的沉降数值越小。

加宽路堤工程,基本可以不考虑新路堤对老路中心产生的沉降,差异沉降主要是由新路堤形心处地基产生的。

(2)新路堤形心处附加应力计算图

加宽新路堤对新路堤断面形心处的附加应力影响如图 3-13 所示。

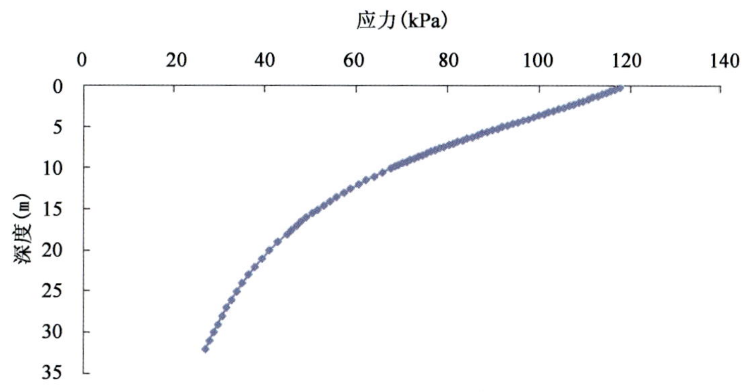


图 3-13 新路堤形心处附加应力分布图

从图中可以看出,新路堤的附加应力在新路堤形心处的应力随着深度的增大而减小,在靠近地基表面处应力最大。整体的附加应力值上大下小约成喇叭口形,在 0 ~ 10m 的范围内附加应力值比较大,衰减的速度比较慢,在 10m 以下应力衰减的速度快。这说明新路堤对形心处产生的影响在 10m 的范围内是最大,并且在总的沉降中占有很大比例,因此在路堤加宽工程中形心处的沉降量一般最大,并且是差异沉降产生的主要因素。

2. 新老地基沉降计算

新老地基沉降计算结果如图 3-14 所示。

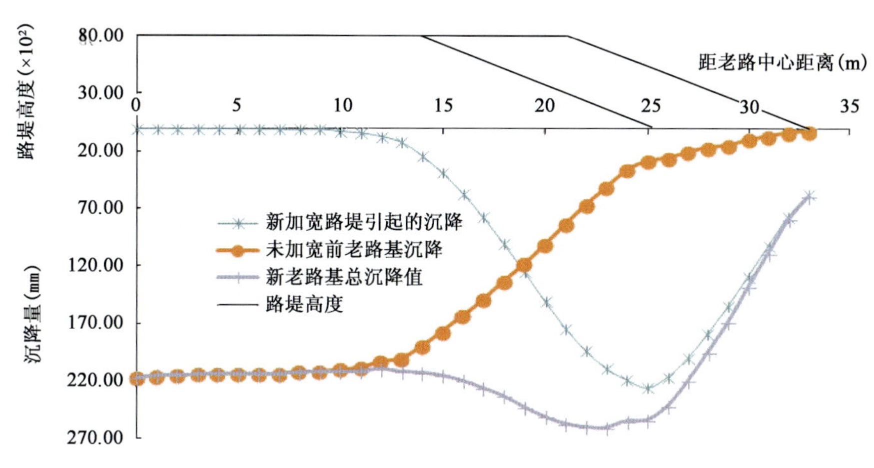


图 3-14 沉降曲线图

从图 3-14 中数据可以得出:

(1)老路基沉降在老路中心处最大,其最大值为 21.56cm。距老路中心 13m 处的老路肩处沉降量偏小,沉降量为 19.93cm,满足 5‰的变坡率。

(2)加宽前,老路堤对坡脚以外地基土沉降的影响很小,基本控制在 2cm 左右,且固结已基本完成,对路堤加宽影响不明显。新加宽路堤对距老路中心 25m 的坡脚处影响最大,附加沉降量为 22.4cm,新路堤形心位置(距老路中心约 23m 处)的附加沉降量为 20.7cm,与坡脚处沉降相差较小。

(3)新加宽路堤对老路肩处产生的沉降为 1.17cm,对新路肩处产生的沉降为17.3cm,沉降差为 16.13cm,远不满足 5‰的变坡率要求,因此必须进行地基处理。

通过室内试验数据计算得出 K80+000 处路堤本身的变形量为 6.68cm,通过老地基土的固结试验可求出固结系数,施工工期为三年,排水厚度为 10m,双向排水,计算新路肩的固结沉降数据见表 3-12。

固 结 数 据 表 3-12

| 固结系数 $C_v$($cm^2/s$) | | 3a 内沉降量(cm) | 固结厚度(cm) |
|---|---|---|---|
| 最不利固结系数 | $3.79\times10^{-4}$ | 8.6 | 1000 |
| 最大固结系数 | $7.57\times10^{-4}$ | 10.2 | |

最不利固结系数沉降图如图 3-15 所示。

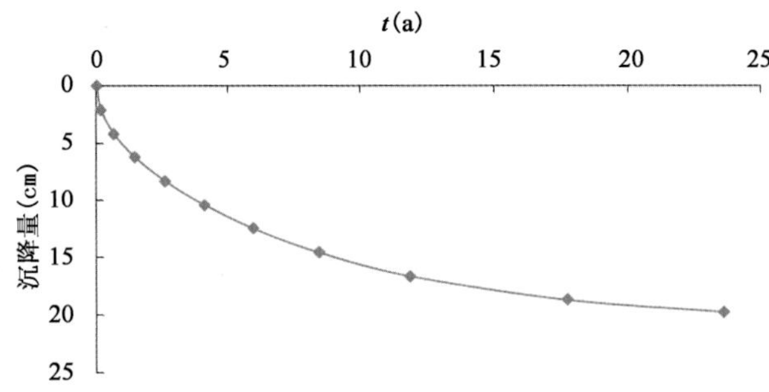


图 3-15 最不利固结系数固结曲线

最大固结系数沉降图如图 3-16 所示。

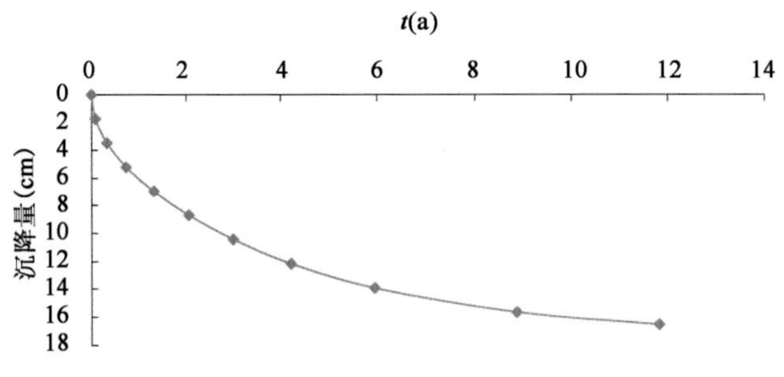


图 3-16 最大固结系数固结曲线

新路肩处地基的沉降量为 17.3cm,新路堤的变形量为 6.68cm,因此,反映到新路肩表面的沉降量为 23.98cm。借鉴国内部分高速公路路基加宽沉降标准,路面的变坡率不应大于 5‰,因此按照加宽长度 8m 计算,新路肩表面的允许沉降量仅为 5.17cm。

该断面在施工期间的固结沉降范围是 8.6 ~ 10.2cm,因此,地基的控制沉降量为新路肩的表面沉降减去允许沉降量和施工期间的固结沉降量,即为 8.61 ~ 10.21cm,这个沉降量的数值即为要处理地基减少的地基沉降量。

### 3.1.4　路基加宽后数据分析

1. 加宽后最大沉降点位置

以上计算了路堤高度为7.8m引起的地基沉降曲线，为使工程具有普遍性的意义，以K80+000断面为例，通过计算不同路堤加宽后引起的地基沉降数值大小，得出不同路堤高度加宽后最大沉降点的位置见表3-13。

不同路堤最大沉降点位置变化表(单位：m)　　表3-13

| 路堤高度 | 最大沉降距老路中心位置 | 形心距老路中心距离 | 坡脚距老路中心距离 |
|---|---|---|---|
| 2 | 18.50 | 18.50 | 16.00 |
| 3 | 19.25 | 19.25 | 17.50 |
| 4 | 20.00 | 20.00 | 19.00 |
| 5 | 20.75 | 20.75 | 20.50 |
| 6 | 22.00 | 21.50 | 22.00 |
| 7 | 23.50 | 22.25 | 23.50 |
| 8 | 25.00 | 23.00 | 25.00 |

从表中可以得出，路堤高度在6m以下，即形心位置位于坡脚以外时，路堤的最大沉降位置一般处于断面形心处，路堤的高度高于6m，最大的沉降位置移动到老路基坡脚处；而并非是新路堤的形心处。

分析原因为：在路堤高度低于6m时，新路堤引起的附加应力值形心处最大，并且受老路堤的影响比较小，土体大部分处于天然状态，在路堤荷载的作用下沉降量偏大；在路堤高度高于6m后，路堤的形心位置移动到老路基坡脚内，此时虽然形心位置处的附加应力值最大，但是由于长期受到老路基的影响，在形心位置以下的土体有不同程度的固结，在施加新路堤荷载后，沉降量会偏小，小于老路堤坡脚处的沉降量。

2. 新路肩处沉降量及变坡率分析

变坡率一般是由新路肩和老路肩的差异沉降引起的，然而老路肩的沉降量一般很小，因此新路肩的沉降量就起了主导性的作用。为了工程方便，本节计算了不同路堤高度新路肩处的沉降及变坡率，沉降列于表3-14及图3-17中。

不同路堤高度坡率变化表　　表3-14

| 路堤高度(m) | 沉降量(cm) | 加宽后路堤最大变坡率(%) |
|---|---|---|
| 2 | 6.4 | 1.16 |
| 3 | 8.4 | 1.32 |
| 4 | 10.3 | 1.43 |

续上表

| 路堤高度(m) | 沉降量(cm) | 加宽后路堤最大变坡率(%) |
|---|---|---|
| 5 | 12.0 | 1.49 |
| 6 | 13.6 | 1.74 |
| 7 | 15.6 | 1.84 |
| 8 | 17.3 | 2.01 |

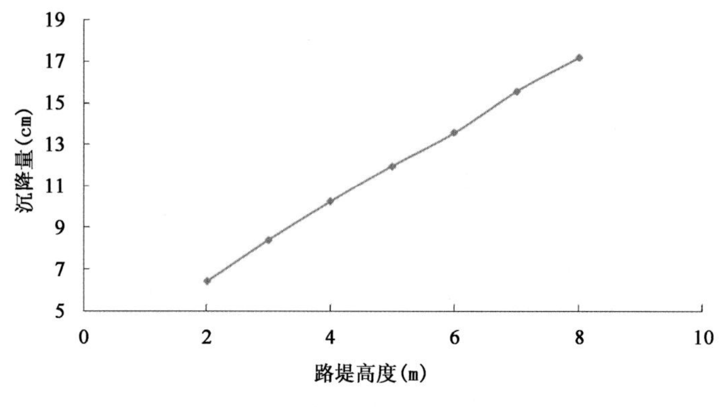


图 3-17　新路肩沉降图

从图中可以得出,随着路堤高度的增大,新路肩处的沉降量增大,并且有呈直线发展的趋势。在路堤高度只有 2m 处时,只有 6cm 左右;在路堤高度为 8m 时,增大到 17cm 左右。说明随着路堤高度的增大,增大的趋势在减小。

变坡率随着路堤高度的增加而增大,在最大沉降点转移至老路基坡脚后,边坡率有明显的增大趋势。原因可能为:随着路堤荷载的增大,新路堤对新老地基的附加应力增大,导致沉降量的增大。然而由于新路堤对新老地基附加应力增大的速率不同,新地基附加应力增值要远远高于老地基,因此差异沉降值会随着路堤高度的增大而增大,变坡率增大。

### 3.1.5　老路堤变形量分析

1. 路堤数据整理

高速公路路堤沉降除了地基的固结沉降之外,还包括路堤本身的变形量,一般讨论沉降问题,主要讨论的是地基的沉降;然而对于高速公路路堤工程,本身的变形量也很重要。

因为路堤的变形量只是由自重引起,并且是处于无侧限的状态,但是由于填料填筑后,需要进行碾压,填料受到压实挤密作用,其本身的弹性模量发生了很大的变化。本书采用的计算方法是利用原老路基钻孔取样,通过室内压缩试验的方法,得出 $e$-$p$ 曲线,读取在不同荷载作用下的压缩模量,并以此代替原路堤填料的弹性模量。计算出每一层的变形量,然后依次累加得出最后的变形量。见式(3-6)。

$$h_i = \frac{\sigma_i}{E_i} H_i \tag{3-6}$$

式中:$h_i$——每层的变形量;

$\sigma_i$——每层中心处的应力值;

$E_i$——每层应力值中 $e$-$p$ 曲线对应的弹性模量;

$H_i$——计算每层的厚度。

计算结果列于表 3-15 中。

路 堤 压 缩 表　　　表 3-15

| 里　　程 | 路堤高度(m) | 压缩量(cm) |
| --- | --- | --- |
| K166 +900 | 7.0 | 5.7 |
| K111 +500 | 7.0 | 6.5 |
| K104 +700 | 7.0 | 4.9 |
| K87 +400 | 12.3 | 19.5 |
| K80 +000 | 7.8 | 6.6 |
| K68 +450 | 7.0 | 6.7 |

2. 路堤处理数据结果

(1)路堤本身的变形量一般在 4 ~ 7cm,变形量大小与路堤本身高度有一定的关系,占总高度的 0.7% ~1.5%。

(2)路堤本身的变形量最终会反映到路面上,因此在考虑路面沉降大小时,需要考虑路堤本身的变形量。

(3)路堤高度增大,变形量明显增大,路堤的高度对变形量的影响比较明显,因此在高填方路堤中,本身的变形量是不可忽视的一项重要因素,在进行沉降分析时需考虑在内。

### 3.1.6　预压法控制地基沉降对策

预压法是指在拟建的构造物上施加一定的静荷载,目的是减少建成后构造物的沉降量或者提高软土地基承载力,是待地基密实后卸除荷载的一种压实方法。

在新加宽后的路堤上采用预压法。采用等载预压即施加荷载与新加宽路堤荷载相同,施加时间为六个月,预压荷载新路肩处通过计算产生的沉降为 26.10cm。

预压荷载与未预压荷载沉降固结如图 3-18 所示。

从图 3-18 中可以得出,两曲线的走势基本相同,预压沉降曲线处于未预压荷载的曲线下方;在前期的预压时间沉降差比较小,到后期的沉降差比较大,说明在长时间下,预压效果还是比较明显。

两条曲线六个月的沉降差为 3cm 左右,预压后六个月的沉降差为 7cm 左右,说明预压

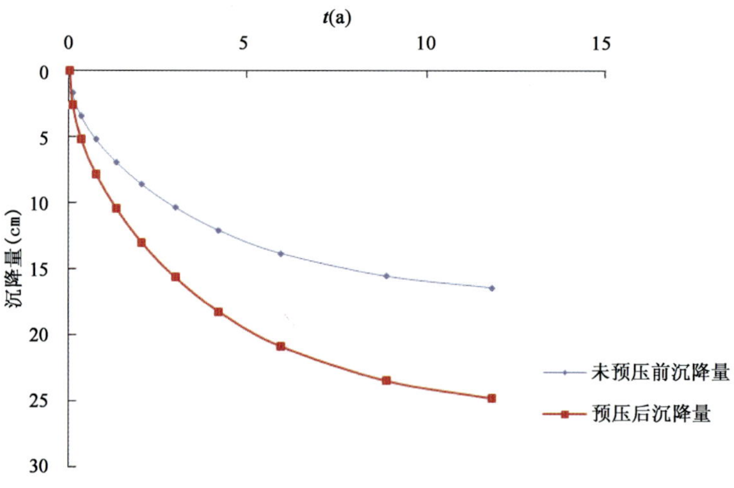


图 3-18　预压沉降对比图

对地基的沉降起到了一定的作用;同时对于路堤高度小于 5m 的工程,超载预压所起到的效果更好,能够减小后期处理地基的沉降量,减小处理地基的费用。因此在处理差异沉降时,建议首先使用经济合理的预压方法,然后再进行地基处理。

## 3.2　老路路基边坡状态调查与分析

为了分析老路堤边坡土体含水率和压实度沿横断面和高度的空间分布规律,在京石高速公路改扩建工程沿线选取多个断面进行台阶开挖现场试验。由于京石高速公路东西幅分幅施工,因此试验过程中,分别在石家庄方向和北京方向的路基边坡进行开挖台阶试验研究。图 3-19 为典型断面的台阶开挖取样方案。

一方面由于路基边坡直接受雨雪的侵蚀、干湿、冻融变化的影响,使原来压实的填土变得松软。另一方面由于绿化和防护的要求,在边坡上植有草和灌木,这些草和灌木的根系也使填土变得松软。所以在进行路基边坡压实度和含水率试验时先清除边坡坡面 50cm 宽的土层。回填边沟到地表后,开挖第一级台阶,第一级台阶分别按 1.5m、2.0m、2.5m和 3.0m 几种情况进行开挖,第二级及以上台阶为 1.2m(宽)×0.8m(高)(图 3-20)。按照图 3-19 所示的位置取土样,进行土体的含水率和压实度试验。

### 3.2.1　老路堤边坡状态沿横断面的分布

表 3-16 为 K79 + 733 典型断面的实测结果,图 3-21 和图 3-22 分别为该断面北京方向和石家庄方向两侧路堤边坡含水率和压实度沿横断面的分布曲线。

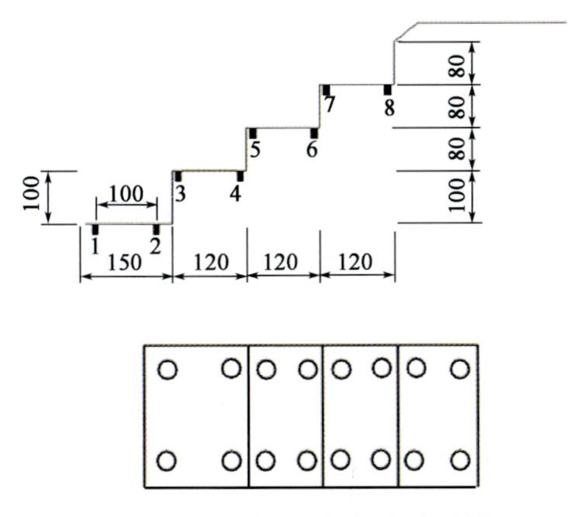


图 3-19　老路边坡台阶开挖与取样位置示意图(尺寸单位:cm)

图 3-20　老路边坡台阶开挖

**K79 +733 断面老路堤边坡状态实测结果**　表 3-16

| 断面里程 | 距坡脚距离(m) | 距地面高度(m) | 含水率(%) | 压实度(%) | 断面里程 | 距坡脚距离(m) | 距地面高度(m) | 含水率(%) | 压实度(%) |
|---|---|---|---|---|---|---|---|---|---|
| K79 +733 东半幅(北京方向) | 0.5 | 0 | 29.4 | 71 | K79 +733 西半幅(石家庄方向) | 0.5 | 0 | 25.8 | 77.6 |
| | 2.5 | 0 | 27.1 | 76.8 | | 2.5 | 0 | 25.1 | 78.1 |
| | 3.3 | 2.0 | 16.5 | 89.4 | | 3.3 | 2.0 | 16.0 | 92.3 |
| | 3.9 | 2.0 | 16.0 | 90.1 | | 3.9 | 2.0 | 15.8 | 93.2 |
| | 4.5 | 2.8 | 15.8 | 91.6 | | 4.5 | 2.8 | 15.3 | 93.0 |
| | 5.1 | 2.8 | 15.4 | 91.8 | | 5.1 | 2.8 | 15.2 | 93.2 |
| | 5.7 | 3.6 | 15.3 | 92.3 | | 5.7 | 3.6 | 16.3 | 93.5 |
| | 6.3 | 3.6 | 15.1 | 92.1 | | 6.3 | 3.6 | 15.8 | 93.6 |
| | 5.9 | 4.4 | 17.4 | 84.6 | | 5.9 | 4.4 | 18.5 | 87.8 |
| | 7.5 | 4.4 | 17.1 | 85.9 | | 7.5 | 4.4 | 18.0 | 89.6 |

第一级台阶位置路基土体含水率偏大,均在25%以上,中间高度位置路基的含水率基本在最佳含水率($w_{opt}=13.5\%$)的±3%之间,最上一级台阶土体的含水率偏大。第一级台阶位置路基土体压实度均在80%以下,其上各台阶处基本在85%以上,但均小于规范

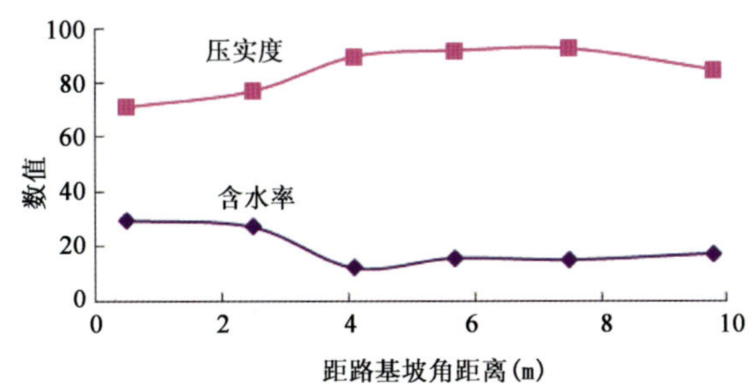


图 3-21　K79 +733 路基状态沿横断面方向的分布(北京方向)

规定的数值标准。大气降水浸润边坡部位土体,由于土体毛细作用,含水率产生横向迁移,同一高度基本上靠近边坡位置含水率偏大,向路基内部含水率降低。

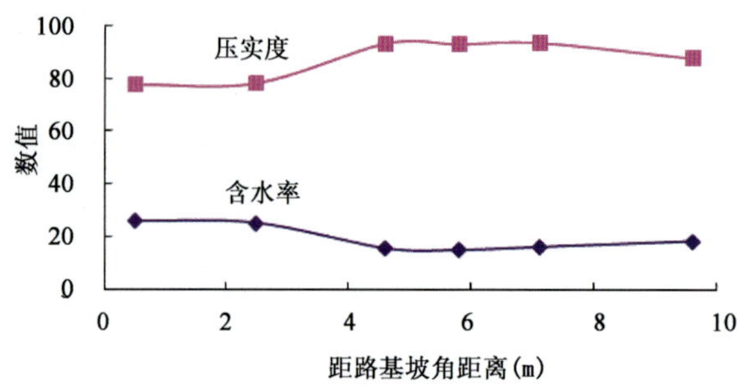


图 3-22　K79 + 733 路基状态沿横断面方向的分布(石家庄方向)

全线老路路基边坡含水率及压实度沿横断面的分布如图 3-23、图 3-24 所示。

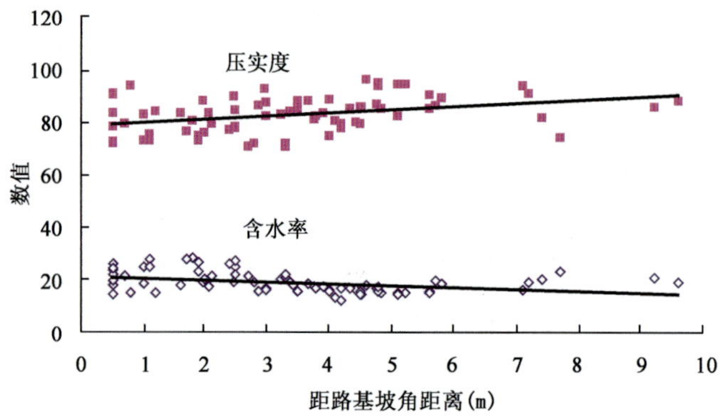


图 3-23　路基状态沿横断面方向的分布(石家庄方向)

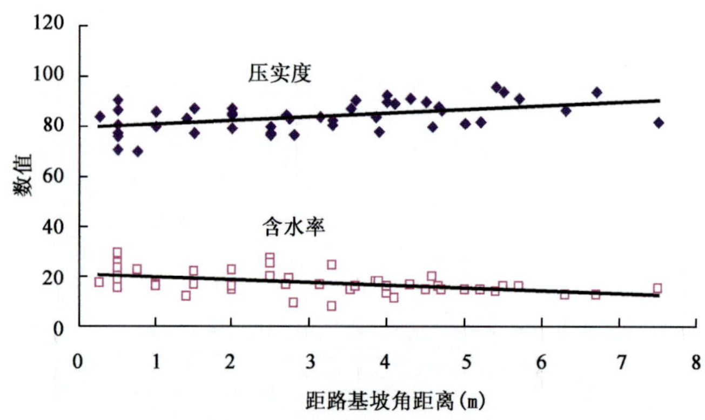


图 3-24　路基状态沿横断面方向的分布(北京方向)

从图中可以看出,沿路基横断面方向,随着距坡脚距离的增加,老路基压实度呈增大趋势,含水率呈减小的趋势。路基东西两侧边坡状态基本一致。

### 3.2.2　老路堤边坡状态沿路基高度的分布

图3-25和图3-26详细对比了K79+733典型断面的实测结果。全线老路堤边坡含水率及压实度沿路基高度的分布如图3-27、图3-28所示。

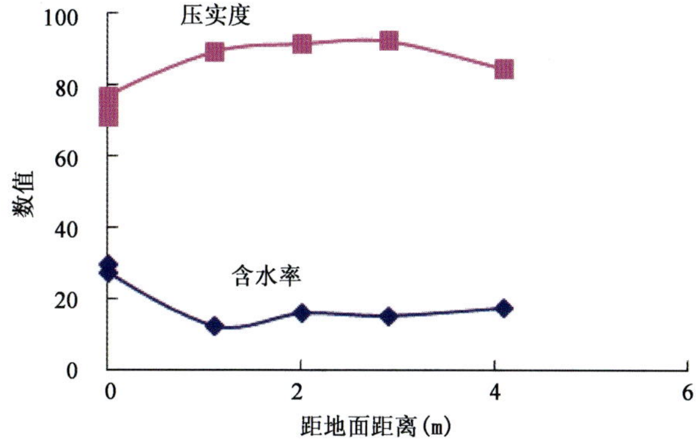


图3-25　K79+733路基状态沿高度的分布(北京方向)

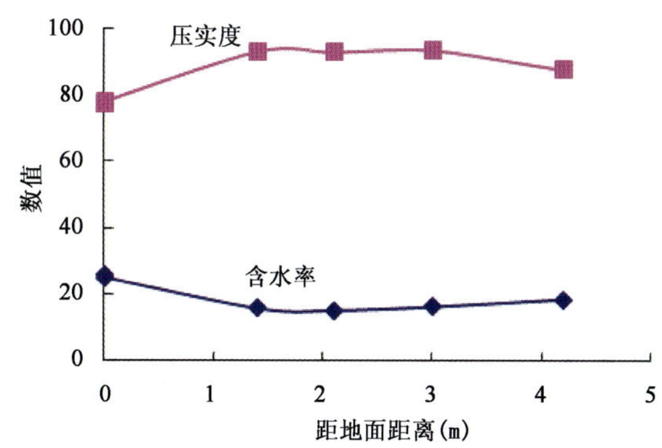


图3-26　K79+733路基状态沿高度的分布(石家庄方向)

从图中可以看出,随着距地面高度的增加,老路基压实度呈增大趋势,含水率呈减小的趋势。距离地面1.5m以上含水率基本一致,东西半幅路基边坡状态基本一致。

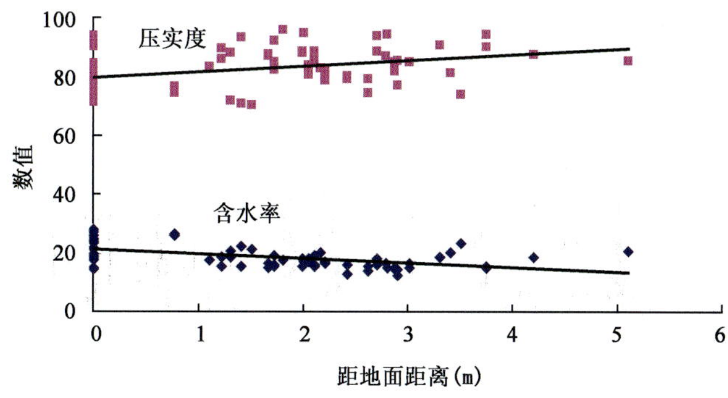


图3-27　路基状态沿高度的分布(石家庄方向)

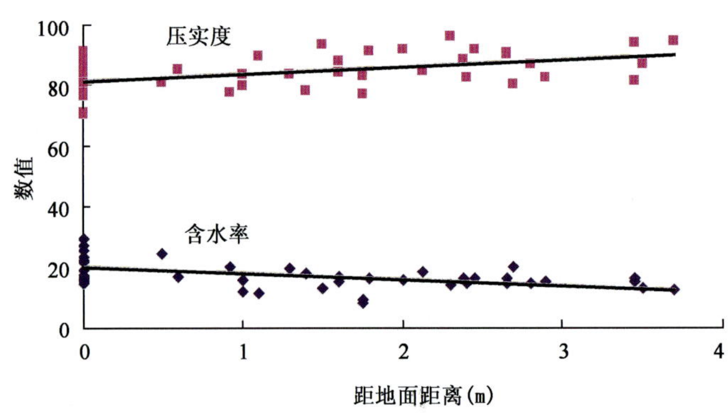


图 3-28　路基状态沿高度的分布(北京方向)

老路基底部即老路基坡角位置为老路基的边沟位置,即老路基的排水道,地势低洼,植被茂密,边坡外侧植物根系发达,含水率较高,这是造成边坡底部压实度较低的主要原因。

### 3.2.3　老路路堤边坡状态分析

(1)老路基自下而上压实度逐渐升高,其大小在 69% ~98% 之间不等,一般第二级台阶以上超过 80% 。

(2)老路基自下而上含水率逐渐减低,其大小在 12% ~28% 之间不等。

(3)全线取样实验平均含水率 18% ,平均压实度 83% 。

(4)对于平原区高速公路而言,由于地下水位较深,路基含水率主要受降雨和排水沟中水的影响,路基基本处于非饱和状态。

(5)京石高速公路地处平原区,路堤两侧均采用了大边沟的排水形式。边沟内水的排出主要依靠蒸发和下渗,因此,第一级台阶位置的含水率偏大,而压实度偏小。

(6)京石高速公路全线路基高度、边沟形式、土体类型和防护形式不同,总体上,老路边坡状态沿路基高度基本呈线性变化。

## 3.3　老路基边沟状态调查与分析

在京石高速公路选取 10 个典型断面,见表 3-17。在每一断面的边沟基底布置测点,挖 1.0m × 1.0m × (0.5 ~1.5)m 的探坑,取原状土样进行室内实验,测试边沟基底土的物理力学性质;同时采用 DCP 测试 50 ~100cm 范围内基底土的贯入率。利用红外线测距仪和钢尺测定边沟的底宽、顶宽和深度。

典型断面　　　表3-17

| 调查位置 | 基本特征 |
| --- | --- |
| K229 +000 | 细砂或粉砂,无明显边沟沿,深约2.9m,含水率3.67%,干密度为1.60g/cm³,最大干密度为1.80g/cm³,DCP贯入率28.9mm/击 |
| K208 +400 | 低液限黏土(粉土),底宽5m,顶宽8.5m,深约1.5m,基底土含水率20%左右,液限24.3%,塑性指数8.1,干密度为1.75g/cm³,最大干密度为1.94g/cm³,DCP贯入率10.7mm/击 |
| K180 +525 | 低液限黏土(粉质黏土),无明显边沟沿,深约2.6m,基底土含水率24.2%左右,液限28.6%,塑性指数12.2,干密度为1.75g/cm³,最佳含水率13%,最大干密度为1.94g/cm³,DCP贯入率19.3mm/击 |
| K166 +600 | 低液限黏土(粉质黏土),无明显边沟沿,深约1.6m,基底土含水率26.5%左右,液限28.6%,塑性指数12.2,干密度为1.44g/cm³,最佳含水率13%,最大干密度为1.9g/cm³,DCP贯入率30mm/击 |
| K132 +150 | 低液限黏土(粉质黏土),边沟底宽2.5m,顶宽6.5m,深约2m,基底土含水率29%左右,向下递减,向下50cm含水率约为24%,液限27.8%,塑性指数11.6,最佳含水率14.3%,最大干密度为1.82g/cm³,DCP贯入率43.4mm/击 |
| K111 +550 | 低液限黏土(粉质黏土),石京方向,边沟底面平坦,宽度约为4.4m,深约2m,基底土含水率22%左右,液限27.8%,塑性指数11.6,,最佳含水率14.3%,最大干密度为1.82g/cm³,DCP贯入率20~30mm/击 |
| K99 +020 | 低液限黏土(粉质黏土),石京方向,边沟底面平坦,宽度约为4.4m,深约2m,京石方向边沟底宽3.8m,顶宽6m,深度约2.6m,基底土含水率14.7%~17.2%,液限26.3%,塑性指数8.92,最佳含水率13.5%,最大干密度为1.89g/cm³,DCP贯入率25~67mm/击 |
| K89 +450 | 低液限黏土(粉土),石京方向,边沟底面平坦,无明显边沟沿,京石方向边沟底宽3.6m,顶宽7.4m,深度约2.2m,基底土含水率18.2%~32.8%,液限26.3%,塑性指数8.92,最佳含水率13.5%,最大干密度为1.89g/cm³,DCP贯入率48mm/击 |
| K82 +650 | 低液限黏土(粉土),边沟底宽2.8m,顶宽4.8m,深约2.8m,基底土含水率22.5%~26.5%,液限26.3%,塑性指数8.92,最佳含水率13.5%,最大干密度为1.89g/cm³,DCP贯入率58mm/击 |
| K48 +800 | 低液限黏土(粉质黏土),石京方向,边沟底宽2.9m,顶宽8.8m,深约1.8m,京石方向无明显边坡沿,深约3.2m,基底土含水率20%左右,液限27.92%,塑性指数12.0,最佳含水率12.8%,最大干密度1.93g/cm³,DCP贯入率22mm/击 |

从表3-17可见,京石高速公路边沟具有深度大、宽度变化大等特点,一些边沟基底含水率高,强度低。边沟的深度一般在1~3m之间,基底宽度窄处仅为1.2m左右,宽处则无明显边沟沿,基底土主要为粉土、粉质黏土,粉土的孔隙比在0.6~0.8之间,黏性土的孔隙比不超过1.0。基底土的含水率可达20%~30%,DCP贯入率可达40mm/击以上,地基土强度和承载力较低。

# 第4章　高速公路路基加宽软土地基处理施工技术

## 4.1　加宽路基 CFG 桩地基处理施工及质量检测技术

### 4.1.1　施工准备

(1)内业准备

开工前组织技术人员认真学习实施性施工组织设计,阅读、审核施工图纸,澄清有关技术问题,熟悉规范和技术标准。制订 CFG 桩布桩图,图中注明桩位编号。制订出施工安全保证措施,提出应急预案。对施工人员进行技术交底,对参加施工人员进行上岗前的技术培训,考核合格后持证上岗。

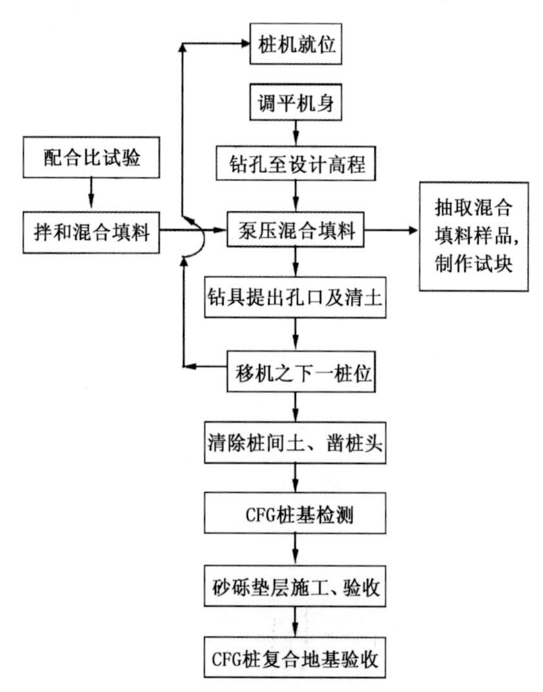

图 4-1　CFG 桩施工作业流程

(2)外业准备

测量放线,准确确定桩位,检查施工场地的控制桩点是否会受施工振动的影响;确定施工机具:确定 CFG 长螺旋钻孔机及配套设备;施工作业层中所涉及的各种外部技术数据收集。

### 4.1.2　施工程序与工艺流程

1. 施工程序

每一根成桩作为一个完整的施工过程。施工程序为:原地面处理→测量放线→钻机就位→钻进至设计深度→停钻→泵送混合料→均匀拔钻至桩顶→钻机移位。

2. 工艺流程图

工艺流程图如图 4-1 所示。

(1)原地面处理

先进行场地平整,清除桩位处地上、地下的一切障碍物,场地低洼处用黏性土料回填夯实,并做好排浆沟。如图 4-2 所示。

a)

b)

图 4-2　原地面处理

(2)测量放线

测量放线,准确确定桩位,检查施工场地的控制桩点是否会受施工振动的影响。如图4-3所示。

a)

b)

图 4-3　测量放线

(3)钻机就位

按照测放的桩位,将钻机移至桩位上,钻头对准桩位,桩位偏差不大于 5cm,调平机台。如图 4-4 所示。

a)

b)

图 4-4　钻机就位

(4)钻进至设计深度

钻孔开始前，按设计预订的高程在钻机塔身处做醒目标记。如图4-5所示。

a)

b)

图4-5 钻孔至设计深度

(5)泵送混合料、均匀拔钻至桩顶

钻孔至设计高程后，停止钻进，开始泵送混合料，当钻杆芯管充满混合料后开始拔管，严禁先提管后泵料，为保证桩体质量，混合料一定要均匀。如图4-6所示。

a)

b)

图4-6 泵送混凝土

(6)钻机移位

钻机移位至下一桩位施工时，应根据轴线和周围桩的位置对需施工的桩位进行复核，保证桩位准确。如图4-7所示。

a)

b)

图4-7 钻机移位

### 4.1.3　施工质量控制要求

1. 钻机就位

钻机就位后,应用钻机塔身前后左右的垂直标杆检查塔身导杆,校正位置,使钻机垂直对准桩位中心,钻孔控制采用在钻架上挂垂球的方法测量该孔的垂直度,也可采用钻机自带垂直度调整器控制钻杆垂直度。每根桩施工前现场工程技术人员进行桩位对中及垂直度检查,CFG 桩垂直度允许偏差应不大于 1%,桩位允许偏差应不大于 5cm。满足要求后,方可开钻。

2. 钻进成孔

钻孔开始前,按设计预订的高程在钻机塔身处做醒目标记。钻孔开始时,关闭钻头阀门,向下移动钻杆至钻头触地时,启动发动机钻进,先慢后快,同时检查钻孔的偏差并及时纠正。在成孔过程中发现钻杆摇晃或难钻时,应放慢速度,防止桩孔偏斜、位移和钻具损坏。根据钻机塔身上的进尺标记,成孔到达设计高程时,停止钻进。

3. 混合料搅拌

混合料进行集中拌和,按照配合比进行配料,计量准确,上料顺序要考虑到冬季施工影响,搅拌时间一般不少于 1.5min,具体搅拌时间根据试验确定。

4. 灌注及拔管

钻孔至设计高程后,停止钻进,开始泵送混合料,当钻杆芯管充满混合料后开始拔管,严禁先提管后泵料,为保证桩体质量,混合料一定要均匀,且投料充分。混合料坍落度一般为 160 ~ 200mm 之间。成桩的提拔速度应该根据机型、地质条件、混合料情况、施工条件等因素酌情考虑,以达到成桩最佳效果为准。总的控制时间为每分钟 1.5 ~ 2.5m,成孔过程连续进行,避免因供料慢而导致停机待料,造成断桩事故。灌注成桩完成后,用水泥袋盖好桩头,进行保护。施工桩顶高程高出设计桩顶不少于 0.5m,桩长、桩径不小于设计值。

5. 钻机移位

钻机移位至下一桩位施工时,应根据轴线和周围桩的位置对需施工的桩位进行复核,保证桩位准确。

6. 现场试验

对于每盘混合料,试验人员都要进行坍落度的监测,合格后方可进行混合料的投料。每台机械每台班检测混合料坍落度应不少于 4 次,在成桩过程中抽样作混合料试块,每台班做 3 组(各 3 块)试块,测定其 7d、28d 抗压强度,另一组试块备用。

7. 清理

CFG 桩施工完毕在其混合料初凝后,进行打桩弃土清运。清运时不可对设计桩顶高程以下的桩身造成损害;不可扰动桩间土;不可破坏工作面未施工的桩位。清运完毕后人工开挖其下 50cm 保护土层,清运保护土层时不得扰动基底土,防止形成橡皮土。施工时严格控制高程,不得超挖。保护土层清除后,截除桩顶设计高程以上桩头,截桩时在同一水平面按同一角度对称放置 2 个或 4 个钢钎,用大锤同时击打将桩头截断,条件许可时采用截桩机截桩。桩头截断后，用钢钎、手锤将桩顶从四周向中间修平至桩顶设计高程，桩顶允许偏差为0～+20mm。如果在基槽开挖和截桩头时造成桩体断至桩顶设计高程以下，必须接桩至设计桩顶高程，剔平凿毛桩顶，用与桩体材料、配比相同的混合料接桩，并超出桩周200mm。

### 4.1.4 材料要求

所用的水泥和粗细骨料品种、规格及质量应符合设计要求。可以使用32.5级水泥。检验数量：同一产地、品种、规格、批号的水泥、粉煤灰，袋装每200t为一批，散装500t为一批，当袋装不足200t或散装不足500t时也按一批计；同一产地、品种、规格且连续进场的粗、细骨料，分别每400$m^3$为一批，当不足400$m^3$时也按一批计；同一产地、品种、规格且连续进场的外加剂，每60t为一批，当不足60t时也按一批计。

各种原材料每批抽样检验1组。检验方法：检查产品质量证明文件；在水泥库抽样检验水泥强度、安定性、凝结时间；在料场抽样检验粗细骨料含泥量、筛分试验颗粒级配。

### 4.1.5 施工质量控制技术

（1）测量桩位前应对施工现场原地面高程进行抄平测量，并用平地机平整碾压后放出各桩的准确位置，将施工区域进行划分，并将各桩进行编号，定机定人进行管理。

（2）布桩时，CFG桩的数量、布置形式及间距必须严格按设计要求。并遵循从中心向外推进施工，或从一边向另一边推进施工的原则，不宜从四周转向内推进施工。

（3）对进场施工的所有长螺旋钻机在开钻前应由施工技术人员对标尺、刻画进行复核，消除标识误差。使用反差大的反光贴进行标识，粘贴在钻机导向架上，利于夜间记录人员识别读数。

（4）现场管理人员每根桩都要根据桩机上的垂球目测导向架垂直度，以保证桩身垂直度不大于1%，确保桩体的正常受力。

（5）钻孔开始时，关闭钻头阀门；向下移动钻杆至钻头触及地面时，启动发动机钻进，先慢后快。在成孔过程中，如发现钻杆摇晃或难钻时，应放慢进尺，否则容易导致桩孔偏斜、位移，甚至使钻杆、钻具损坏。

（6）CFG桩成桩过程由现场值班人员指挥，桩机操作手和地泵操作手密切配合，按照先泵料后拔管的原则，防止先拔管后泵料，防止CFG桩成吊脚桩。

（7）严格控制拔管速率。拔管速率太快可能导致桩径偏小或缩颈断桩；而拔管速率过慢又会造成水泥浆分布不匀，桩顶浮浆过多，桩身强度不足和形成混和料离析现象，导致桩身强度不足。

（8）整个施工过程中，应安排质检人员旁站监督，并作好施工原始记录。记录的内容主要有桩号、钻孔深度、瞬间电流值、孔深、拔管速度、单孔混合料灌入量、堵管及处理措施等。

（9）提钻泵送过程中，旁站人员要经常敲打输送管，确保管内混合料充实，以保证桩体密实。

(10)由于桩管垂直度的偏差,在拔管过程中若出现反插,容易使土与桩体材料混合,导致桩身掺土影响桩身质量,所以,施工中应避免反插。

(11)桩顶混凝土停灰面根据导向架上标识由值班人员判断,控制在桩顶高程以上0.5m位置。

(12)控制好混合料的坍落度。混合料坍落度过大,会形成桩顶浮浆过多,从而影响桩体强度。坍落度控制在160~220mm左右,要求混凝土和易性好。桩顶浮浆控制在20cm以内。

(13)设置保护桩长。在泵送混合料时,比设计桩长多加0.5m的料。将沉管拔出后,用插入式振捣棒对桩顶混合料加振3~5s,提高桩顶混合料密实度,上部用土封项,以提高混合料抵抗周围土挤压的能力,避免新打桩振动从而导致已打桩受振动挤压、出现混合料上涌使桩径缩小的情形。

(14)在截取桩头前应准确测量桩顶高程,并在纵横向挂线标示桩头水平位置。凿除桩头时严禁单边打眼凿桩头,防止桩头成斜面或破损,截取后的桩头面应是水平面。清理桩间土和截取桩头时,应采取相应的预防措施,防止造成桩顶高程以下桩身断裂和扰动桩间土。

(15)冬季施工时混合料入孔温度不得低于5℃,对桩头和桩间土应采取保温措施,保证桩顶覆土厚度。

### 4.1.6　施工质量检验要求

(1)CFG桩的数量、布桩形式应符合设计。检验数量:全部检查。检验方法:计数。

(2)每根桩的投料量不得少于设计灌注量。检验数量:每根桩检验。检验方法:料斗现场计量。

(3)CFG桩的有效长度应满足设计。检验数量:每根桩检验。检验方法:测量钻杆长度,并在施工中检查是否达到设计深度标志,施工后检查浮浆厚度,计算出桩的有效长度。

(4)CFG桩身施工完毕,28d后对CFG桩进行检测,检测包括钻芯抗压强度、桩长、低应变对桩身质量的检测和静载荷试验对单桩、复合地基承载力的检测。各项检验标准依据设计图纸、技术规范、设计补充文件等。CFG桩桩身钻芯取样如图4-8所示。

a)

b)

图4-8　CFG桩桩身钻芯取样

(5)CFG 桩的桩位、垂直度、有效直径的允许偏差应符合表 4-1 的规定。

CFG 桩质量检验内容　　表 4-1

| 序　号 | 项　目 | 允 许 偏 差 |
|---|---|---|
| 1 | 桩位(纵横向)(mm) | 50 |
| 2 | 桩身垂直度(%) | 1.0 |
| 3 | 桩体有效直径 | 不小于设计值 |

## 4.2　加宽路基水泥搅拌桩地基处理施工及质量检测技术

### 4.2.1　施工准备

(1)材料。水泥采用 32.5R 及以上普通硅酸盐水泥或矿渣硅酸盐水泥。对进场的同厂家、同品质、同编号、同生产日期的水泥以 200t 为一检验批,按有关的检验方法做胶砂强度、安定性、细度、凝结时间等项目试验,符合标准时方可使用,但对受潮、结块、变质的水泥不允许使用。

(2)配合比验证。水泥掺入量为加固土体质量的 15%,水灰比为 0.4~0.5,用天然含水率时的加固土(应加固的软土或软弱土)制备边长 7.07cm 的立方体试件,在标准养生条件下养护。检验 28d 无侧限抗压强度。对加固软土层检测含水率及有机质含量。制备试件用的水泥浆应测其稠密和比重。

(3)绘制各施工段的桩位平面布置图并编号,注明该段加固深度,交监理审核,在现场进行放样定位,并对行、排位置线在施工范围外设固定桩。

(4)调查、了解各工点施工范围内的地上、地下的各管线及其他设施并绘于平面布置图上,及早办理拆迁,以免因施工造成严重后果。

(5)每台搅拌机必须配备注浆自动记录设备,并能打印出相关数据,避免人为因素影响。灰浆制备必须采用灰浆拌和机。确定输浆泵输浆量和灰浆经输浆管到达搅拌机喷浆口的时间。

### 4.2.2　施工程序与工艺流程

1. 施工程序

地上地下清障、地面整平→测定桩位→搅拌桩机定位调平→搅拌桩钻头下沉至设计深度→配制水泥浆→边喷浆边搅拌提升钻头至停浆面→边喷边搅拌至桩底→至桩底停钻,连续喷浆 1min→提升搅拌至停浆面→关闭搅拌机、清洗、清理钻具→移至下一根桩位。

2. 工艺流程图

水泥搅拌桩工艺流程图和施工现场如图4-9和图4-10所示。

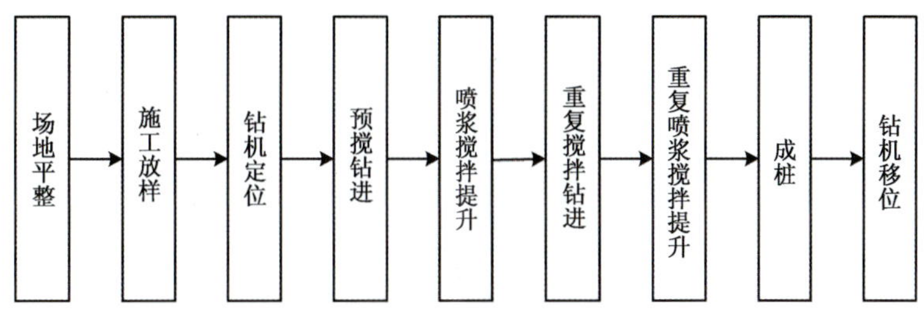


图4-9 水泥搅拌桩施工流程

图4-10 水泥搅拌桩施工现场图

### 4.2.3 施工质量控制要求

(1)水泥搅拌桩的桩位偏差不得大于5cm,桩身垂直偏差不超过1%,施工中应对桩机的定位及垂直度进行认真检查并填写检查记录表。

(2)水泥搅拌机的钻进速度小于1.0m/min,喷浆提升速度保持在0.4~0.7m/min,搅拌转数$r=30\sim50$转/min;钻进、复搅、提升时管道压力保持在0.1~0.2MPa,喷浆时管道压力保持在0.25~0.4MPa;其他施工工艺必须符合设计要求,并有专人检查并记录。当因故停止喷浆时,应将搅拌头下沉至停浆点以下0.5m处,待恢复供浆时再喷浆搅拌提升,并在记录中记明这种异常情况及其深度。

(3)搅拌机预搅下沉时不宜冲水;当遇到硬土层搅拌下沉太慢时,经旁站监理认可后,方可适量加水。但冲水对桩身强度有较大影响,应加大喷浆量,增加复搅遍数。

(4)水泥浆必须使用机械拌制,拌和时间不少于3min;用比重计测其比重,并检测稠度,且应过筛,不得产生离析。比重、稠度应与强度试验制备试件时一致。拌制水泥浆的罐数、水泥和外掺剂用量及泵送浆的时间、压力必须有专人记录。泵送必须连续;喷浆量及搅拌深度必须采用经国家计量部门认证的监测仪器进行自动记录并打印,施工完成,附在施工原始记录后面。

(5)当水泥浆到达喷浆口后,应喷浆搅拌30s,在水泥浆与桩端土充分搅拌后,再提升搅头,边喷浆、边提升、边旋转搅拌,提升到原地面下30~50cm时,不停浆原地搅拌30s再下沉搅拌。

(6)施工原始记录必须专人逐桩现场认真填写,不允许后补。当发现弄虚作假者,除对现场负责人严肃处理外,其当日施工的搅拌桩视为不合格工程,应重新补桩。

(7)水泥浆拌制数量,应满足单桩总量拌制。一次用完,均匀喷浆,不得剩余,不足者可以补量但不予计量。

(8)桩体顶面回填40cm砂砾垫层。

### 4.2.4 施工质量检验要求

水泥搅拌桩的质量控制应贯穿于施工的全过程,施工质检人员、现场监理人员必须严格控制施工工艺质量。施工中随时检查施工记录和计量记录,并依照施工工艺对每根桩进行质量评价。检查重点是:水泥用量、水泥浆稠度及比重、桩长、搅拌头转数和提升速度、喷浆压力、喷浆时间、复搅次数和复搅深度及停浆处理方法等。

水泥搅拌桩施工质量检验:

(1)在成桩28d后,无侧限抗压强度不低于1.5MPa。现场取芯试验,取上、中、下部代表芯样(按桩长1/3等分)强度的最小值不小于0.8MPa,其平均值不得低于1.0MPa。检测频率为每工段桩数5%,且不少于1根桩。同时从钻取的芯样中检查搅拌均匀性、桩长及桩底是否穿过软土层。

(2)在成桩28d后,对复合地基承载力进行检测。检测频率为每施工段桩总数的0.2%。

(3)水泥搅拌桩的检测标准和方法见表4-2。

水泥搅拌桩验收项目和质量检验标准　　表4-2

| 项　目 | 检查项目 | 规定值或允许偏差 | | 检查方法 |
|---|---|---|---|---|
| | | 单位 | 数值 | |
| 1 | 原材料 | 设计要求 | | 查产品合格证或抽样送检 |
| 2 | 桩距 | mm | ±100 | 抽查桩数3% |
| 3 | 桩径 | 不小于设计值 | | 抽查桩数3% |
| 4 | 桩长 | 不小于设计值 | | 查施工记录 |
| 5 | 竖直度 | % | 1 | 抽查桩数3% |
| 6 | 桩体强度 | MPa | 不小于设计值 | 取芯法,总桩数5% |
| 7 | 复合地基承载力 | 不小于设计值 | | 成桩数的0.2%,不少于3根 |

# 4.3　加宽路基高压旋喷桩地基处理施工及质量检测技术

## 4.3.1　施工准备

(1)材料。水泥采用32.5R及以上普通硅酸盐水泥或矿渣硅酸盐水泥。对进场的同厂家、同品质、同编号、同生产日期的水泥以200t为一检验批;按有关的检验方法做胶砂强度、安定性、细度、凝结时间等项目试验,符合标准时方可使用,但对受潮、结块、变质的水泥不允许使用。

(2)配合比验证。水灰比为1.0,桩体水泥掺入量为170kg/m,制备7.07cm立方体试件,在标准养生条件下养护。桩体28d无侧限抗压强度不低于3MPa,单桩复合地基承载力不小于200kPa。

(3)对加固软土层检测含水率及有机质含量。制备试件用的水泥浆应测其稠密和比重。

(4)调查、了解各工点施工范围内的地上、地下的各管线及其他设施,并绘于平面布置图上,及早办理拆迁,以免因施工造成严重后果。

(5)灰浆制备必须采用灰浆拌和机。确定输浆泵输浆量和灰浆经输浆管到达搅拌机喷浆口的时间。

(6)施工前,要求检查旋喷管的高压水与空气喷射情况,以及各部位密封圈是否封闭,合格后方可喷射浆液。

## 4.3.2　施工程序与工艺流程

1. 施工程序

采用单管旋喷法。

工艺流程为:施工准备→测量定位→机具就位→钻孔至设计高程→旋喷开始→提升旋喷注浆→旋喷结束成桩。

2. 工艺流程图

高压旋喷桩工艺流程图和施工现场如图4-11和图4-12所示。

## 4.3.3　施工质量控制要点

1. 场地平整

先进行场地平整,清除桩位处地上、地下的一切障碍物,场地低洼处用黏性土料回填夯实,并做好排浆沟。

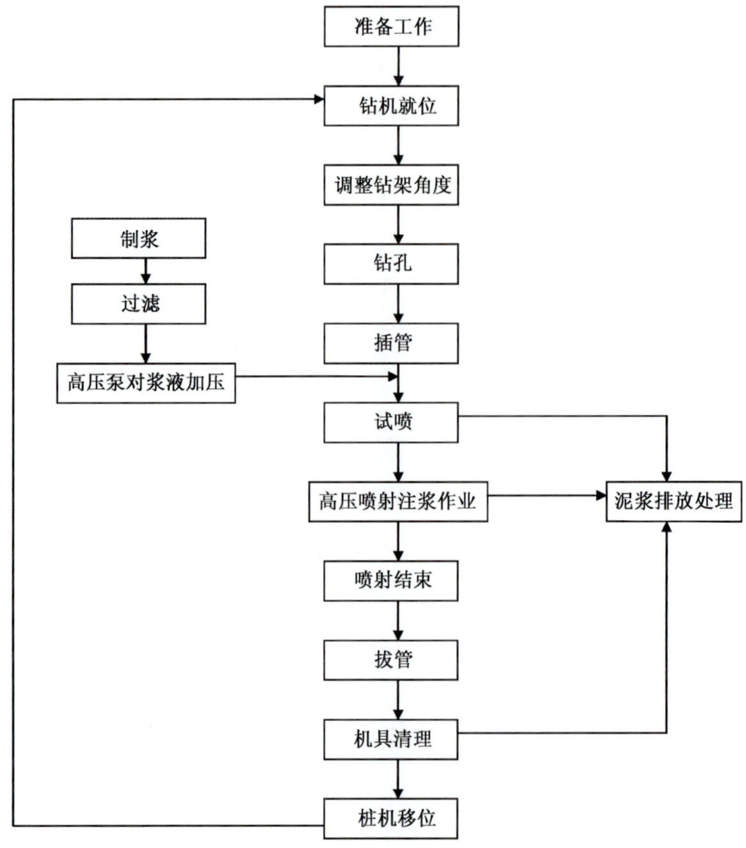


图4-11　高压旋喷桩施工流程

图4-12　高压旋喷桩施工现场图

2. 测量定位

首先采用全站仪根据高压旋喷桩的里程桩号放出控制桩,然后使用钢卷尺和麻线根据桩距传递放出旋喷桩的桩位位置，用小竹签做好标记，并撒白灰标识，确保桩机准确就位。

3. 机具就位

按照测放的桩位，将钻机移至桩位上，钻头对准桩位，桩位偏差不大于5cm，调平机台，以线垂调整机身垂直度，垂直度偏移不大于1%。就位后，首先进行低压(0.5MPa)射水试验，用以检查喷嘴是否畅通，压力是否正常。

4. 钻孔、插管

启动钻机，同时开启高压泥浆泵。为防止堵塞喷嘴，可射水边插管，水压力不超过1MPa，使钻杆导向振动、射流成孔下沉，直到桩底设计高程。

5. 浆液配置

水泥浆必须使用机械拌制，拌和时间不少于3min，不得超过2h。用比重计测其比重，并检测稠度，且应过筛(孔筛直径小于喷嘴口直径)，不得产生离析。比重、稠度应与强度试验制备试件时一致。

6. 喷射注浆

喷浆管下沉到达设计深度后，停止钻进，旋转不停，高压泥浆泵压力增到不小于20MPa，坐底喷浆30s后，边喷浆，边旋转。水泥浆与桩端土充分搅拌后，匀速旋转提升注浆管，提升速度为10～25cm/min，直至距桩顶1m时，放慢搅拌速度和提升速度，提升速度不大于10cm/min。喷射管分段提升的搭接长度不得小于100mm。

喷浆口不得露出地面，防止喷射伤人。

做好关于旋喷时间、用浆量、冒浆情况、压力变化等的记录。

中间发生故障时，应停止提升和旋喷，以防桩体中断；同时立即检查排除故障，重新开始喷射注浆的孔段与前段搭接不小于1m，防止固结体脱节。

7. 冲洗

高压喷射注浆完毕后，应迅速拔出喷射管，把注浆管等机具设备用清水冲洗干净，防止凝固堵塞。管内、机内不得残存水泥浆。向浆液罐中注入适量清水，开启高压泵，清洗全部管路中残存的水泥浆，直至基本干净，并将黏附在喷浆管头上的土清洗干净。施工中做好泥浆处理，及时将泥浆运出。

8. 补浆

喷射注浆作业完成后，由于浆液的析水作用，一般均有不同程度的收缩，使固结体顶部出现凹穴，要及时用水灰比为1.0的水泥浆补灌。

### 4.3.4　施工质量检验

高压旋喷桩的验收项目和质量检验标准见表4-3。

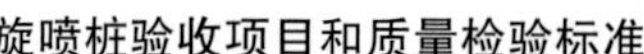

旋喷桩验收项目和质量检验标准

表 4-3

| 项　目 | 检 查 项 目 | 规定值或允许偏差 | | 检 查 方 法 |
|---|---|---|---|---|
| | | 单位 | 数值 | |
| 1 | 原材料 | 设计要求 | | 查产品合格证或抽样送检 |
| 2 | 桩距 | mm | ±100 | 抽查桩数 3% |
| 3 | 桩径 | 不小于设计值 | | 抽查桩数 3% |
| 4 | 桩长 | 不小于设计值 | | 查施工记录 |
| 5 | 竖直度 | % | 1 | 抽查桩数 3% |
| 6 | 桩体强度 | (MPa) | 不小于设计值 | 取芯法,总桩数 5% |
| 7 | 复合地基承载力 | 不小于设计值 | | 成桩数的 0.2% ,不少于 3 根 |

# 第5章　老路基边沟回填及重型压路机补强技术

使用砂砾回填边沟时一个重要控制指标是回填后的压实度。压实度大，回填边沟的强度就高，整体性就好，应力均化能力更强，越有利于均化加宽路基荷载，提高回填边沟的模量，减小加宽路基差异沉降，进而防止路面出现纵向裂缝，增强路面的使用性能和使用寿命。

为了提高回填边沟及整体路基的压实质量，在沟顶处增加补强措施；路基每填高80cm(即一个台阶的高度)，也增加补强措施。受限于项目施工场地，经过调研采用了重型压路机进行碾压补强。

## 5.1　重型压路机补强效果调研

YZ32 型重型强振碾压压路机如图 5-1 所示。

图 5-1　YZ32 型重型强振碾压压路机

YZ32 型振动压路机的主要技术参数包括：发动机为依维柯 F2CE9687A，额定功率 220kW 以上，最大激振力 59t，前轮重 21t，最大总作用力 80t，振动频率在 23 ~ 28Hz 之间可调，振幅 1 ~ 1.8mm，最小转弯半径(外侧)7400mm，最小离地间隙 470mm，行走速度 I 档0 ~ 6km/h，II 档 0 ~ 8km/h，爬坡能力 40%。该压路机具有自重大、激振力大等特点。

2002年以前,江西省主要采用冲击碾压方式对路基进行补强,但冲击碾压补强具有一系列局限性,如碾压不均匀、碾压遍数多、需要较大的施工场地、对结构物有影响等。从2002年起,借鉴水稳基层的碾压经验,江西一些路桥建设单位开始使用YZ32型振动压路机代替冲击碾压,并取得了良好效果。目前,在江西已用重型强振碾压取代了冲击碾压。

从江西经验看,该重型碾压设备可适用于粉土、砂砾土、粉质黏土、土石混填等多种填料,路基填料仍采用以往填筑方法,即虚铺25~30cm一层,20t压路机碾压,填筑2~4m使用YZ32型重型振动压路机进行一次强振碾压,实现补压增强。通过该补压增强,路基再沉降约1~2cm,路基进一步密实,提高了强度和压实度。

在江西,土质主要为粉质黏土、粉土和黏土,地下水位高,土体含水率大,若使用该设备直接代替20t压路机碾压路基,易发生弹簧土现象,破坏土体结构,影响其板块化。目前尚未使用其代替20t压路机,而主要是使用该设备进行增压追密,控制标准仍采用压实度法,辅助标准为沉降量法和轮迹法。重型碾压距离构筑物通常在2m以上,对于改扩建工程可以碾压到边。

江西南昌机场高速公路(图5-2)为4改8加宽工程,始建于2006年,路基土主要为低液限黏土,在路基填筑中每1.2m左右利用YZ32型重型振动压路机进行增压补强一次。该项目2007年正式建成通车,考察组在该路随机选择地点进行现场观察,路面平整,未见凹陷、路面裂缝等破坏现象。

图5-2　江西省南昌机场高速公路现状

在孝襄高速公路使用该设备对全路段高填方的路段进行了补强作业,该设备影响深度可达1.2m,效果好。

在福建省永春至永定高速公路龙岩段的路基土建工程施工招标文件中,提出使用大功率超重吨位超大激振力自行式强振压路机对有效填层厚度的填筑材料进行强振碾压补强。

在福建省漳州至永安高速公路龙岩段的路基土建工程施工招标文件中，提出使用大功率拖式强振压路机进行强振碾压补强，强振碾压路段的填土高度大于1.5m，且1.5m内没有涵洞。路基每填高1.5m强振碾压一次，路基96区顶面倒数第二层面顶面全线强振碾压一次。

在厦门至成都高速公路赣州至崇义段的土建工程施工招标文件中，提出进行强振碾压补强。当填土高度不超过4m时，在距路床顶20cm和路基93区顶面处采用强振碾压补强；当填土高度超过4m时，路基每填筑4m强振碾压一次，同时填筑到距路床顶20cm和路基93区顶面时需进行强振碾压。碾压时必须先轻后重，先慢后快，先边缘后中间。

另外，在泉州至南宁国家高速公路吉安至莲花段等也使用了该设备。

据此，本研究采用该重型压路机进行边沟回填的增强补压，从以往经验看可行。为了检验重型压路机的追密效果，总结施工技术参数，在JS7标段开展了试验段研究。

## 5.2　重型压路机补强试验研究

### 5.2.1　试验概况

试验段选择在K131+881～K132+358进行，试验时基底清表50cm，清除腐殖土、杂草和树根。

清表后的边沟基底为粉质黏土，测试基底含水率结果见表5-1。

从表5-1可以看出，边沟基底含水率较大，基底表面含水率大致为22.7%，50cm含水率大致为25.5%，100cm含水率大致为24.1%。从含水率测试结果可以看出从表面向下50cm范围内含水率逐渐增加，50cm后含水率下降。总体上边沟基底土体基本处于软塑状态。现场开挖试坑，基底下0.5m为粉质黏土，再向下为粉砂土。

边沟基底含水率情况　　表5-1

| 测试位置 | 取样深度(cm) | 含水率(%) |
|---|---|---|
| K131+900 | 0 | 22.6 |
| | 50 | 24.4 |
| | 100 | 23.6 |
| K132+000 | 0 | 22.2 |
| | 50 | 25.4 |
| | 100 | 24.0 |
| K132+100 | 0 | 22.8 |
| | 50 | 25.4 |
| | 100 | 24.4 |

续上表

| 测 试 位 置 | 取样深度(cm) | 含水率(%) |
|---|---|---|
| K132 +250 | 0 | 23.2 |
| | 50 | 24.6 |
| | 100 | 25.2 |
| K132 +450 | 50 | 27.5 |
| | 100 | 23.4 |
| | 200 | 24.5 |

基底软弱土含水率高,若直接填筑砂砾,易发生软弹现象。建议对基底软弱土翻挖晾晒或彻底清除后换填砂砾。本次试验段都没有清除基底下薄层软弱土(约 50cm),而直接填筑 50cm 粗砂砾,粒径 2 ~20cm,22t 压路机静 + 弱 + 强振碾压;然后尝试采用 32t 压路机碾压,合格标准为 2 次碾压沉降差不超过 4mm;然后再填筑 40 ~50cm 砂砾,采用 22t +32t 压路机结合碾压,静弱强振结合。

试验段 1 为 K131 +880 ~ K131 +980。先填 50cm 砂砾,压实后再平均虚铺约 40cm 砂砾,摊平后每 20m 布设一个水准观测断面,每一断面 2 个水准测点进行观测。先用 22t 压路机,静压 1 遍 + 微振 1 遍 + 强振 1 遍,然后使用 32t 压路机,微振 1 遍 + 强振 1 遍,再用 22t 压路机强振 4 遍稳压,观测填筑砂砾土的压沉值,观测数据见表 5-2。

试验段 2 为 K132 +570 ~ K132 +670(右幅)。基底清表后铺 60cm 砂砾,布设水准观测断面,然后 22t 压路机静压 1 遍 + 微振 1 遍 + 强振 3 遍 +32t 压路机强振 1 遍 + 微振 1 遍 + 强振 2 遍,分别观测压沉值,结果见表 5-3。

### 5.2.2 试验结果分析

从表 5-2 可以看出,虚铺后 22t 压路机静压 1 遍,平均沉降量为 13.9mm,22t 压路机微振 1 遍后,平均再沉约 12.2mm,22t 压路机再强振 1 遍后,平均再沉约 7.7mm。可见,随着压实遍数增加,沉降量逐渐减小。由于 22t 压路机有效影响深度有限,使用 22t 压路机压实 0.9m 厚度砂砾压密程度有限。采用 32t 压路机微振一遍后,平均再沉约 4.3mm,若再强振碾压 5 遍,可再沉 3.9mm。

上述试验结果表明,对于 0.9m 砂砾土,22t 压路机碾压至稳定后,再采用 32t 压路机微振 1 遍,强振 4 ~5 遍,至 2 次碾压沉降差不超过 4mm 终止,稳压 1 遍,效果较佳。

32t 强振 1 遍后回填土出现反弹隆起的原因是:在 32t 压路机强振作用下,已板结(即形成结构特征)回填土中局部压密不实、板结结构不强的土体发生破坏,并表现剪胀特征,从而使得回填土表现为隆起。若继续碾压,则重新形成板体结构,并变得更为密实。因此,碾压需要 3 遍以上,以消除这种效应。

**K131 +880 ~ K131 +980 试验段水准观测结果** 表 5-2

| 桩号 | 右幅距中桩距离(m) | 第一层(原地面50cm砂砾压实后)(m) | 第二层(40cm砂砾摊平后放钢球测) | | | | | | | | | | | | | | 40cm砂砾顶压实后高程(m) |
|---|---|---|---|---|---|---|---|---|---|---|---|---|---|---|---|---|---|
| | | | 虚铺后高程(m) | 虚铺厚度(cm) | 22t静压后高程(m) | 比上次沉降(mm) | 22t微振后高程(m) | 比上次沉降(mm) | 22t强振后高程(m) | 比上次沉降(mm) | 32t微振后高程(m) | 比上次沉降(mm) | 32t强振1次后高程(m) | 比上次沉降(mm) | 强振4次且22t稳压后高程(m) | 比上次沉降(mm) | |
| K131 +880 | 19.3 | 10.165 | 10.718 | 55.3 | 10.694 | -24 | 10.68 | -14 | 10.675 | -5 | 10.673 | -2 | 10.679 | 6 | 10.681 | 2 | 10.681 |
| | 23.5 | 10.15 | 10.644 | 49.4 | 10.633 | -11 | 10.607 | -26 | 10.594 | -13 | 10.592 | -2 | 10.593 | 1 | 10.591 | -2 | 10.591 |
| K131 +900 | 19.5 | 10.036 | 10.595 | 55.9 | 10.589 | -6 | 10.58 | -9 | 10.566 | -14 | 10.562 | -4 | 10.568 | 6 | 10.562 | -6 | 10.562 |
| | 23.5 | 10.046 | 10.559 | 51.3 | 10.55 | -9 | 10.533 | -17 | 10.524 | -9 | 10.511 | -13 | 10.515 | 4 | 10.498 | -17 | 10.498 |
| K131 +920 | 20.5 | 10.078 | 10.554 | 47.6 | 10.54 | -14 | 10.531 | -9 | 10.515 | -16 | 10.518 | 3 | 10.523 | 5 | 10.518 | -5 | 10.518 |
| | 24.5 | 10.125 | 10.483 | 35.8 | 10.485 | 2 | 10.462 | -23 | 10.461 | -1 | 10.453 | -8 | 10.457 | 4 | 10.443 | -14 | 10.443 |
| K131 +940 | 20.6 | 10.139 | 10.603 | 46.4 | 10.586 | -17 | 10.58 | -6 | 10.568 | -12 | 10.568 | 0 | 10.566 | -2 | 10.551 | -15 | 10.551 |
| | 24.4 | 10.107 | 10.581 | 47.4 | 10.581 | 0 | 10.575 | -6 | 10.57 | -5 | 10.556 | -14 | 10.558 | 2 | 10.539 | -19 | 10.539 |
| K131 +960 | 19.6 | 10.136 | 10.629 | 49.3 | 10.591 | -38 | 10.583 | -8 | 10.561 | -22 | 10.572 | 11 | 10.577 | 5 | 10.569 | -8 | 10.569 |
| | 23.6 | 10.162 | 10.579 | 41.7 | 10.578 | -1 | 10.58 | 2 | 10.579 | -1 | 10.569 | -10 | 10.567 | -2 | 10.559 | -8 | 10.559 |
| K131 +980 | 20.1 | 10.268 | 10.642 | 37.4 | 10.62 | -22 | 10.608 | -12 | 10.61 | 2 | 10.602 | -8 | 10.604 | 2 | 10.604 | 0 | 10.604 |
| | 25 | 10.233 | 10.628 | 39.5 | 10.601 | -27 | 10.583 | -18 | 10.587 | 4 | 10.582 | -5 | 10.58 | -2 | 10.574 | -6 | 10.574 |
| 平均值 | | | | | | -13.9 | | -12.2 | | -7.7 | | -4.3 | | 2.4 | | -8.2 | |
| 标准差 | | | | | | 12.2 | | 7.9 | | 7.9 | | 7.0 | | 3.1 | | 6.8 | |

**K132 +570 ~ K132 +670 试验段水准观测结果**

表 5-3

| 部位 | | 基底 | 松铺后 | | 22t 压路机静压后 | | 22t 压路机微振 1 次后 | | 22t 压路机强振 1 次后 | | 22t 压路机强振 2 次后 | | 22t 压路机强振 3 次后 | | 压实后厚度（m） | 松铺系数 | 32t 压路机强振 1 次后 | | 32t 压路机微振 1 次后 | | 32t 压路机强振 2 次后 | | 32t 压路机强振 3 次后 | |
|---|---|---|---|---|---|---|---|---|---|---|---|---|---|---|---|---|---|---|---|---|---|---|---|---|
| | | 高程（m） | 高程（m） | 松铺厚度（m） | 高程（m） | 沉降差（mm） | 高程（m） | 沉降差（mm） | 高程（m） | 沉降差（mm） | 高程（m） | 沉降差（mm） | 高程（m） | 沉降差（mm） | | | 高程（m） | 沉降差（mm） | 高程（m） | 沉降差（mm） | 高程（m） | 沉降差（mm） | 高程（m） | 沉降差（mm） |
| K132 +580 | 内 | 10.483 | 11.153 | 0.670 | 11.153 | 0 | 11.153 | 0 | 11.161 | 8 | 11.156 | −5 | 11.167 | 11 | 0.684 | 0.98 | 11.164 | −3 | 11.173 | 9 | 11.187 | 14 | 11.194 | 7 |
| | 外 | 10.431 | 11.185 | 0.754 | 11.189 | 4 | 11.189 | 0 | 11.185 | −4 | 11.177 | −8 | 11.195 | 18 | 0.764 | 0.99 | 11.193 | −2 | 11.201 | 8 | 11.233 | 32 | 11.216 | −17 |
| K132 +600 | 内 | 10.544 | 11.179 | 0.635 | 11.165 | −14 | 11.157 | −8 | 11.162 | 5 | 11.157 | −5 | 11.149 | −8 | 0.605 | 1.05 | 11.147 | −2 | 11.16 | 13 | 11.156 | −4 | 11.154 | −2 |
| | 外 | 10.358 | 11.147 | 0.789 | 11.145 | −2 | 11.135 | −10 | 11.135 | 0 | 11.129 | −6 | 11.125 | −4 | 0.767 | 1.03 | 11.124 | −1 | 11.14 | 16 | 11.131 | −9 | 11.115 | −16 |
| K132 +620 | 内 | 10.630 | 11.210 | 0.580 | 11.202 | −8 | 11.198 | −4 | 11.198 | 0 | 11.195 | −3 | 11.190 | −5 | 0.560 | 1.04 | 11.190 | 0 | 11.196 | 6 | 11.181 | −15 | 11.182 | 1 |
| | 外 | 10.558 | 11.175 | 0.617 | 11.169 | −6 | 11.163 | −6 | 11.156 | −7 | 11.149 | −7 | 11.146 | −3 | 0.588 | 1.05 | 11.145 | −1 | 11.154 | 9 | 11.157 | 3 | 11.135 | −22 |
| K132 +640 | 内 | 10.623 | 11.160 | 0.537 | 11.151 | −9 | 11.149 | −2 | 11.155 | 6 | 11.148 | −7 | 11.142 | −6 | 0.519 | 1.03 | 11.145 | 3 | 11.131 | −14 | 11.133 | 2 | 11.131 | −2 |
| | 外 | 10.488 | 11.155 | 0.667 | 11.141 | −14 | 11.135 | −6 | 11.140 | 5 | 11.140 | 0 | 11.132 | −8 | 0.644 | 1.04 | 11.130 | −2 | 11.106 | −24 | 11.141 | 35 | 11.125 | −16 |
| K132 +660 | 内 | 10.628 | 11.345 | 0.717 | 11.338 | −7 | 11.325 | −13 | 11.316 | −9 | 11.344 | 28 | 11.332 | −12 | 0.704 | 1.02 | 11.316 | −16 | 11.296 | −20 | 11.311 | 15 | 11.294 | −17 |
| | 外 | 10.578 | 11.325 | 0.747 | 11.302 | −23 | 11.297 | −5 | 11.299 | 2 | 11.327 | 28 | 11.322 | −5 | 0.744 | 1.00 | 11.320 | −2 | 11.267 | −53 | 11.291 | 24 | 11.264 | −27 |
| 平均值 | | | | | | −7.9 | | −5.4 | | 0.6 | | 1.5 | | −2.2 | | | −2.6 | | −5 | | 9.7 | | −11.1 | |
| 标准差 | | | | | | 7.8 | | 4.2 | | 5.7 | | 14.2 | | 9.3 | | | 5.0 | | 22.2 | | 17.1 | | 11.2 | |

注：负值代表压沉，正值代表隆起。

从表5-3也可以看出,由于22t压路机有效影响深度有限,使用22t压路机对回填砂砾的压密影响程度有限。虚铺后22t压路机静压1遍,平均沉降量为7.9mm;22t压路机微振1遍后,平均再沉约5.4mm;22t压路机再强振2遍后,平均隆起约2.1mm;再强振碾压1遍,再下沉约2.2mm。这时使用22t压路机很难进一步压实填土,即使用22t压路机强振碾压3~4遍即可。

采用32t压路机强振一遍后,平均再沉约2.6mm;若再微振碾压1遍,可再沉5mm。而后再强振,3遍内无明显效果。32t压路机在微振后,再强振影响效果不明显。这是由于32t压路机影响深度较大,微振时已足以对0.6m深度产生有效、积极影响,促使砂砾土颗粒重排而趋于紧密;若激振力过大,反而使得已经重排紧密的砂砾土板结结构破坏,并对基底土产生影响,效果反而不好。因此对于基底回填0.6m厚度的砂砾土使用32t压路机强振碾压,效果不佳。

从表5-2和表5-3还可以看出,对于32t和22t压路机而言,在微振1遍后,再强振若干次尽管对填土的压实影响有限,但通过多次强振可以有效降低压沉值的离散性,使得填土更趋均匀,因此强振次数应不少于3~4次。

为了评估上述工艺和重型碾压的效果,在K132+420~K132+530标段边沟回填1.1m厚砂砾,并使用32t重型压路机进行碾压至无明显轮迹。另取K132+580~K132+780试验段,边沟回填1.1m厚砂砾,然后使用22t压路机进行碾压至无明显轮迹。对这两段的弯沉情况进行了现场检测。检测依据《公路路基路面现场测试规程》(JTG E60—2008)进行,测试中采用5.4m贝克曼梁,测试车车型为BZZ-100,后轴重100kN,轮胎气压为0.7MPa,季节修正系数为1.2,结果统计分析时保证率系数取2。测试结果分别见表5-4和表5-5。

**K132+420~K132+5301.1m厚砂砾回填32t压路机碾压弯沉测试结果** 表5-4

| 弯沉仪类型 | | 5.4m贝克曼梁 | | 测试车车型 | | BZZ-100 | | 后轴重(kN) | 100 |
|---|---|---|---|---|---|---|---|---|---|
| 轮胎气压左侧(MPa) | | 0.7 | | 轮胎气压右侧(MPa) | | 0.7 | | 路基干湿状况 | 潮湿 |
| 基层结构类型 | | 粒料基层 | | 沥青面层厚度(mm) | | | | 前5天平均气温(℃) | |
| 季节修正系数 | 1.2 | 保证率系数 | | 2 | 剔除系数 | 3 | | 设计弯沉值(0.01m) | |
| 测点桩号 | 车道 | 路表温度(℃) | 左侧(0.01mm) | | | 右侧(0.01mm) | | | 备注 |
| | | | 初读数 | 终读数 | 回弹弯沉 | 初读数 | 终读数 | 回弹弯沉 | |
| K132+430 | 右幅 | | 250.0 | 29.0 | 530.4 | 104.0 | 36.0 | 163.2 | |
| K132+440 | 右幅 | | 180.0 | 81.0 | 237.6 | 111.0 | 17.0 | 225.6 | |
| K132+450 | 右幅 | | 198.0 | 100.0 | 235.2 | 151.0 | 9.0 | 340.8 | |
| K132+460 | 右幅 | | 300.0 | 0.0 | 720.0 | 141.0 | 64.0 | 184.8 | |
| K132+470 | 右幅 | | 123.0 | 64.0 | 141.6 | 70.0 | 27.0 | 103.2 | |
| K132+480 | 右幅 | | 167.0 | 98.0 | 165.6 | 97.0 | 33.0 | 153.6 | |
| K132+490 | 右幅 | | 74.0 | 3.0 | 170.4 | 60.0 | 10.0 | 120.0 | |
| K132+500 | 右幅 | | 83.0 | 7.0 | 182.4 | 162.0 | 90.0 | 172.8 | |
| K132+510 | 右幅 | | 145.0 | 82.0 | 151.2 | 61.0 | 8.0 | 127.2 | |
| K132+520 | 右幅 | | 142.0 | 44.0 | 235.2 | 159.0 | 67.0 | 220.8 | |

**K132 +580 ~ K132 +7801.1m 厚砂砾回填 22t 压路机碾压弯沉测试结果** 表 5-5

| 弯沉仪类型 | 5.4m 贝克曼梁 | | | 测试车车型 | | BZZ-100 | 后轴重(kN) | | 100 |
|---|---|---|---|---|---|---|---|---|---|
| 轮胎气压左侧(MPa) | | 0.7 | | 轮胎气压右侧(MPa) | | 0.7 | 路基干湿状况 | | 潮湿 |
| 基层结构类型 | 粒料基层 | | | 沥青面层厚度(mm) | | | 前5天平均气温(℃) | | |
| 季节修正系数 | 1.2 | 保证率系数 | | 2 | 剔除系数 | 3 | 设计弯沉值(0.01m) | | |
| 测点桩号 | 车道 | 路表温度(℃) | 左侧(0.01mm) | | | 右侧(0.01mm) | | | 备注 |
| | | | 初读数 | 终读数 | 回弹弯沉 | 初读数 | 终读数 | 回弹弯沉 | |
| K132 +590 | 右幅 | | 200.0 | 0.0 | 480.0 | 200.0 | 0.0 | 480.0 | |
| K132 +600 | 右幅 | | 142.0 | 80.0 | 148.8 | 82.0 | 33. | 117.6 | |
| K132 +610 | 右幅 | | 93.0 | 56.0 | 88.8 | 103.0 | 64.0 | 93.6 | |
| K132 +620 | 右幅 | | 200.0 | 150.0 | 120.0 | 200.0 | 0.0 | 480.0 | |
| K132 +630 | 右幅 | | 140.0 | 39.0 | 242.4 | 175.0 | 84.0 | 218.4 | |
| K132 +640 | 右幅 | | 200.0 | 170.0 | 72.0 | 60.0 | 21.0 | 93.6 | |
| K132 +650 | 右幅 | | 88.0 | 34.0 | 129.6 | 140.0 | 83.0 | 136.8 | |
| K132 +660 | 右幅 | | 141.0 | 76.0 | 156.0 | 108.0 | 62.0 | 110.4 | |
| K132 +670 | 右幅 | | 90.0 | 28.0 | 148.8 | 82.0 | 20.0 | 148.8 | |
| K132 +680 | 右幅 | | 92.0 | 18.0 | 177.6 | 151.0 | 85.0 | 158.4 | |
| K132 +690 | 右幅 | | 121.0 | 61.0 | 144.0 | 45.0 | 4.0 | 98.4 | |
| K132 +700 | 右幅 | | 66.0 | 12.0 | 129.6 | 200.0 | 0.0 | 480.0 | |
| K132 +710 | 右幅 | | 85.0 | 18.0 | 163.2 | 96.0 | 22.0 | 177.6 | |
| K132 +720 | 右幅 | | 170.0 | 125.0 | 108.0 | 110.0 | 35.0 | 180.0 | |

对表 5-4 和表 5-5 统计分析,其弯沉平均值分别为 185.1 和 188.7,标准差分别为 56.6 和 126.9,代表弯沉值分别为 298.3 和 442.5。

对比表 5-4 和表 5-5 的弯沉测试结果可以看出,32t 重型压路机补压后,回填砂砾土的弯沉值标准差为 56.6,22t 的为 126.9,前者数据离散性小,后者的弯沉值离散性大,这表明 32t 压路机补压后的砂砾土力学性质较为均匀,有利于土体承载。另外,对比两种方法的代表值,32t 压路机碾压后砂砾土的弯沉代表值为 298.3,22t 的为 442.5,前者比后者低 144.2,这表明 32t 压路机碾压补强效果明显。

## 5.3 重型压路机补强影响深度动力试验

通过试验段研究已证明重型压路机碾压补强具有显著效果,但在什么位置开展碾压补强是重型压路机碾压补强施工中的关键技术参数。若补强土体厚度过大,土体下部补强效果欠佳,影响工程质量;若补强土体厚度过薄,不仅效果不好,还增加了工程造价。为此开展了重型压路机碾压补强影响深度的动力试验,通过该实验确定 YZ32 型重型振动压路机的补强作用效能和有效作用深度。

试验的监测设备采用拾振器进行振动信号采集，通过电荷放大器将电信号放大后经数据采集仪进行记录采集，最后用数据分析软件进行数据分析，该系统如框图 5-3 所示。

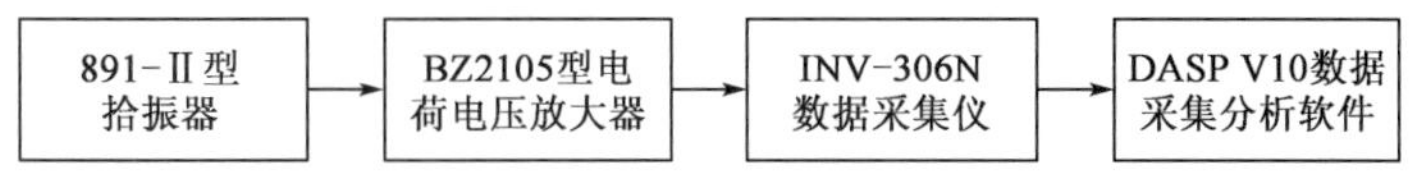


图 5-3　监测系统框图

本次动力监测设备见表 5-6，参与对比的普通 22t 振动压路机与 32t 重型振动压路机的性能参数对比见表 5-7。

**振动监测设备**　　表 5-6

| 序号 | 仪器名称 | 规格型号及精度 | 产地 | 数量 | 用途 |
|---|---|---|---|---|---|
| 1 | 低频传感器 | 891-B | 中国 | 8 | 信号采集 |
| 2 | 智能信号数据采集分析系统 | INV306N | 中国 | 1 | 数据分析 |
| 3 | 功率放大器 | BZ2105 | 中国 | 1 | 信号采集 |

**普通 22t 振动压路机与 32t 超重型振动压路机性能参数对比表**　　表 5-7

| 车型 | 单位 | XS222 | YZ32 |
|---|---|---|---|
| 工作质量 | kg | 22000 | 32000 |
| 前轮分配质量 | kg | 15000 | 21000 |
| 后轮分配质量 | kg | 7000 | 11000 |
| 压轮宽度 | mm | 2130 | 2430 |
| 静线载荷 | N/cm | 704 | 940 |
| 振动频率(低/高) | Hz | 28/33 | 28/33 |
| 名义振幅(高/低) | mm | 1.86/0.93 | 1.80/1.10 |
| 激振力(高/低) | kN | 390/270 | 590/450 |
| 行驶速度 | km/h | 5 | 4 |

本次试验主要采集距离施工周边范围的地面振动竖向加速度、地面振动响应频率、阻尼比。

依据实验目的，选择同一条直线上的 5 个测点，每个测点布置两个竖向加速度传感器。测点 1 至测点 5 分别埋置在振源周围不同深度土基里，且呈一条直线。

测点 1 布置于路基基底压实顶面位置，测点 2 布置于路基基底压实顶面下 −50cm 位置，测点 3 布置于路基基底顶面下 −100cm 位置，测点 4 布置于路基基底顶面下 −150cm 位置，测点 5 布置于路基基底顶面下 −200cm 位置，如图 5-4 所示。

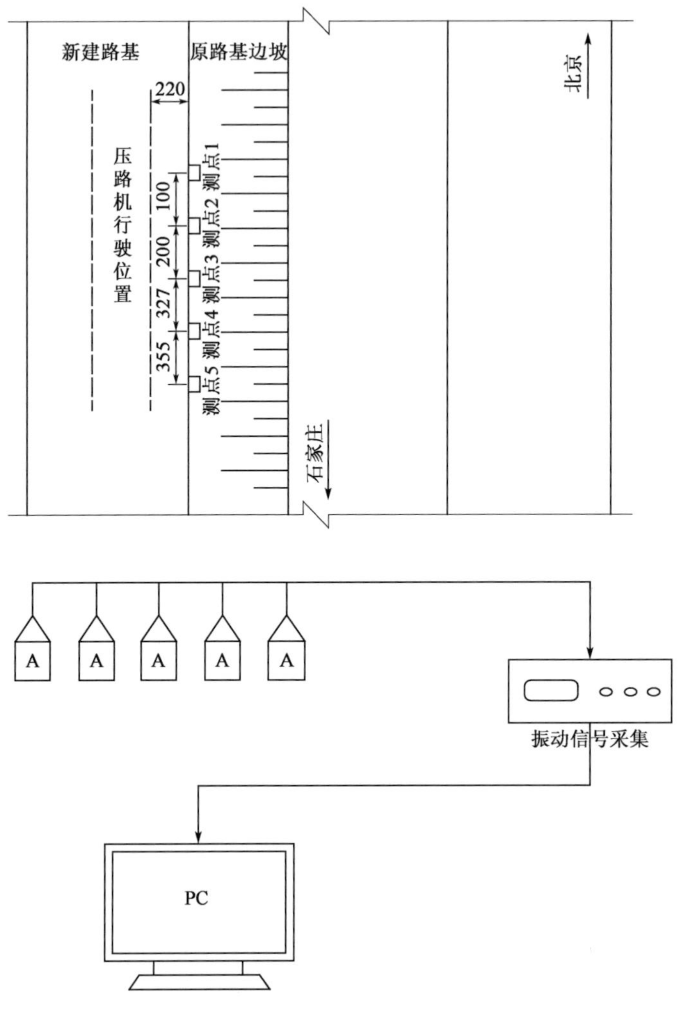


图 5-4　测点及传感器布置示意图(尺寸单位:cm)

图 5-5 为不同深度位置测点的频谱图,从图中可以看出,在振动压路机工作过程中路基响应振动频率变化非常明显,表明路基土碾压密实,路基接近刚性体,这种试验方法是切实可行的。

为了对比研究,设计了如下 6 种工况:

工况一:普通 22t 振动压路机沿测点布置方向往返静力碾压 3 遍。

工况二:普通 22t 振动压路机沿测点布置方向往返小振碾压 3 遍。

工况三:普通 22t 振动压路机沿测点布置方向往返强振碾压 3 遍。

工况四:超重型 32t 振动压路机沿测点布置方向往返静力碾压 3 遍。

工况五:超重型 32t 振动压路机沿测点布置方向往返小振碾压 3 遍。

工况六:超重型 32t 振动压路机沿测点布置方向往返强振碾压 3 遍。

加速度振动信号应用低频传感器(891-Ⅱ型),通过信号放大器、数据采集和笔记本进行数据采集处理(图5-5)。

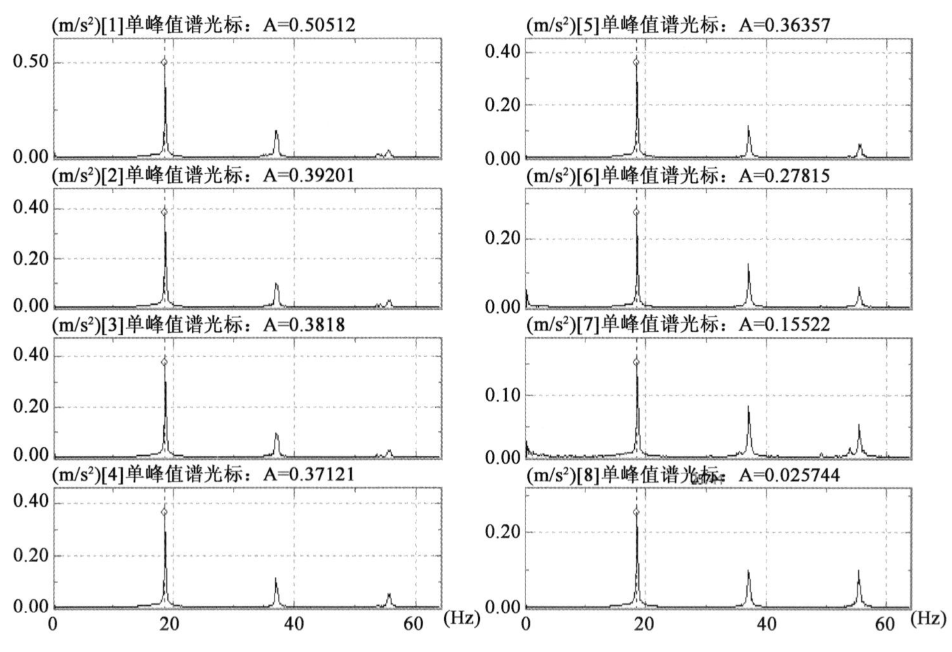


图5-5　各深度位置测点频谱图

表5-8～表5-10,图5-6～图5-8分别为不同深度各个工况下的竖向速度、加速度和振幅有效值情况,这些值直接反映了振动效应的能量衰减快慢。

**各个振动工况下不同路基位置深度速度值**(单位:mm/s)　　表5-8

| 工况 \ 路基深度(cm) | 0 | 50 | 100 | 150 | 200 |
|---|---|---|---|---|---|
| 22t 静压 | 0.28 | 0.24 | 0.18 | 0.15 | 0.10 |
| 32t 静压 | 0.31 | 0.26 | 0.22 | 0.17 | 0.09 |
| 22t 微振 | 3.079 | 2.753 | 2.321 | 1.588 | 0.923 |
| 22t 强振 | 3.335 | 3.011 | 2.571 | 1.753 | 1.099 |
| 32t 微振 | 3.721 | 3.379 | 2.833 | 1.957 | 1.283 |
| 32t 强振 | 4.115 | 3.824 | 3.265 | 2.384 | 1.567 |

本次试验过程中主要采集路基竖向加速度振动信号,同时通过积分得到路基竖向速度振动信号、竖向振动幅度信号。

时域振动信号的统计指标一般有最大值、最小值、平均值、平均幅值、方根幅值、有效值(均方根)、均方值、标准差等。由于本次振动测试的振动压路机的路基响应振动为随机简谐振动,故振动效果评价可用有效值(均方根)进行评价。响应振动的最大值受不确定性因素影响较多，不具备代表性，故本次评价不采用该项指标。

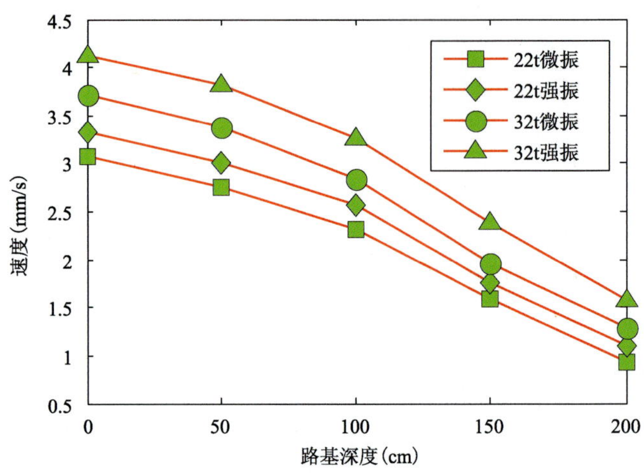


图 5-6　路基深度—速度变化曲线图

**各个振动工况下不同路基深度位置加速度值**(单位：$mm/s^2$)　　表 5-9

| 工况 \ 路基深度(cm) | 0 | 50 | 100 | 150 | 200 |
|---|---|---|---|---|---|
| 22t 静压 | 0.011 | 0.010 | 0.007 | 0.006 | 0.005 |
| 32t 静压 | 0.010 | 0.010 | 0.007 | 0.006 | 0.005 |
| 22t 微振 | 0.49 | 0.44 | 0.38 | 0.27 | 0.19 |
| 22t 强振 | 0.52 | 0.45 | 0.39 | 0.27 | 0.20 |
| 32t 微振 | 0.52 | 0.47 | 0.41 | 0.29 | 0.22 |
| 32t 强振 | 0.53 | 0.49 | 0.44 | 0.30 | 0.23 |

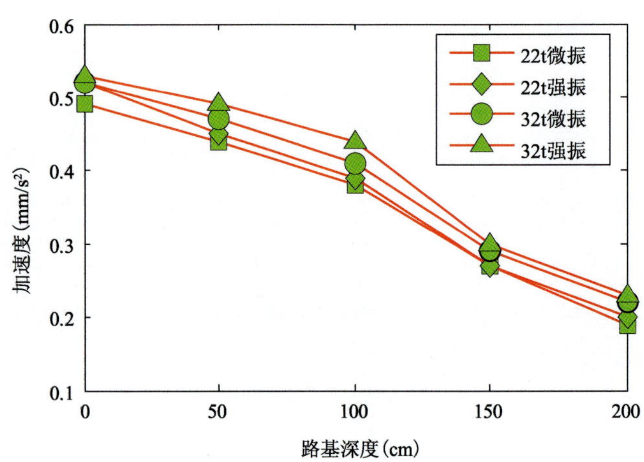


图 5-7　路基深度—加速度变化曲线图

各个振动工况下不同路基深度位置振幅值(单位:μm) 表5-10

| 工况 \ 路基深度(cm) | 0 | 50 | 100 | 150 | 200 |
|---|---|---|---|---|---|
| 22t 静压 | 0.35 | 0.38 | 0.32 | 0.25 | 0.18 |
| 32t 静压 | 0.41 | 0.32 | 0.29 | 0.28 | 0.19 |
| 22t 微振 | 21.16 | 17.73 | 12.75 | 6.62 | 4.17 |
| 22t 强振 | 24.73 | 20.84 | 15.48 | 10.62 | 8.33 |
| 32t 微振 | 30.25 | 27.56 | 20.37 | 13.61 | 10.85 |
| 32t 强振 | 37.22 | 33.26 | 27.22 | 18.66 | 14.23 |

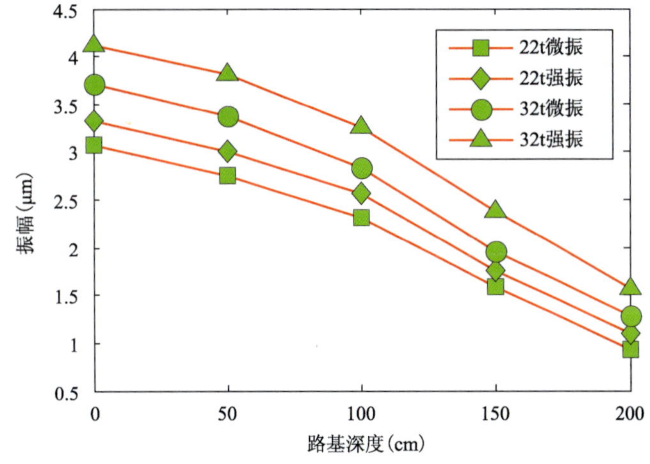


图5-8 路基深度—振幅变化曲线图

根据以上试验结果,可得到如下分析结果:

(1)振动信号有效值在路基顶面以下1~2m范围内变化较陡,路基顶面以下0~1.0m范围内变化较缓慢。由此反映出振动效应的能量衰减在1m范围内衰减较慢,而1~2m范围内能量衰减较快。

由于路基压实度越高,路基土越接近刚性体,能量衰减越慢,则振动速度衰减越慢。故可以推定振动压路机的有效压实深度在1m范围内。

(2)表5-8和图5-8表明,四个振动工况的振动速度值在同一深度位置时32t振动压路机明显大于22t振动压路机,强振作用明显大于微振作用。表明32t振动压路机冲击振动效应明显高于22t振动压路机。

(3)由表5-9、表5-10、图5-7和图5-8可见,四个振动工况的振动加速度在同一深度位置时,22t与32t振动压路机效果较接近,强振作用稍稍大于微振作用。而振动幅值在同一深度位置时,32t振动压路机明显大于22t振动压路机,强振作用明显大于微振作用。此种现象表明大吨位振动压路机在使用过程中是非常安全、合理的,如果振动压路机吨位过大,导致响应加速度值过大,有可能造成周围建筑物在过大的加速度作用下发生破坏。

(4)从以上图表还可看出,22t、32t 振动压路机静力碾压作用均不明显,主要是由于测点距作用点位置较远,能量未传递至该位置。故静力碾压效果有效影响深度、范围均较小。

## 5.4 边沟回填重型碾压技术要点及压实标准

### 5.4.1 技术要点

开挖台阶并修整后,分层填筑砂砾,并分层使用 22t 压路机进行碾压至要求的压实度(91%);每填筑一级台阶(100cm 或 80cm 高),重型碾压一次。碾压工艺为:微振 1 次,强振 4 ~ 5 次,稳压一次。

### 5.4.2 基底软弱土不厚(不超过 0.5m),直接回填砂砾技术

先填筑 50cm 粗砂砾,然后 22t 压路机静压 1 遍 + 微振 1 遍 + 强振 3 ~ 4 遍,最后两次碾压沉降差不超过 4mm 终止并稳压 1 遍;而后分层回填 60cm 砂砾,22t 压路机碾压后,使用 32t 压路机微振 1 遍 + 强振 4 ~ 5 遍碾压补强,当最后两次碾压沉降差不超过 4mm 终止,稳压 1 遍。再以上,砂砾土 30cm 分层填筑,使用 22t 压路机碾压,静压 1 遍 + 微振 1 遍 + 强振 3 ~ 4 遍 + 稳压 1 遍,每 0.9 ~ 1.2m 左右 32t 压路机重碾补压,微振 1 次,强振 4 ~ 5 遍,2 次碾压沉降差不超过 4mm,无明显轮迹终止,稳压 1 遍。

### 5.4.3 基底为含水率较高(约 25%)软弱土回填技术

若填筑砂砾直接碾压,基底土水不易排出,基底土内孔隙水压力升高,基底发生软弹现象,这已为现场试验所证实。随着孔隙水压力的逐渐消散,基底土将发生一定沉降,这不利于加宽路基的工后沉降控制。对基底浅层软弱土应翻挖晾晒或彻底清除换填砂砾。回填砂砾时,30cm 厚分层填筑,22t 压路机分层碾压,每 0.8 ~ 1.0m 厚 32t 压路机补强碾压,微振 1 遍,强振 4 ~ 5 遍,稳压 1 遍。

若基底软弱土较厚,含水率大于 25% ~ 30%,且无地基处理设计,则需要将情况反馈给设计院,针对现场实际软弱土层厚度进行沉降验算;若不符合沉降控制要求,需要进行软弱土地基处理。

### 5.4.4　质量控制方法

22t 压路机碾压回填砂砾的压实质量采用沉降差控制，待碾压层顶面稳定无明显高程差异时进行沉降差检测，检测方法为 22t 振动压路机振压 2 遍高程差不大于 3mm 控制。

32t 重型压路机碾压的压实质量控制包括：严格监控施工工艺，按拟定施工工艺碾压补强；采用沉降差控制重型碾压质量，重型压路机强振 2 次平均沉降差不超过 3mm。压实度检测频率每 200m 测 4 处，台阶部位不少于 2 处，压实度不小于 91%。

当砂砾回填至原地面后进行弯沉测试，以弯沉值合格进行验收。

准确、如实填写重型压路机压实原始记录表，见表 5-11。

**河北省高速公路京石改扩建工程重型压路机压实原始记录表**　　表 5-11

施工单位：　　桩号及部位：

合同号：

监理单位：　　压路机型号：

编号：　　原表 LJ16

| 断面桩号 | 碾压前高程（m） | 碾压后高程（m） | 差值（mm） | 碾压遍数 | 碾压前压实度（%） | 碾压后压实度（%） | 起止时间 |
|---|---|---|---|---|---|---|---|
| | | | | | | | |
| | | | | | | | |
| | | | | | | | |
| | | | | | | | |
| | | | | | | | |
| | | | | | | | |
| | | | | | | | |
| | | | | | | | |
| | | | | | | | |

质检员：　　现场监理：

# 第6章 老路基边坡台阶开挖技术

## 6.1 老路基拼接台阶尺寸研究

开挖台阶的作用体现在:①增加新老路基结合部接触面积,增强结合部摩阻力和抗剪能力,保证新老路基之间的有效结合和整体性;②清除老路路堤边坡一定深度内压实度不足的填土;③方便加宽部分路堤下的地基处理;④横向台阶面为土工格栅的铺设提供了一个锚固长度。

### 6.1.1 调查的结论

从台阶尺度角度而言,一方面台阶越大,新旧路堤结合部接触面积越大,同时很大程度上清除了旧路边坡压实度不足土体,从而有利于控制新旧路基结合部的差异沉降。另一方面,大台阶不仅影响旧路边坡的稳定性,而且增加了土方量,使得工程造价提高。因此,台阶尺寸应结合路堤的土质条件因地制宜地进行设计。我国几条高速公路改扩建工程中削坡及台阶开挖方式见表6-1。

**我国高速公路改扩建工程中的削坡及台阶开挖方式** 表6-1

| 工程项目 | 削坡方式 |
|---|---|
| 广佛高速公路 | 挖成台阶状,台阶高度控制在80cm左右,宽度为100~200cm |
| 沪杭甬高速公路 | 挖成台阶状,台阶高度控制在80cm左右,宽度为100~200cm |
| 沈大高速公路 | 从土路肩向下挖成1:0.5坡度,并挖成高度不大于80cm的台阶,台阶底面向路中心横坡3%,台阶挖至与原地面平齐 |
| 海南环岛东线高速公路 | 从坡脚向上挖成宽100~150cm、内倾2%~4%的反向台阶 |
| 沪宁高速公路 | 清除表层30cm压实度不足路基土,挖成台阶状,台阶高度控制在50~60cm,宽度为90~100cm |
| 南京绕城公路 | 从上向下挖成台阶状,台阶高度控制在80cm左右,宽度为100~200cm |
| 沪宁—锡澄高速公路直接拼接段 | 挖成台阶状,每个台阶高度80cm,底宽120cm,台阶底面向路中心横坡2%,台阶挖至与原地面齐平 |
| 深圳水管高速公路扩建工程 | 从坡顶向下挖成台阶状,台阶高度控制在100cm左右,宽度为150cm |

从已有工程来看，台阶宽度一般在 90～200cm 之间，台阶高度一般在 60～100cm 之间，通常不超过 150cm。总结这些已有工程，主要结论为：

(1)台阶不宜过小。过小的台阶一方面将减少新旧路基的接触面，影响结合部的稳定，易于发生应变局部化现象。另一方面，旧路边坡挖除少，若旧路边坡压实度不满足要求，会导致过大的差异沉降。

(2)台阶也不宜过大。若台阶高度过大，一方面在台阶开挖施工中可能影响旧路堤的稳定性，另一方面开挖方量大。

综合已有研究，台阶宽度宜控制在 90～150cm 之间，高度宜控制在 60～100cm 之间。

### 6.1.2　老路基边坡状态对台阶尺寸的影响

老路路基边坡状态调查表明：

(1)老路路基边坡压实度不足较为普遍。

(2)通过深挖可以较大程度地挖除压实度不足的填土，进而找到坚实、强度高、压缩性小的台阶面。

因此，应清除表层压实度不足路基土，从而获得坚实台阶面角度，台阶高度不宜小于 70～80cm。

### 6.1.3　理论分析

加宽路基差异沉降的重要原因之一是路基结合部的较大变形。若台阶尺寸大，新旧路基接触面面积大，新旧路基结合好，抗滑动能力大，则结合部局部变形小，新旧路基的差异沉降就小。下面以 5m 路基为例，对比宽高比分别为 0.6m×0.4m 和 1.2m×0.8m 两种台阶尺寸的抗滑力及稳定性。不同台阶尺寸的台阶布置如图 6-1 所示。

图 6-1a) 和 b) 分别是 0.6m×0.4m 和 1.2m×0.8m 台阶布置示意图，图中最下一级台阶均为 1.5m×1m，在图 6-1a) 中 0.6m×0.4m 台阶共 10 级，在图 6-1b) 中 1.2m×0.8m 台阶共 5 级。

分析中假设为平面应变情况，在路纵向取 1m 进行研究。

假设加宽路基稳定，结合部为弱面(沿结合面发生滑移)，在弱面处发生应变局部化现象，即在弱面处应变较大，使得加宽路基沿结合部发生较大变形，从而表现为较大差异沉降。

在这一过程中，结合部的抗剪强度提供了阻止两侧土体发生大变形滑移的抗滑力。设结合部的抗剪强度指标分别为 $c$(黏聚力) 和 $\varphi$(内摩擦角)，则对于上述两种情况，黏聚力引起的抗滑力分别为：

0.6m×0.4m 台阶

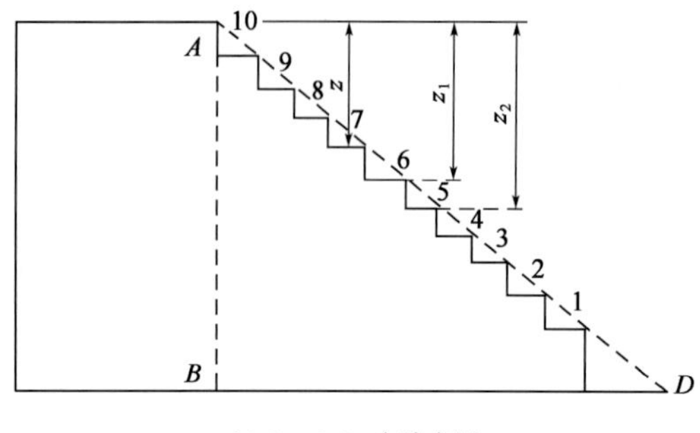


a)0.6m×0.4m台阶布置

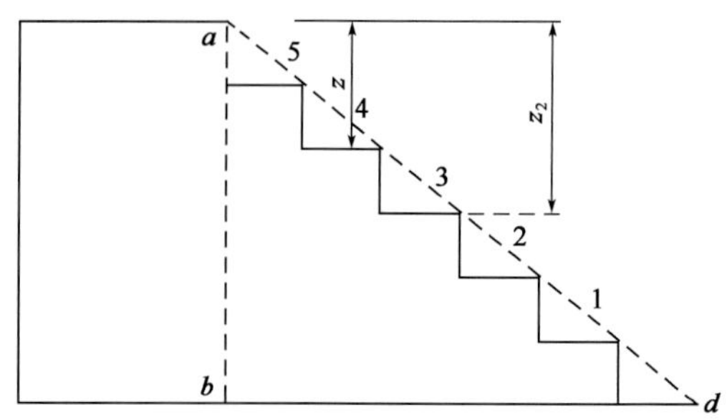


b)1.2m×0.8m台阶布置

图6-1　大小台阶布置

z-高度(m)

$$F_c = c \times (L_{AB} + L_{BD}) \tag{6-1}$$

式中：c——黏聚力(kPa)。

1.2m×0.8m 台阶

$$F_c = c \times (L_{ab} + L_{bd}) \tag{6-2}$$

式中：c——黏聚力(kPa)。

可见，对于上述两种情况，黏聚力引起的抗滑力相同。

下面分析$\varphi$(内摩擦角)引起的抗滑力。$\varphi$引起的抗滑力可分成两部分，一部分发生在台阶的竖直面，另一部分发生在台阶的水平面。

(1)首先，分析发生在台阶竖直面的部分。

在竖直方向，任意一微小段 d$z$ 范围内，内摩擦角引起的抗滑力为：

$$dF_H = \gamma z K_0 \tan\varphi dz \tag{6-3}$$

式中：$dF_H$——抗滑力(kN)；

$\gamma$——填料重度($kN/m^3$)；

$z$——高度(m)；

$K_0$——侧压力系数；

$\varphi$——内摩擦角。

则竖直面总的抗滑力为：

$$F_H = \int dF_H \tag{6-4}$$

0.6m×0.4m 和 1.2m×0.8m 两种台阶布置情况竖直面相同，故垂直面上由内摩擦角引起的抗滑力相等。

(2)接下来分析台阶水平面上由内摩擦角引起的抗滑力。为了便于说明，分析图 6-1a)中 5、6 两个台阶和图 6-1b)中台阶 3 由内摩擦角引起的抗滑力。

图 6-1a)中台阶 5 和 6：

$$F_{Va5-6} = \gamma z_1 \times 0.6\tan\varphi + \gamma z_2 \times 0.6\tan\varphi \tag{6-5}$$

式中：$F_{Va5-6}$ ——台阶5和6由内摩擦角产生的抗滑力（kN）。

图6-1b）中台阶3：

$$F_{Vb3} = \gamma z_2 \times 1.2\tan\varphi \tag{6-6}$$

式中：$F_{Vb3}$ ——台阶3由内摩擦角引起的抗滑力（kN）。

由于 $z_2 > z_1$，可见 $F_{Vb3} > F_{Va5-6}$。

大台阶比小台阶引起的增量抗滑力可写为：

$$\Delta F = \gamma(z_2 - z_1)\tan\varphi \times 0.6 \tag{6-7}$$

式中：$\Delta F$ ——大台阶比小台阶引起的增量抗滑力（kN）；

$z_2 - z_1$ ——两种台阶的高度差；

0.6——大台阶宽度之半（m）。

从式（6-7）可见，台阶尺寸越大，极限条件下新旧路基结合部抗滑力越大，抵抗结合部应变局部化现象的能力越强，也就越能减小结合部两侧的差异沉降。因此在坡率一定的条件下宜采用大尺寸台阶。

若路基土重度为19kN/m$^3$，侧压力系数为0.5，内摩擦角为25°，黏聚力为9.5kPa，台阶高度分别为1.0m、0.8m、0.6m、0.4m、0.2m、0.1m时，分析0.4m、0.2m、0.1m台阶抗滑力损失占总抗滑力的比重。计算结果见表6-2。

从表6-2可知，台阶产生的抗滑力主要包括三部分，由黏聚力产生的抗滑力、由内摩擦角产生的竖直和水平抗滑力。其中由黏聚力和由内摩擦角产生的竖直抗滑力不随台阶尺寸的改变而发生变化，而由内摩擦角产生的水平抗滑力随着台阶尺寸的加大而逐渐增长。例如：100cm×150cm的台阶所产生的抗滑力要比20cm×30cm的台阶产生的抗滑力增加约10%。因此，台阶尺寸的选择可以很大程度地影响新旧路基结合处的连接；在保证新旧路基结合良好，不影响旧路基稳定的前提下，台阶尺寸越大新旧路基结合部的总的抗滑力越大，加宽后路基越稳定，越有利于防止新旧路基的差异沉降。

**不同台阶尺寸的计算结果**　　表6-2

| 台阶尺寸（高×宽） | 黏聚力引起的抗滑力（kN） | 内摩擦角产生的竖直抗滑力（kN） | 内摩擦角产生的水平抗滑力（kN） | 与台阶高1.0m相比损失的抗滑力占内摩擦力比重（%） |
|---|---|---|---|---|
| 1.0×1.5 | 118.8 | 22.15 | 199.35 | 0.00 |
| 0.8×1.2 | 118.8 | 22.15 | 194.05 | 2.66 |
| 0.6×0.9 | 118.8 | 22.15 | 187.12 | 6.13 |
| 0.4×0.6 | 118.8 | 22.15 | 183.87 | 7.77 |
| 0.2×0.3 | 118.8 | 22.15 | 178.56 | 10.42 |

### 6.1.4　数值分析

理论分析中假设新旧路基之间失稳滑移（或失稳滑移趋势）的最危险滑面在新旧路基

的结合界面处。这一假设与新旧路基结合部的真实滑移情况并不完全相符。为了更深入了解台阶尺寸对新旧路基结合部稳定性的影响,采用数值方法分析台阶尺寸对新旧路基结合部稳定的影响。

数值模型根据本项目工程实践建立,但进行了一定的简化。数值分析的主要目的是从稳定性角度比较小台阶拼接方案和大台阶拼接方案的优劣。

数值模型中路基土高度为4m,路基土的重度为19kN/cm$^3$,内摩擦角为25°,黏聚力为10kPa,拼接台阶尺寸分别为0.4m×0.6m和0.8m×1.2m,如图6-2和6-3所示。

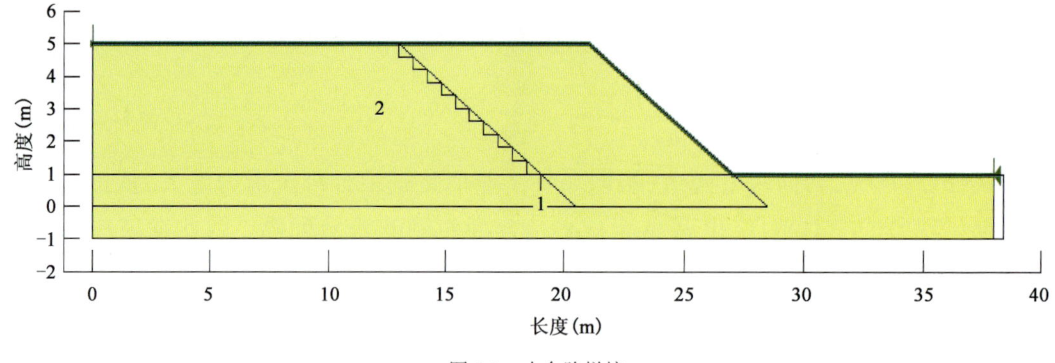


图6-2 小台阶拼接

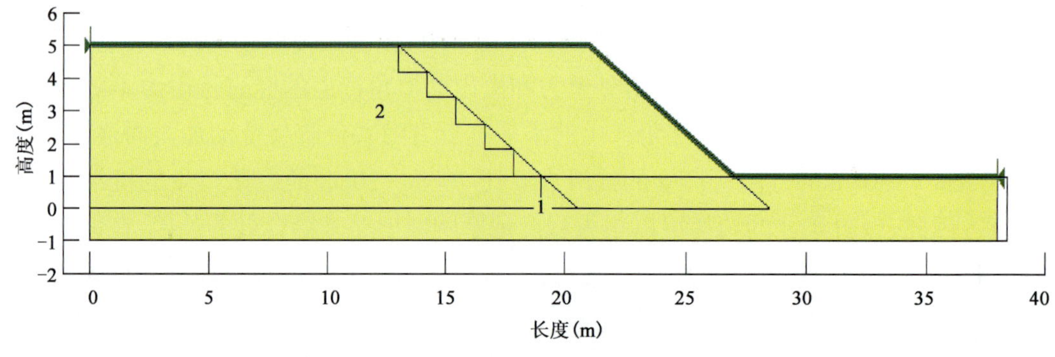


图6-3 大台阶拼接

以Morgenster-Price方法为计算原理,获得的不同拼接台阶尺寸新旧路基结合部滑移面和稳定安全系数如图6-4和图6-5所示。

从图6-4和图6-5可以看出,大台阶拼接方案的稳定安全系数为4.921,小台阶拼接方案的稳定安全系数为3.519,大台阶拼接方案的稳定安全系数要远大于小台阶拼接方案。

另外,从图6-4和图6-5可以看出,小台阶拼接方案的滑移面基本在新旧路基结合的平行斜面上;而随着台阶增大,滑移面逐渐向台阶内移动,旧路基对新路基的嵌锁作用增强,稳定安全系数增大。

上述数值分析结果表明,本项目新旧路基拼接宜采用大台阶方案。

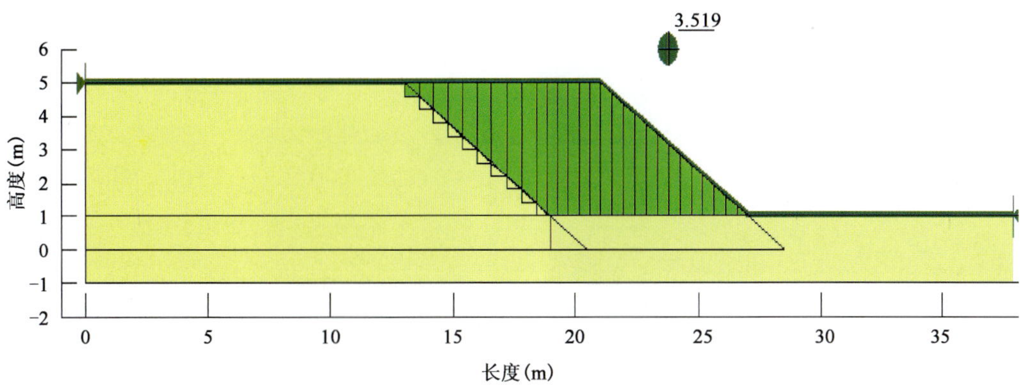


图 6-4 小台阶拼接滑移面和稳定安全系数

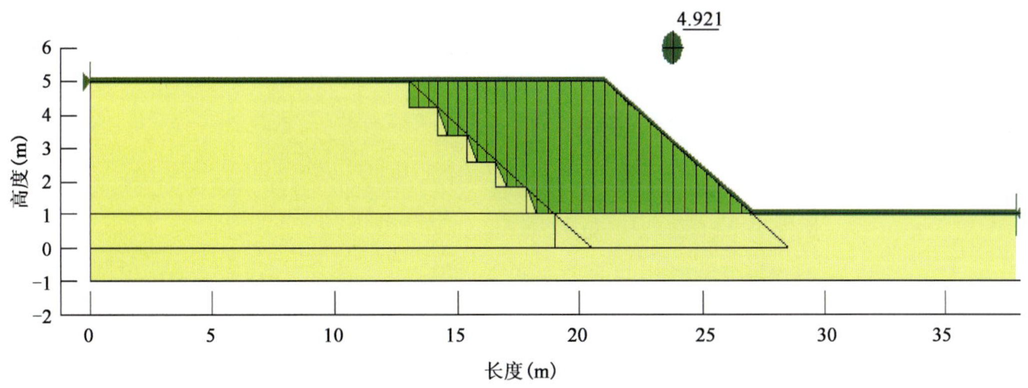


图 6-5 大台阶拼接滑移面和稳定安全系数

综合上述分析,本项目宜采用 120cm × 80cm 的台阶尺寸进行拼接。

### 6.1.5 大尺寸台阶稳定性的现场验证

在 K180 + 600 和 K165 + 250 北京方向路基坡面开展了台阶试挖(图 6-6 和图 6-7),台阶尺寸分别为 60cm × 40cm、90cm × 60cm、120cm × 80cm、150cm × 100cm 等多种尺寸,结果表明各种尺寸台阶均能很好地成型自立。因此,采用 120cm × 80cm 尺寸的台阶是完全可行的。

综上,对于台阶尺寸建议如下:

(1)一般路基段。台阶尺寸为 120cm × 80cm,第一级台阶尺寸为 150cm × 100cm。

(2)包砂路基段。台阶尺寸为 60cm × 40cm 或 90cm × 60cm。

(3)边沟沟壁拼接台阶。第一级为 150cm × 100cm,第二级以上为 120cm × 80cm。

(4)实际路基边坡坡率在 1∶1 ~ 1∶1.5 范围变化,以上台阶开挖尺寸按高度控制,宽度按实际坡率调整。

(5)为方便压实作业,每级台阶立面应有适当坡度,做成竖斜台阶。

a)

b)

图 6-6　K180 + 600 断面台阶试开挖现场

图 6-7　K165 + 250 断面现场试开挖现场

# 6.2　老路基边坡台阶开挖技术研究

## 6.2.1　台阶开挖中的最危险工况

台阶开挖过程中必须保持稳定，为此需要了解影响台阶稳定性的主要因素和最危险工况，并利用最危险工况验算开挖台阶的稳定性。

若采取合适的施工方案，影响开挖台阶稳定性的主要因素是路基土本身的物理力学性质如重度、抗剪强度以及降雨等。另外路基土的力学特性具有非均质性，其非均质性使得开挖台阶的失稳具有随机特征，并需要通过概率方法予以研究。

通过对现场路基土取样和室内力学试验，获得现场路基土的强度指标内摩擦角和黏聚力等，在试验数据整理中剔除了一些明显不合理数据（如黏聚力小于 0），试验数据结果见表 6-3。

现场路基土强度指标

表 6-3

| 桩号 | 含水率(%) | | 压实度(%) | | 抗剪强度指标 | | | |
|---|---|---|---|---|---|---|---|---|
| | 0.3~0.4m | 1.0m | 0.3~0.4m | 1.0m | $c$(kPa) | $\phi$(°) | $c$(kPa) | $\phi$(°) |
| K114+200 | 13.4 | 16.8 | 88.7 | 83.4 | 76.00 | 36.23 | 72.46 | 38.31 |
| K116+900 | 13.8 | 11.3 | 86.6 | 90.3 | 38.02 | 36.93 | 24.62 | 41.54 |
| K118+300 | 13.9 | 13.0 | 93.1 | 88.0 | 110.41 | 30.22 | 41.69 | 41.90 |
| K118+300 | 14.0 | 13.4 | 76.9 | 92.2 | 39.07 | 27.25 | 26.34 | 38.46 |
| K121+300 | 15.1 | 15.0 | 82.5 | 86.5 | 54.85 | 24.42 | 53.84 | 39.23 |
| K121+300 | 13.5 | 13.0 | 89.5 | 89.4 | 51.35 | 32.25 | 119.52 | 21.98 |
| K124+300 | 15.9 | 18.4 | 93.1 | 85.5 | 49.98 | 31.48 | 56.58 | 19.56 |
| K124+300 | 18.2 | 16.8 | 71.1 | 86.6 | 11.75 | 27.95 | 24.50 | 32.40 |
| K127+300 | 15.8 | 14.8 | 95.4 | 89.1 | 72.92 | 38.72 | 72.92 | 36.24 |
| K127+300 | 16.4 | 14.3 | 76.6 | 73.4 | 9.68 | 31.24 | 21.94 | 28.60 |
| K130+300 | 13.8 | 12.8 | 89.1 | 89.5 | 61.98 | 32.48 | 31.94 | 31.60 |
| K130+300 | 17.1 | 18.7 | 79.1 | 81.2 | 8.10 | 31.84 | — | — |
| K133+300 | 12.6 | 13.1 | 79.7 | 82.0 | 12.38 | 33.40 | 148.31 | 22.42 |
| K133+300 | 16.4 | 12.6 | 83.8 | 91.3 | 17.86 | 31.08 | 44.50 | 33.16 |
| K136+300 | 10.1 | 10.7 | 78.4 | 73.1 | 69.12 | 32.68 | 19.18 | 31.98 |
| K136+300 | 9.0 | 11.2 | 79.5 | 80.9 | 115.82 | 22.95 | 61.56 | 42.72 |
| K139+300 | 11.2 | 8.7 | 85.7 | 90.0 | 67.26 | 39.15 | 57.48 | 39.03 |
| K142+300 | 9.1 | 9.0 | 76.5 | 86.5 | 10.13 | 36.49 | 50.97 | 37.69 |
| K145+300 | 9.7 | 8.6 | 93.2 | 77.2 | — | — | 37.61 | 31.72 |
| K148+300 | 11.1 | 11.7 | 84.5 | 80.8 | 36.13 | 37.32 | 11.54 | 44.60 |
| K205+300 | 11.6 | 12.1 | 88.0 | 87.6 | 71.40 | 28.20 | 38.20 | 33.00 |
| K205+300 | 12.0 | 12.7 | 80.8 | 85.2 | — | 38.80 | 23.80 | 34.50 |
| K208+300 | 10.7 | 14.3 | 80.3 | 94.4 | 30.00 | 32.50 | 60.50 | 18.10 |
| K208+300 | 12.6 | 13.3 | 85.6 | 89.1 | 58.90 | 29.20 | 33.50 | 32.50 |
| K211+300 | 14.7 | 14.6 | 82 | 83.4 | 9.80 | 33.80 | 19.60 | 29.70 |
| K211+300 | 12.9 | 15.3 | 86.6 | 87.5 | 68.29 | 31.15 | 73.83 | 24.26 |
| K214+300 | 6.9 | 10.7 | 92.5 | 87.4 | 76.30 | 24.40 | 46.60 | 33.50 |
| K214+300 | 10.2 | 7.7 | 84.3 | 83.9 | 122.31 | 18.52 | 50.26 | 30.26 |
| K217+300 | 12.0 | 13.6 | 85.4 | 88.5 | 79.60 | 21.20 | 48.30 | 27.10 |
| K217+300 | 9.6 | 7.1 | 73.9 | 84.6 | 62.77 | 26.39 | 92.25 | 28.19 |
| K220+300 | 7.8 | 11 | 97.9 | 89.5 | 42.60 | 28.50 | 23.80 | 39.70 |
| K220+300 | 11.6 | 11.1 | 78.2 | 72.5 | 41.40 | 36.27 | 6.76 | 33.68 |
| K223+300 | 10.2 | — | — | 83.4 | — | — | 3.50 | 36.30 |
| K223+300 | 11.3 | 8.3 | 94.7 | 75.8 | 69.29 | 31.15 | 5.63 | 33.44 |

续上表

| 桩 号 | 含水率(%) | | 压实度(%) | | 抗剪强度指标 | | | |
|---|---|---|---|---|---|---|---|---|
| | 0.3~0.4m | 1.0m | 0.3~0.4m | 1.0m | $c$(kPa) | $\phi$(°) | $c$(kPa) | $\phi$(°) |
| K226+300 | 11.8 | — | — | 84.3 | — | — | 26.00 | 27.40 |
| K226+300 | 8.3 | 4.9 | 90.9 | 84.6 | 26.27 | 35.08 | 1.22 | 38.30 |
| K228+400 | 4.7 | 4.8 | 90.9 | 90.6 | 27.80 | 34.59 | — | — |
| K228+400 | 13.4 | 5.6 | 87.1 | 81.4 | 13.08 | 32.87 | — | — |
| K231+300 | 7.9 | 10.2 | 74.6 | 76.7 | 47.81 | 22.37 | 27.01 | 31.98 |
| K231+300 | 11.7 | 12.4 | 77.6 | 82.9 | 59.51 | 26.55 | 38.59 | 34.24 |

从表6-3可以看出,沿线旧路基土的抗剪强度指标离散性较大,且无明显的相关关系。

由于内摩擦角和黏聚力之间的相关关系很难确定,相关系数变化较大,因此本项目在研究中不考虑两者之间的相关性,假设黏聚力与内摩擦角相互独立。试验获得的黏聚力和内摩擦角频率分布如图6-8和图6-9所示。

对图6-8和图6-9的黏聚力和内摩擦角进行进一步统计分析可以看出,黏聚力近似服从Weibull分布,内摩擦角近似服从正态分布,图6-10和图6-11为相应的密度曲线直方图。

利用概率图法对黏聚力服从Weibull分布和内摩擦角服从正态分布的假设进行检验,绘制的概率图分别如图6-12和图6-13所示。

从图6-12和图6-13可以看出,在Weibull概率图中黏聚力实验值近似可以拟合成直线,在正态分布概率图中内摩擦角试验值近似可以拟合成直线,因此黏聚力服从Weibull分布,内摩擦角服从正态分布。

查图6-12和图6-13所示的概率图,黏聚力和内摩擦角10%概率所对应的黏聚力为14kPa,内摩擦角为25°,初步选择将这两个值作为计算分析的临界值。

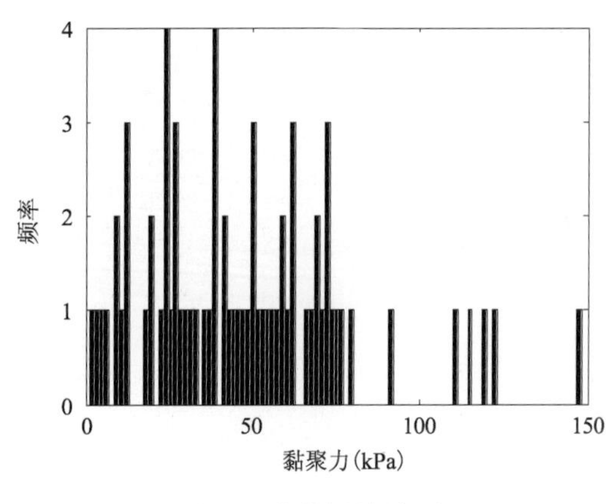


图6-8 黏聚力的频率图

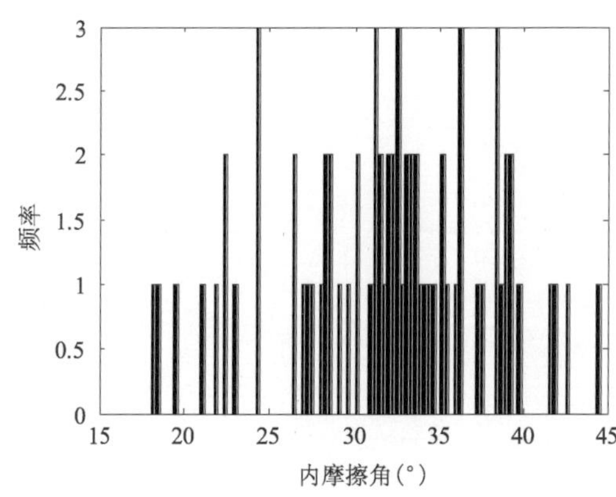


图6-9 内摩擦角的频率图

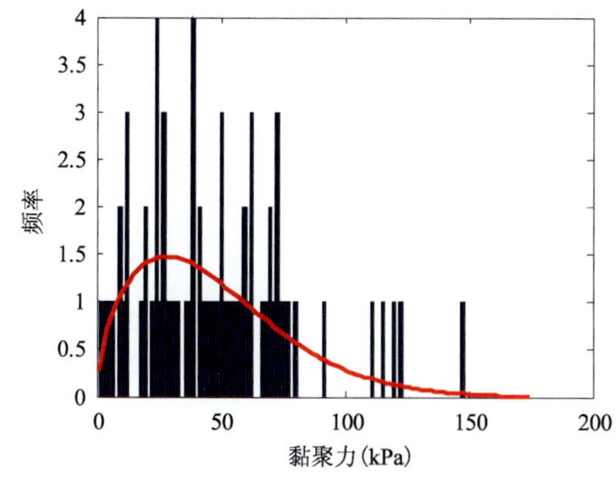


图 6-10 黏聚力 Weibull 分布密度曲线直方图

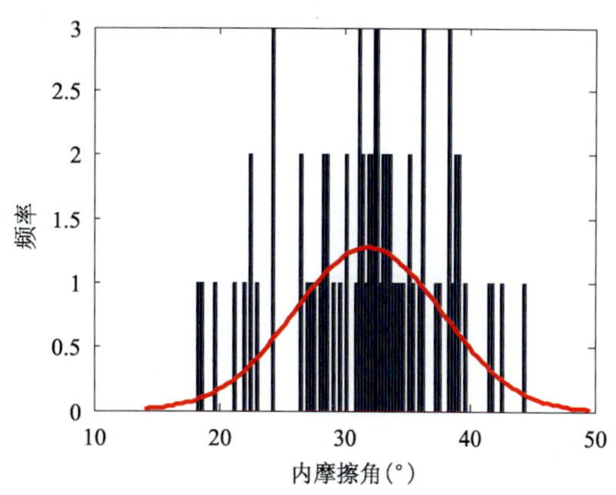


图 6-11 内摩擦角正态密度曲线直方图

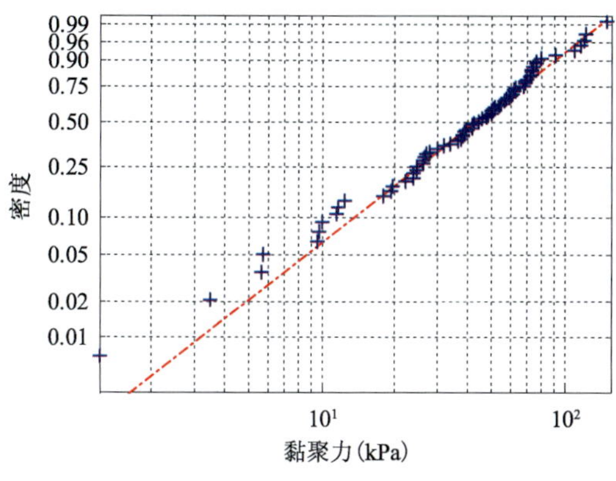


图 6-12 黏聚力概率图(Weibull 分布)

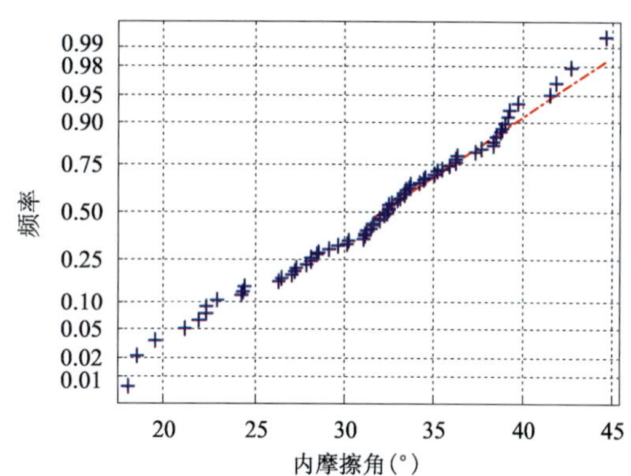


图 6-13 内摩擦角概率图(正态分布)

由概率理论,任意一组内摩擦角和黏聚力试验数据,其值都大于这一临界值的概率为81%,其值都小于临界值的概率为1%,这是一个几乎不可能事件。另外不属上述两种情况的为18%,在这18%中一些情况内摩擦角大于临界值,而黏聚力小于临界值;一些情况黏聚力大于临界值,而内摩擦角小于临界值,这很难进行进一步的评估。为了简化处理,认为综合效果好于临界值和坏于临界值的各占一半,于是可以推断试验数据好于临界值的概率为90%。若临界值条件下边坡稳定,且边坡稳定的安全系数为 $a$,则90%以上情况边坡必然稳定,且边坡稳定的安全系数都大于 $a$。

为了进一步分析台阶开挖对整体稳定性的影响,建立如下路基台阶开挖的稳定性分析模型:由于对称性取一半进行研究,路基宽度为13m,结构层厚度为0.8m,重度为25kN/cm$^3$,内摩擦角为40°,黏聚力为50kPa;路基高度为8.8m,重度为19kN/cm$^3$,内摩擦角为25°,黏聚力为14kPa,路面硬路肩为3m,车辆荷载(双轴,轴载300kN)等效为一线性荷载,采用Morgenster-Price 方法计算。

若没有开挖,在车辆荷载作用下路基稳定的安全系数为1.518,如图6-14所示。

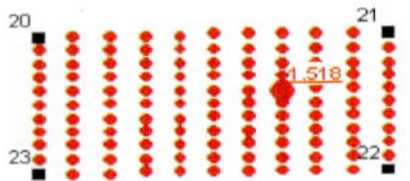


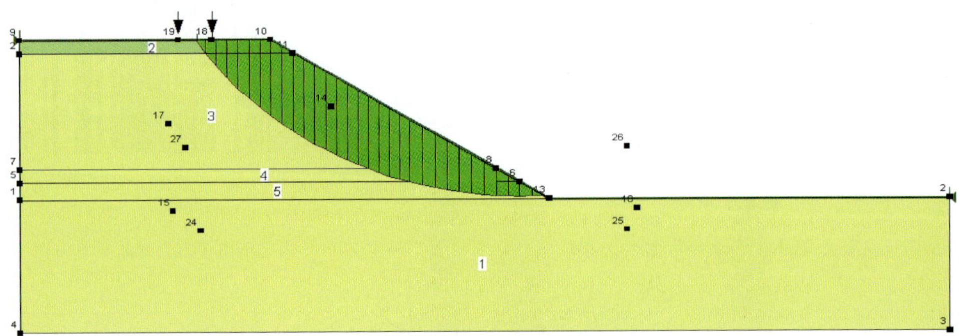


图 6-14　未开挖边坡稳定性分析

若在底部开挖 1.0m×1.5m 的台阶，滑移面大约通过台阶底部 3/4 位置，如图 6-15 所示。由于台阶开挖，使得路基的整体稳定安全系数降低，安全系数为 1.468，路基仍然稳定。

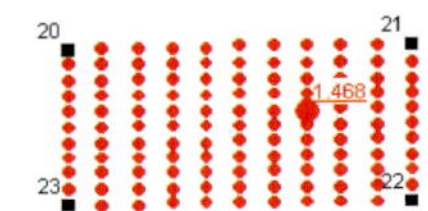


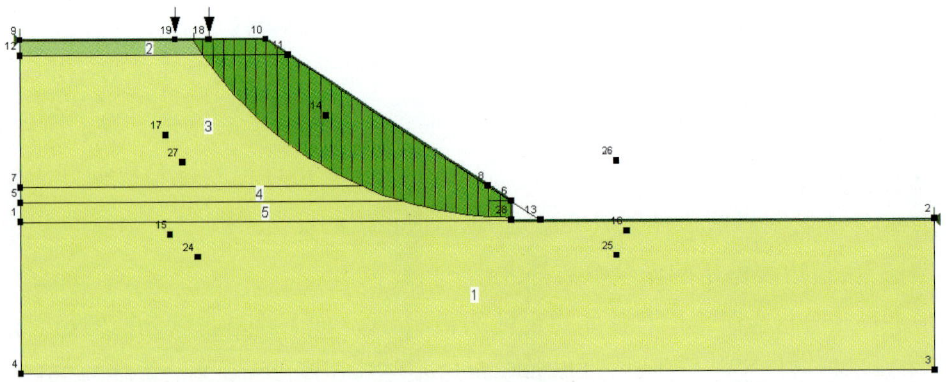


图 6-15　开挖第一级台阶的稳定性分析

下面对各级台阶开挖和填筑情况进行分析，结果为：

未开挖台阶，整体稳定性安全系数为：1.518

底层第一级台阶（1.0m×1.5m）开挖，整体稳定性安全系数为：1.468。

第一级台阶填筑,开挖第二级台阶,整体稳定性安全系数为:1.517。

第二级台阶填筑,开挖第三级台阶,整体稳定性安全系数为:1.614。

第三级台阶填筑,开挖第四级台阶,整体稳定性安全系数为:1.684。

第四级台阶填筑,开挖第五级台阶,整体稳定性安全系数为:1.776。

第五级台阶填筑,开挖第六级台阶,整体稳定性安全系数为:1.875。

第六级台阶填筑,开挖第七级台阶,整体稳定性安全系数为:2.016。

第七级台阶填筑,开挖第八级台阶,整体稳定性安全系数为:2.296。

第八级台阶填筑,开挖第九级台阶,整体稳定性安全系数为:2.486。

第九级台阶填筑,开挖第十级台阶,整体稳定性安全系数为:2.677。

第十级台阶填筑,开挖第十一级台阶,整体稳定性安全系数为:2.932。

从计算结果可以看出,按建议的台阶(120cm × 80cm)开挖方案施工,台阶分级开挖,分级填筑,对于9.6m高度路堤而言,按抗剪强度指标临界值进行计算,第一级台阶后路堤稳定性最差,安全系数为1.468。

因此,第一级台阶开挖后,路基边坡的稳定性最差,为最不利工况。而后填筑一级,开挖一级,路基边坡的稳定性逐渐提升。

这启发我们在加宽路基施工中,台阶应逐级开挖,及时回填。另外,第一级台阶开挖,边坡稳定性最差,这时应加强对路基的监测,增加监测频率。

### 6.2.2 台阶开挖技术

1. 台阶开挖的施工要点

(1)路基开挖前,先进行原路基坡脚以外原地面及边坡的清表。边坡清表时要根据填筑速度和台阶的开挖高度沿路线逐段进行,不可将边坡清表和台阶开挖一次性完成。

(2)台阶沿原坡面线相应位置采用逐层开挖的方法,填筑一层台阶高度的路基再开挖下一层台阶。

(3)施工时,台阶开挖要确保开挖层面落在坚实的土基上,禁止为了台阶线性一致而用虚土人工培护台阶。

(4)为保证新旧路基拼接质量,除灰土层以外,每级台阶高度必须用重型压路机和小型台阶夯实机进行补强。

(5)开挖后老路台阶上的土基强度达不到要求时,需将表面强度不足的土层翻拌晾晒,再与新路基土一起碾压至规定的密实度。

2. 台阶开挖需要注意的问题

(1)采用机械进行开挖,开挖时要注意不能破坏原路基结构。在开挖台阶时,由于机械开挖不易控制,要用人工配合开挖,在机械将台阶基本挖到位时,人工进行修整。

(2)由于在施工过程中,原高速公路仍然正常通车,所以在开挖时要注意行车的安全。项目部应设有保通人员,负责指挥引导车辆尽量不靠近紧急停车带行驶,以免影响边坡稳定。

(3)为保证原路基的稳定性,边坡台阶开挖前应在原路基路肩侧及老路基坡面设观测点监控,防止因超挖造成原路滑坍等现象的发生。如有问题及时报告,并采取相应的保护措施。

(4)台阶开挖过程中要做好排水工作,以防雨水冲刷开挖好的台阶而破坏原高速公路路基。具体措施为将原高速公路路面水引向泄水槽内,并在加宽路基上设置横向排水沟将水排向路基外侧水沟。当雨水很大时可在原路基边坡上覆盖彩条布,防止冲刷。

(5)第一级台阶开挖,边坡稳定性最差,这时应加强对路基的监测,增加监测频率。

(6)若开挖台阶后未来得及填筑时降雨,应在雨后清除表层过湿土,再开始填筑。

(7)台阶开挖以高度进行控制,开挖从底至上。最上层台阶无法控制高度,仅控制宽度不小于150cm。

# 第 7 章　高速公路加宽路基压实与补强技术

## 7.1　高速公路改扩建新老路基不均匀沉降分析

### 7.1.1　新老路基不均匀沉降机理

不均匀沉降包括:道路的纵向和横向不均匀沉降,它是地基沉降和路基压缩变形反映到路基顶面的空间差异。新老路基不均匀沉降的破坏模式包括:新老路基结合处剪切开裂、结合处路面基层弯拉开裂、老路面基层顶面弯拉开裂、新路面基层顶面弯拉开裂。下面主要讨论横向不均匀沉降。

1. 不均匀沉降的组成

新老路基不均匀沉降的组成主要包括:新老路基的地基固结差异变形、新路基的压缩变形和新老路基结合部强度不足。

(1)新老路基的地基固结差异变形

当地基下卧层土质条件较差时这一部分变形比较突出。新路下地基土体固结时间长、压缩性大,并且施工结束后沉降仍然较大,然而老路基下的地基土由于受到长期的(一般 5 ~ 10a)老路基在自重荷载和反复车辆活载的作用,固结变形已基本完成,加宽路基的附加荷载产生的二次固结变形是非常有限的。这样就会使地表发生不均匀沉降,此变形反映到路堤顶面,也就造成了路面结构的损坏,如图 7-1 所示。

(2)新路基的压缩变形

这种情况主要发生在西部山区的高填方路基加宽工程中,即当加宽路基填方较高、填土路基压实度不足、填石路基咬合状态不好或路基填料为固结时间长的黏土时,而老路基在自重作用下,压缩变形基本完成;新路基在加宽结束后仍有较大的压缩变形。因此,如图 7-2 所示,在地质条件良好的情况下,新路基的压缩变形占主导地位,产生的不均匀沉降将会使加宽部分路面破坏。

(3)新老路基结合部强度不足

这种情况会使新路基沿结合面发生滑移,如图 7-3 所示。在产生差异不均匀沉降的同时也有可能导致结合部错台及整体失稳,这样就会使新老路基结合部的路面开裂、损坏。

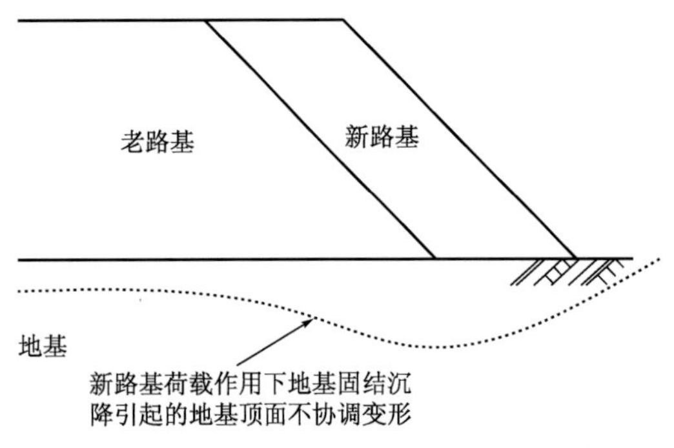


图 7-1 由于地基固结变形引起的不均匀沉降

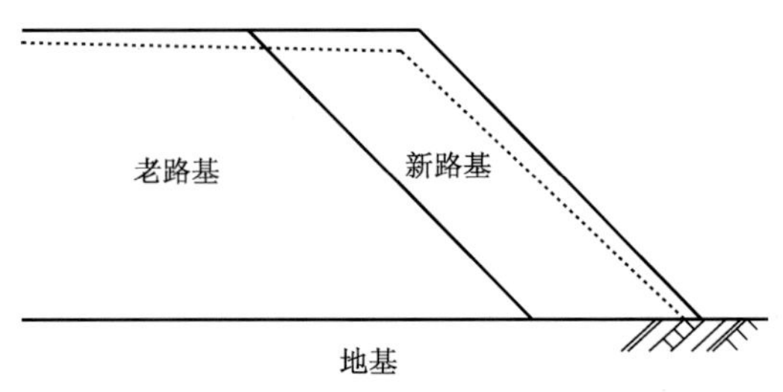


图 7-2 新老路基自身压缩和固结引起的不均匀沉降

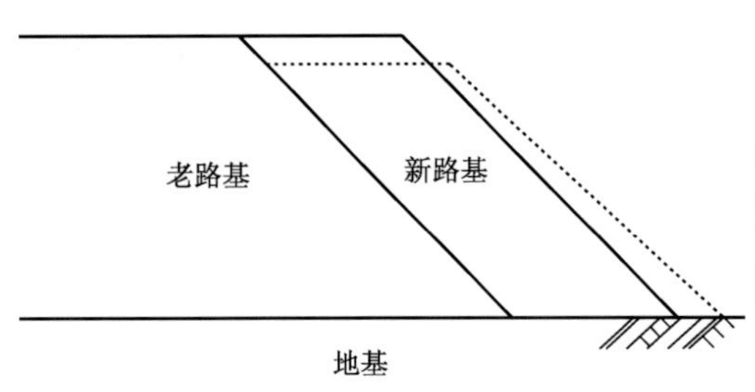


图 7-3 由于结合部滑移变形引起的不均匀沉降

2. 不均匀沉降产生原因

在公路加宽工程中，老路变形基本完成，新路以附加荷载的形式对其变形影响不大；而新加宽的自重荷载以及车辆荷载引起的新路基压缩变形和地基固结变形将非常明显。

(1)压实质量问题。较低的压实度不仅会大大增加路基的塑性累积变形，而且会降低其抗变形能力。新路基的压实度不足时，在其自重与行车荷载作用下就会容易产生较大变形。因此，对于公路加宽工程，新路基压实度应考虑不分区，建议全部以 96% 作为其压实度标准。

(2)路基与地基结合部软土地基处理不彻底。山区形成年代较晚的洪积层孔隙率大，压缩性较大；平原软土地基受到新路基附加荷载作用而固结。路面建成后地基易发生较大的压缩变形，导致路基路面的破坏。

(3)地质条件勘探不仔细，导致地基处治措施不到位。由于目前地基勘探工作相对薄弱，当软基变化幅度较大，分布不规则，若软基没有发现或处治措施不到位，则新路基下的地基就会产生较大的工后沉降，软土层发生剪切破坏，使新路基失稳。

(4)排水系统不完善和设施养护不及时。如果道路内侧边沟淤塞，养护不及时，当受到暴雨影响，雨水容易漫过路面；如果路面已有裂缝，雨水就会顺着裂缝渗入路基，路基土受水浸泡使强度急剧下降，从而加剧了裂缝的扩张，最终路基稳定性下降。有关试验表明，当路基土样的含水率从 4% 增加到了 11% 时，其回弹模量就会降为原来的 23% 。由此可见，如果排水系统不能充分发挥作用，便会使新老路基的抗变形能力下降，导致最终的不均匀沉降。

### 7.1.2 相关问题的讨论

(1)老路基是否发生变形

在老路基或者老路面结构的分析中有不少认为老路没有变形,故将其设为固定边界,只将新路基的变形作为加宽的差异沉降。而实际上,如图 7-4 所示,新路基施加的部分荷载可以通过老路边坡传递给老路基,使老路地基及路基再次发生固结和压缩变形。

新路基发生沉降的同时会通过界面间的负摩阻力使老路基变形,如图 7-5 所示。有关现场调研表明:在公路加宽工程中老路的路肩部分多发生路面病害。这是由于路肩处很难压实,很少有车辆荷载能够施加到。因此,原本较疏松的老路路肩受到新填路基的自重荷载而进一步压密,并且其下的地基也发生二次变形,从而使老路基顶面产生不均匀沉降。所以,老路基受到新路基荷载作用而发生的变形不可忽视,否则就不能合理、正确地对新老路基不均匀沉降进行分析。

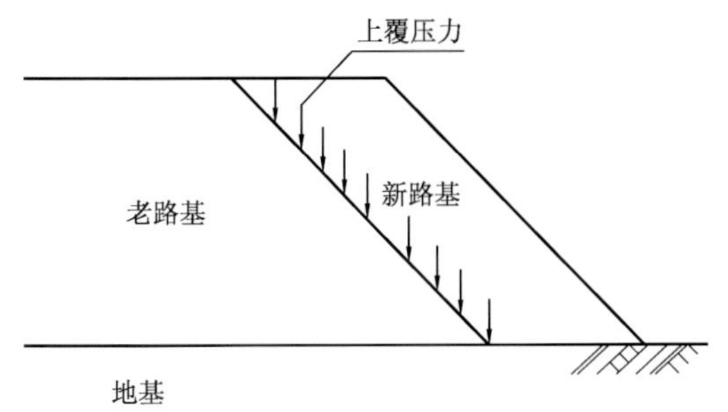

图 7-4 新路基自重荷载对老路基形成的自重压力

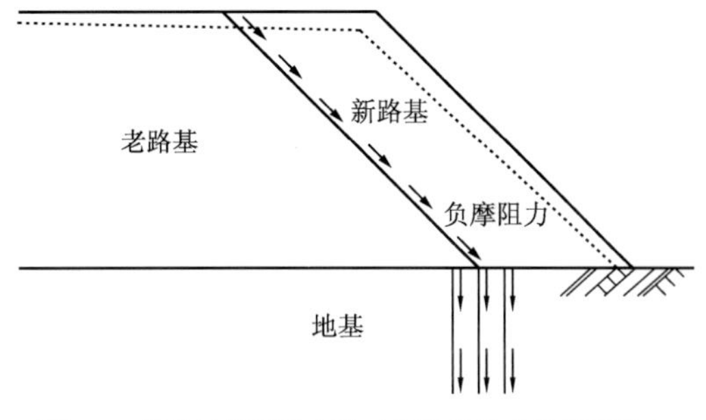

图 7-5 新路基的沉降变形对老路基形成的负摩阻力

(2)不均匀沉降是否即为新路基荷载作用所引起的变形

在不少分析中,新老路基不均匀沉降最终的控制指标是新路基荷载作用下产生的变形。而实际工程中,对于新路部分,其路基的瞬时压缩和部分固结变形已完成,如此造成的沉降大多是可以通过施工来填补的,因此,其不均匀沉降为路面结构完工后所产生的变形。而对于老路部分,应视老路的利用情况而定。

情况一:如图 7-6 所示,很多加宽工程,老路路面面层并没有被直接利用为新路面的面层结构,而是在原有路面结构的基础上加铺新的路面结构。这样,可以通过路面基层或垫层找平来弥补新路施工期间对老路产生的附加沉降。因此,路面结构施工结束后所产生的变形才是其最终的不均匀沉降。在这种情况下,新老路的不均匀沉降为工后沉降。

情况二:如图 7-7 所示,在高等级公路加宽工程中,老路的线形标准及路面路况均可在加宽后满足要求,可直接通过在老路外侧加宽路基,增加车道。由于新老路之间仅通过结合面相互联结,没有任何共同作用层,新路施工期间对老路产生的附加沉降是无法通过回填来弥补的。因此,其不均匀沉降为新路施工期间附加沉降与工后沉降之和。在这种情况下,新老路的不均匀沉降为:老路部分为新路施工期间附加沉降与工后沉降之和;新路部分为新路面结构完工后所产生的变形。

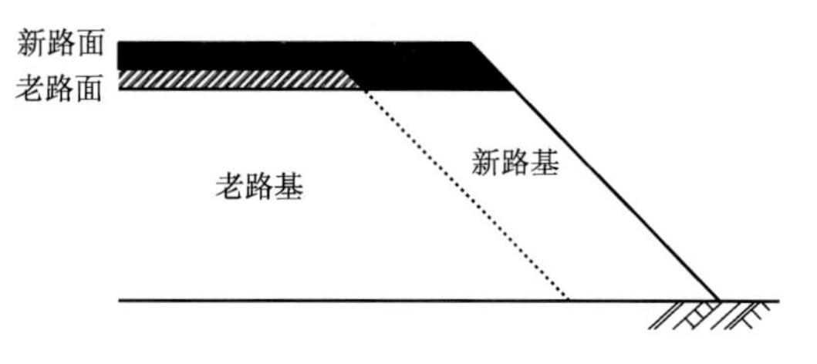


图 7-6　老路面未利用为新路面面层

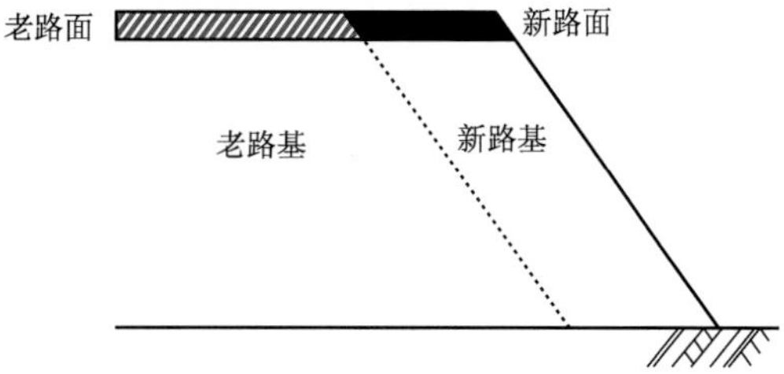

图 7-7　老路面利用为新路面面层

## 7.1.3　沉降计算方法

高填方路基加宽工程中的沉降主要源于地基沉降和路基本身的压缩变形。图 7-8 所示为路基加宽示意图。

1. 新路地基沉降的计算

为了计算路基加宽荷载引起的新路地基附加沉降,可假设老路基下的地基几乎完全固结,可以采用分层总和法来计算。

(1)选取计算点

沉降计算点一般选取最大计算点,一般选取在加宽路基形心位置附近。

(2)附加应力的计算

加宽工程中,加宽路基荷载即为新增荷载,荷载形状与新老路基的边坡坡度有关,近似为平行四边形分布。如图 7-9 所示,可将平行四边形荷载转化为梯形分布荷载,理论上可用垂直均布条形荷载加上或减去垂直三角形条形分布荷载。

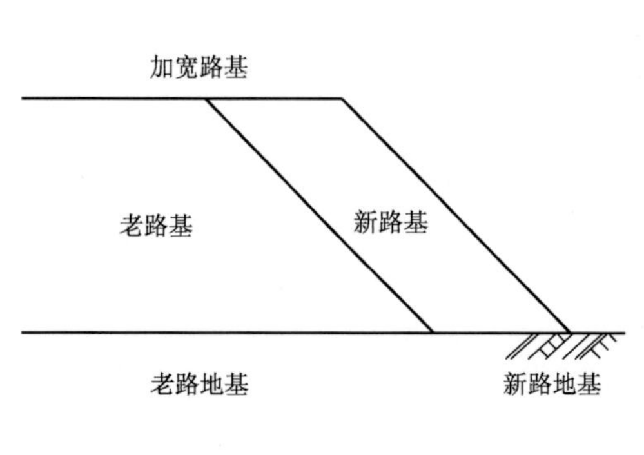


图 7-8　路基加宽示意图

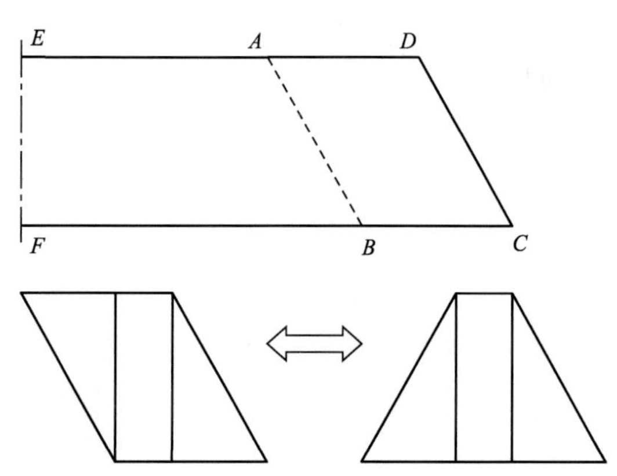


图 7-9　加宽路基荷载作用形式转换

新路地基中任意一点附加应力,按式(7-1)计算:

$$\sigma_{zt} = \frac{\gamma H}{\pi}\left\{\begin{aligned}&\left[\arctan\frac{B-2x}{2z}+\arctan\frac{B+2x}{2z}-\frac{4Bz(4x^2-4z^2-B^2)}{(4x^2+4z^2-B^2)+16B^2z^2}\right]+\\&\left[\left(\frac{B-2x}{2Hn}+1\right)\left(\arctan\frac{B-2x+2Hn}{2z}-\arctan\frac{B-2x}{2z}\right)-\frac{2z(B-2x)}{(B-2x)^2+4z^2}\right]+\\&\left[\left(\frac{B+2x}{2Hm}+1\right)\left(\arctan\frac{B+2x+2Hn}{2z}-\arctan\frac{B+2x}{2z}\right)-\frac{2z(B+2x)}{(B+2x)^2+4z^2}\right]\end{aligned}\right\} \tag{7-1}$$

式中：$H$——路基高度；

$\gamma$——路基填土重度；

$B$——加宽路基顶面宽度；

$m$ 和 $n$——老路基与新路基边坡坡度；

$z$——计算点至地面的深度。

(3)沉降计算

考虑到老路基荷载在长期作用下部分上层土体的固结程度和应力历史，参考加宽地基土层勘察资料，可采用 $e$-log$p$ 曲线法计算土层的沉降量。其中沉降计算系数 $m$，可由老路基沉降观测资料推算得到。如图 7-10 所示，为两侧加宽时(对称结构去一半)，新路地基附加沉降计算示意图，沉降曲线成“勺形”。因为新路基的自重荷载以平行四边形的形式传递给老路边坡和新路地基，附加应力越大沉降越明显。老路地基的固结程度远高于新地基，所以最大沉降发生在附加应力最大的新路地基部分。

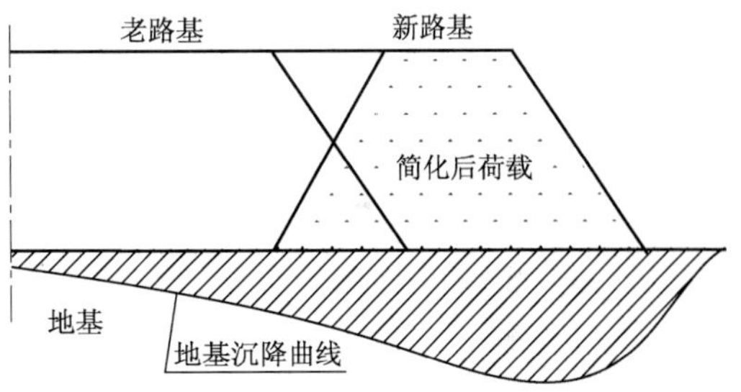


图 7-10　新路地基附加沉降计算示意图

2. 老路地基附加沉降的计算

老路地基的附加沉降量按式(7-2)计算：

$$S'_{\text{old}} = S - U_{\text{old}}S_{\text{old}} \tag{7-2}$$

式中：$S$——加宽后由分层总和法计算得到的新老地表总沉降；

$S_{\text{old}}$——老路地表总沉降；

$U_{\text{old}}$——加宽前的老路地基平均固结度。

固结度可按式(7-3)计算：

$$U_{\text{t}} = \frac{2\alpha U_0 + (1-\alpha)U_1}{1+\alpha} \tag{7-3}$$

式中：$\alpha$——排水面处附加应力和非排水面处应力之比，双面排水时 $\alpha = 1$；

$U_0$——当孔隙水压力分布图为矩形,$\alpha=1$ 时的固结度计算表达式;

$U_1$——当孔隙水压力分布图为三角形,$\alpha=0$ 时的固结度计算表达式。

$U_0$ 和 $U_1$ 分别按式(7-4)、式(7-5)计算:

$$U_0 = 1 - \frac{8}{\pi^2} \cdot e^{-\frac{\pi^2}{4}T_V} \tag{7-4}$$

$$U_1 = 1 - \frac{32}{\pi^3} \cdot e^{-\frac{\pi^2}{4}T_V} \tag{7-5}$$

式中:$T_V$——时间因数,$T_V = \frac{C_V}{H^2}$;

$C_V$——固结系数($m^2 \cdot s^{-1}$),由室内固结压缩试验确定;

$H$——土层厚度(m),亦是孔隙水的最大渗径;

e——自然对数的底,e = 2.7182。

3. 工后的沉降计算

假设老路基沉降在自身重力作用下已全部完成,则新路基工后的沉降可按式(7-6)计算:

$$S_{1-T} = S' \times (1 - U_T) \tag{7-6}$$

式中:$S'$——路基加宽后总附加沉降;

$U_T$——取新路基填筑完工时新地表的固结度。

4. 沉降计算方法的评论

综上可知,加宽工程中新老路基的沉降的理论计算均采用分层总和法,然而此方法只计算了地基各层沉降,并未考虑路基本身的固结压缩变形,其计算结果与实测数据差别较大。可以采用数值分析的方法计算其沉降量,同时利用新老路基的实测沉降资料,并用参数反分析的方法修正其计算参数,进而得到更加准确的计算结果。

### 7.1.4 新老路基的沉降控制标准

由于地质情况及处理方法的不同,施工技术要求的不同,以及路基高低不一,因此,不同道路的沉降控制指标有所不同。国内外主要侧重于以控制总沉降量和最大差异沉降来作为加宽工程的控制标准。由于路基的大部分沉降在施工期间完成,因此,要控制总的沉降量就要控制施工期间的地基沉降量;在控制工后新老路基沉降量的同时还要控制其差异沉降。

根据相关工程的经验,结合项目特点,本工程新老路基加宽推荐按三项指标进行控制:加宽路基工后沉降小于10cm,桥头过渡段总沉降不大于30cm,老路基与加宽路基的路拱横坡比的工后增大值不应大于0.5%。

## 7.2 高速公路改扩建新老路基搭接区域补强技术

从老路堤边坡状态调查结果来看,大部分老路堤边坡土体的压实度达不到设计要求,若不进行处理直接拼接,路基边坡土体在加宽路基及车辆荷载的作用下,将发生较大压

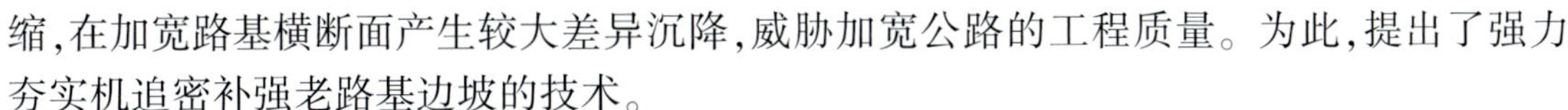


缩,在加宽路基横断面产生较大差异沉降,威胁加宽公路的工程质量。为此,提出了强力夯实机追密补强老路基边坡的技术。

### 7.2.1 强力夯实机补强技术原理

强力夯实机以固有的特定频率,使作用点的土体形成共振,瞬间再对土体施加高达1.4~1.5MPa的强大压力,并连续击压80次以上。通过反复击压,破坏了新、旧路基土体的原有结构,使土颗粒之间发生错动、滑移,并趋于紧密。强力夯实一方面使得土体尽可能压实,压实度显著提高,回弹模量、强度显著增长。另一方面,原薄弱结合部新、旧路基土体形成新的结构,新、旧路基土体的整体性增强,有利于形成新的板体构造。当地基发生不均匀沉降或路基发生不均匀压缩时,新、旧路基的良好结合、较高的强度和回弹模量有利于路基内附加应力的调整、均化,从而降低路面纵向破裂的风险。结合部强夯重塑和重碾补强可以提高拼接路基的整体性,改善路基的整体性主要体现在以下方面。

(1)提高路基的强度和整体性。压实度的提高能相应提高路基强度,提高路基的整体性,增强其抵抗变形的能力,减少由地基传递到路基顶部的差异沉降,降低结合部路面开裂的可能性。

(2)减少路基本身的工后压缩变形。压实度越大,路基本身的工后压缩变形越小,同时减少了行车荷载作用下路面结构层产生的瞬时变形和形变累计,增强路面的使用性能和使用寿命。

本试验采用某公司生产的强力夯实机(图7-11)进行试验。为了验证强力夯实机的处理效果,总结施工技术参数,开展了两个试验段研究。

图7-11 强力夯实机

### 7.2.2 强力夯实机补强试验段研究

1.试验段概况

试验段选在K190+800~K190+900之间,路基填土为低液限黏土,路基填高为5.6m,该段土的最大干密度为1.92g/cm$^3$,最佳含水率为13.2%。

根据该夯实机的特点,并结合现场实际操作情况及研究目的布置了试验段的试验点,共布设了25个轻型触探点(强夯前后),26个压实度检测点(强夯前后),另外分别在该试验段桩间新增了10个点用于轻型触探,试验段布置如图7-12所示。

试验具体步骤如下:

(1)施工准备。

①开挖2m宽的台阶,进行碾压,表面基本密实,大面形成人字坡或单面坡,以确保场

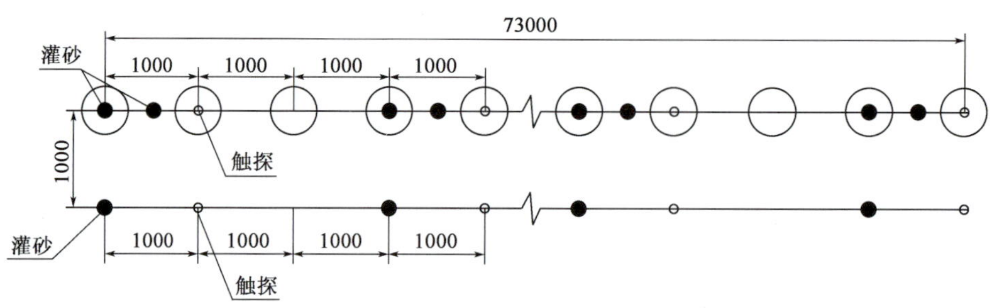


图 7-12　试验点的布设示意图

地排水通畅,防止积水。

②测量放线,定出控制轴线、强夯场地边线,标出夯点位置。

(2)强夯设备就位,设备进行调试并调整好机位,按照预定夯击能量调整好夯锤落距,使夯锤中心对准夯点位置。

(3)试验段试验数据检测。在夯实之后对布设点进行轻型触探和压实度检测(图 7-13)。

图 7-13　试验段压实度和轻型触探现场检测

2. 试验结果及分析

经过现场试验得出强夯前路基压实度为94.7%，强夯后夯点处(直径为49cm)平均压实度为98.4%，夯点间土的平均压实度为97.3%。可见使用强力夯实机可显著提高压实度。

(1)夯点夯击前后压实度的对比

图7-14为夯点夯实后压实度的增加值。从图7-14可以看出强力夯实后压实度基本都有增长，最大增长值为6.5%，最小增长值为1.0%，平均增长值为3.68%。这表明强力夯实能显著提高夯点的压实度。表7-1为夯点强力夯实前后含水率的变化，从表7-1可以看出强力夯实前后测点含水率略有变化，但幅度不大，不超过-1.5%~1.5%。含水率之所以出现变化，主要是由于：①土体孔隙被压缩，单位体积土体的土颗粒重量发生变化；②在强力夯击下，土体内的水分发生迁移。

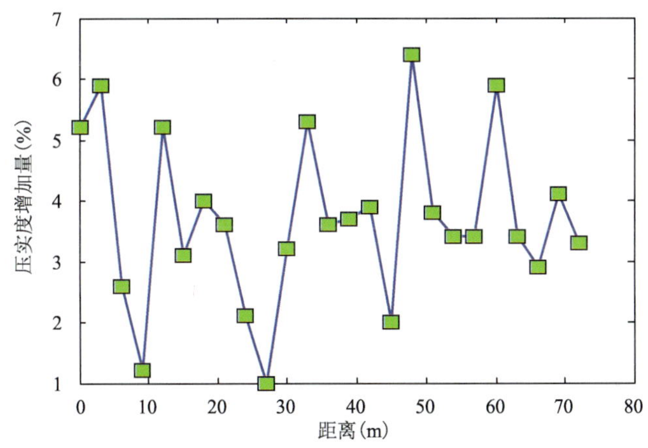


图7-14　夯点夯实前后压实度增加量

**夯点夯实前后含水率与压实度增量之间的关系**　表7-1

| 序　号 | 夯实前的含水率(%) | 夯实后的含水率(%) | 夯实前后含水率之差(%) | 压实度增加量(%) |
|---|---|---|---|---|
| 1 | 15.3 | 15.6 | 0.3 | 5.2 |
| 2 | 15.2 | 16.5 | 1.3 | 5.9 |
| 3 | 15.9 | 15.9 | 0.0 | 2.6 |
| 4 | 15.1 | 16.5 | 1.4 | 1.2 |
| 5 | 16.2 | 15.2 | -1.0 | 5.2 |
| 6 | 15.6 | 15.5 | -0.1 | 3.1 |
| 7 | 15.8 | 15.2 | -0.6 | 4.0 |
| 8 | 15.4 | 15.3 | -0.1 | 3.6 |
| 9 | 19.0 | 18.7 | -0.3 | 2.1 |
| 10 | 17.3 | 18.4 | 1.1 | 1.0 |
| 11 | 16.4 | 15.0 | -1.4 | 3.2 |

续上表

| 序　号 | 夯实前的含水率(%) | 夯实后的含水率(%) | 夯实前后含水率之差(%) | 压实度增加量(%) |
|---|---|---|---|---|
| 12 | 15.0 | 14.5 | -0.5 | 5.3 |
| 13 | 16.0 | 16.7 | 0.7 | 3.6 |
| 14 | 15.2 | 15.3 | 0.1 | 3.7 |
| 15 | 15.9 | 15.2 | -0.7 | 3.9 |
| 16 | 16.1 | 16.7 | 0.6 | 2.0 |
| 17 | 17.0 | 16.9 | -0.1 | 6.4 |
| 18 | 15.5 | 16.6 | 1.1 | 3.8 |
| 19 | 16.3 | 16.6 | 0.3 | 3.4 |
| 20 | 15.6 | 16.2 | 0.6 | 3.4 |
| 21 | 16.8 | 17.2 | 0.4 | 5.9 |
| 22 | 14.7 | 15.7 | 1.0 | 3.4 |
| 23 | 16.1 | 15.7 | -0.4 | 2.9 |
| 24 | 15.7 | 16.0 | 0.3 | 4.1 |
| 25 | 15.8 | 15.1 | -0.7 | 3.3 |

(2)夯间土夯实前后压实度的对比

图 7-15 为夯间土夯实前后压实度的增加量。从图 7-15 可以看出强力夯实后夯间土压实度增加较小,平均增加约 1.60%,个别测点甚至几乎没有变化。这主要是由于强力夯实后个别测点表层土体局部松散所致。

表 7-2 为夯间土强力夯实前后含水率与压实度增加值之间的关系,从表 7-2 可以看出当强力夯实前后的含水率之差在 ±1% 范围之内时压实度平均提高 1.64%,含水率之差在 ±1% ~ ±2.3% 范围之内的压实度提高 1.51%。

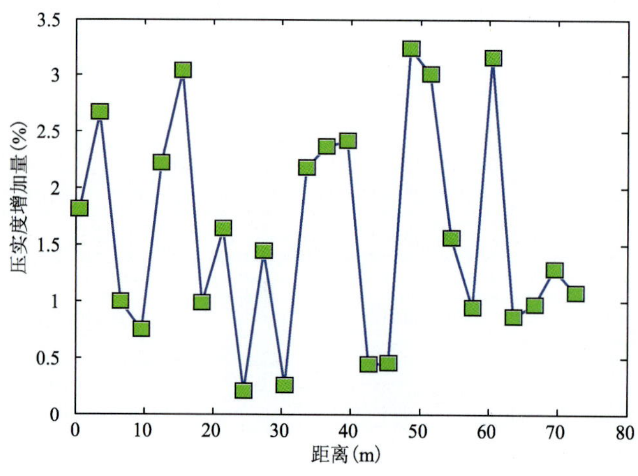


图 7-15　夯间土夯实前后压实度增加量

夯间土夯实前后含水率与压实度增量之间的关系 表 7-2

| 序 号 | 夯实前的含水率(%) | 夯实后的含水率(%) | 夯实前后含水率之差(%) | 压实度增加量(%) |
|---|---|---|---|---|
| 1 | 15.3 | 15.3 | 0.0 | 2 |
| 2 | 15.2 | 15.7 | 0.5 | 3 |
| 3 | 15.9 | 15.8 | -0.1 | 1 |
| 4 | 15.1 | 15.0 | -0.1 | 1 |
| 5 | 16.2 | 15.4 | -0.8 | 2 |
| 6 | 15.6 | 16.3 | 0.7 | 3 |
| 7 | 15.8 | 16.2 | 0.4 | 1 |
| 8 | 15.4 | 16.7 | 1.3 | 2 |
| 9 | 19.0 | 17.3 | -1.7 | 0 |
| 10 | 17.3 | 19.6 | 2.3 | 1 |
| 11 | 16.4 | 16.9 | 0.5 | 0 |
| 12 | 15.0 | 14.9 | -0.1 | 2 |
| 13 | 16.0 | 16.4 | 0.4 | 2 |
| 14 | 15.2 | 14.8 | -0.4 | 2 |
| 15 | 15.9 | 17.3 | 1.4 | 0 |
| 16 | 16.1 | 17.1 | 1.0 | 0 |
| 17 | 17.0 | 15.6 | -1.4 | 3 |
| 18 | 15.5 | 15.1 | -0.4 | 3 |
| 19 | 16.3 | 15.5 | -0.8 | 2 |
| 20 | 15.6 | 15.2 | -0.4 | 1 |
| 21 | 16.8 | 15.5 | -1.3 | 3 |
| 22 | 14.7 | 17.5 | 0.8 | 1 |
| 23 | 16.1 | 15.7 | -0.4 | 1 |
| 24 | 15.7 | 15.8 | 0.1 | 1 |
| 25 | 15.8 | 15.8 | 0.0 | 1 |

(3)夯点夯击前后承载力的对比

图 7-16～图 7-18 分别为夯点强力夯实后与夯实前相比轻型触探入土 30cm、30～60cm、60～90cm 锤击数增加情况。可以看出,强力夯实后轻型触探锤击数明显增加,30cm 深度内平均增加了 18 次,30～60cm 深度内平均增加了 12 次,60～90cm 深度内平均增加了 13 次。

轻型触探锤击数的增长,意味着土体强度和承载力的增长,通常可以使用式(7-7)计算承载力:

$$f = 8N - 20 \tag{7-7}$$

式中:$N$——30cm 深度的轻型触探锤击数。

可见承载力的增加可以使用式(7-8)计算：

$$\Delta f = 8\Delta N \tag{7-8}$$

式中：$\Delta N$——30cm 深度内轻型触探锤击数增加量。

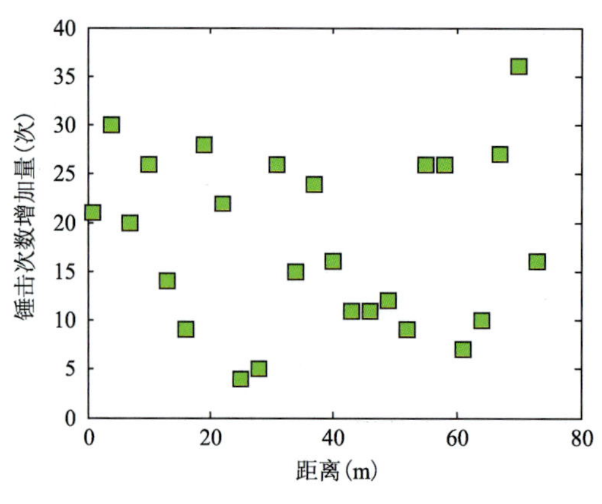


图 7-16　夯点夯实后 0～30cm 深度轻型触探锤击数增加量

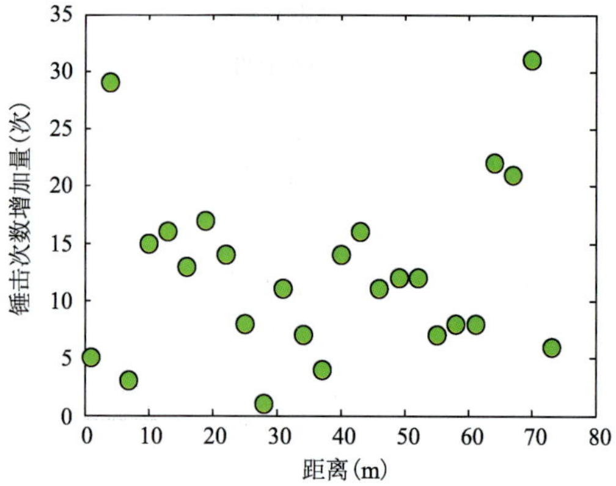

图 7-17　夯点夯实后 30～60cm 深度轻型触探锤击数增加量

0～30cm、30～60cm、60～90cm 深度内承载力增加量分别为 144kPa、99.5kPa、104kPa，与强力夯击前相比分别提高了 25.21%、19.89%、30.61%，可见夯点处承载力提高显著。

图 7-19 为轻型触探锤击数增加率，从图 7-19 可见强力夯实后夯点的轻型触探锤击数显著增加，最高增加率可达近 60%，0～30cm 深度锤击数平均增加率达到了 24.3%，30～60cm 深度锤击数平均增加率为 19.1%，60～90cm 深度锤击数平均增加率为 28.8%。

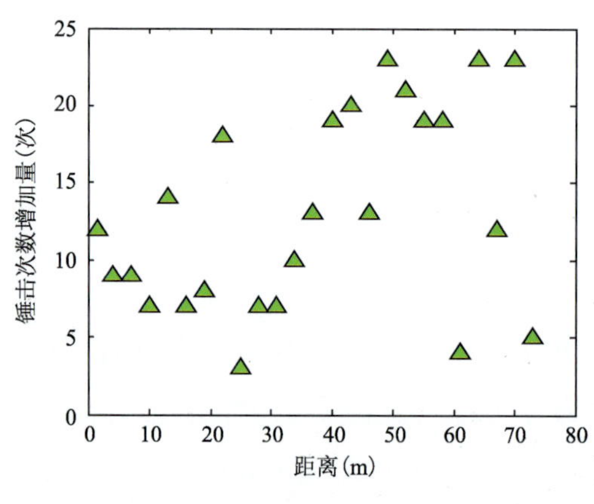


图 7-18　夯点夯实后 60～90cm 深度轻型触探锤击数增加量

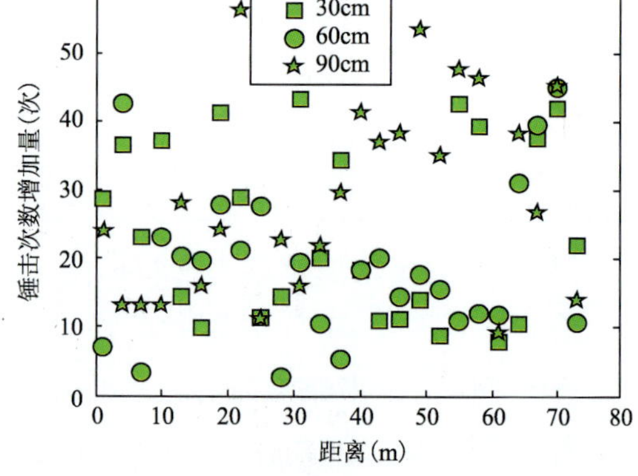


图 7-19　夯点轻型触探锤击数增加率

(4)夯间土夯击前后承载力的对比

图 7-20～图 7-22 分别为夯间土强力夯实后与夯实前相比轻型触探入土 0～30cm、30～60cm、60～90cm 锤击数增加情况。可以看出，经过强力夯实后夯间土的锤击数也有

增加,分别增加了 2.1 次、3.1 次和 11.1 次。

图 7-23 为夯间土轻型触探锤击数增加率,从图 7-23 可见 0～30cm、30～60cm、60～90cm 深度的锤击数增加率平均值分别为 3.2%、5.1% 和 25.9%,可见强力夯实后夯间土的轻型触探锤击数增加也较为显著。另外还可以看出,随着深度增加,轻型触探锤击数增加更多,60～90cm 深度的锤击数增加幅度远远高于 0～30cm 深度,这与夯点处的规律截然不同。可见,强力夯实后,不仅使浅表土层的压实度明显提高,而且可以有效影响 1m 范围内的土的压实。这主要是由于夯点处的夯击能量向下传递时,其传递方向为斜向四周扩散传递。

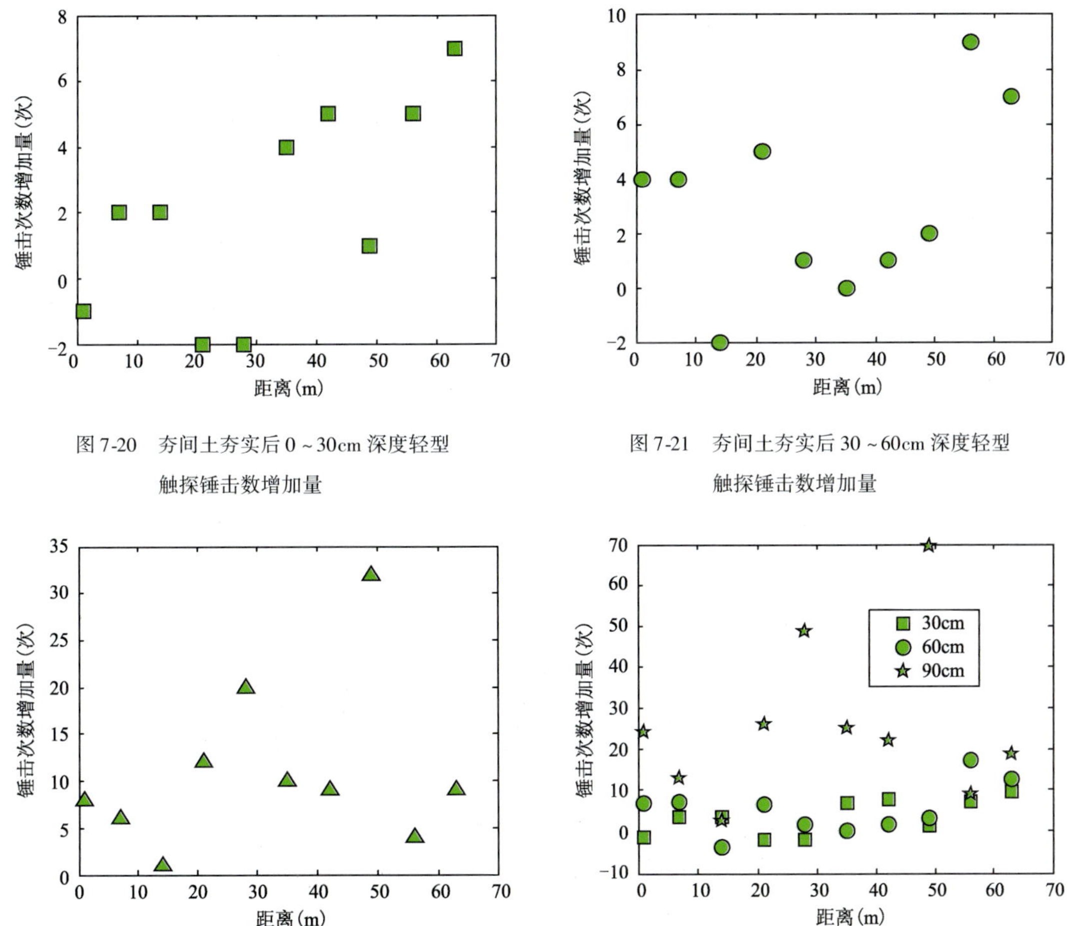


图 7-20　夯间土夯实后 0～30cm 深度轻型触探锤击数增加量

图 7-21　夯间土夯实后 30～60cm 深度轻型触探锤击数增加量

图 7-22　夯间土夯实后 60～90cm 深度轻型触探锤击数增加量

图 7-23　夯间土轻型触探锤击数增加率

(5)强力夯击对老路基压实度的影响

表 7-3 为同一横断面横向 3 个试验点在强力夯击前后压实度的对比。从表 7-3 可以看出,强力夯击对老路基在横向上基本没有影响,该设备的扩散角小。

夯实前后压实度的对比 表 7-3

| 距离 | 夯前夯点边缘距离 | | | 夯后夯点边缘距离 | | |
|---|---|---|---|---|---|---|
| | 0.5m | 1.0m | 1.5m | 0.5m | 1.0m | 1.5m |
| 7m | 86.00% | 84.30% | 83.01% | 86.03% | 84.31% | 82.99% |
| 25m | 87.24% | 83.44% | 82.18% | 87.34% | 83.45% | 82.16% |
| 66m | 81.78% | 81.97% | 70.21% | 81.79% | 81.99% | 70.20% |

### 7.2.3 强力夯实机施工要点及质量控制

强力夯实机在施工方面应该注意以下几个方面：

(1)因强力夯实对竖向影响显著，加之旧路边坡压实度较低，建议台阶开挖顶面要进行强夯加固。

(2)施工前按每填筑一个台阶(高 80cm、宽 120cm)高度，布设两排夯点，呈梅花型布置，夯点中心间距不大于 1m。

(3)每 80cm(即每个台阶高度)先进行强力夯实，结合部补料后再进行重碾补强。

(4)在夯实过程中一定要有人指挥以防夯点间距过大和偏移。

(5)施工过程控制应以工艺参数控制为主，即每个夯点作用时间为 8 ~ 13s，单点夯击 80 次以上。

采用压实度和轻型触探双重控制标准控制强力夯实质量：

(1)夯前压实度为重型碾压后压实度，夯后压实度为夯间土部位压实度，检测频率为 2 处/200m，压实度至少提高 1%。

(2)轻型触探。30 ~ 60cm 深度(锤击次数)补强后比补强前提高率大于 3%；60 ~ 90cm 深度(锤击次数)补强后比补强前提高率大于 10%。位置为夯间土部位，检测频率为 2 处/200m。

(3)准确、如实填写超重型压路机压实原始记录表，见表 7-4。

### 7.2.4 强力夯实机补强现场工程检测

通过试验段研究，可以初步验证强力夯实机冲密补强加宽路基效果，并总结相应的施工技术工法和质量控制方法。在工程实践中，仍需要对多种型号强力夯实机补强加宽路基效果进行检测。这些检测结果有助于进一步验证强力夯击方法在京石高速公路加宽路基补强冲密中的作用，从而为其大规模推广应用提供依据。

1. 研究区段

研究区段在路基拼宽后，使用强力夯实机按预定工艺进行夯实，然后使用重型动力触探和面波测试多种夯实机夯实效果。研究区段见表 7-5，测点布置见图 7-24 所示。

**河北省高速公路京石改扩建工程强力夯实机补强原始记录表**　　　　表 7-4

施工单位：　　　　　　桩号及部位：　　　　　　合同号：

监理单位：　　　　　　夯机型号：　　　　　　编号：　　　　　　原表 LJ17

| 断面桩号 | 夯前高程（m） | 整平后高程 | 差值（mm） | 30～60cm 深度锤击数 | | 60～90cm 深度锤击数 | | 夯前压实度 | 夯后压实度 | 起止时间（时:分） |
|---|---|---|---|---|---|---|---|---|---|---|
| | | | | 补强前 | 补强后 | 补强前 | 补强后 | | | |
| | | | | | | | | | | |
| | | | | | | | | | | |
| | | | | | | | | | | |
| | | | | | | | | | | |
| | | | | | | | | | | |
| | | | | | | | | | | |
| | | | | | | | | | | |
| | | | | | | | | | | |
| | | | | | | | | | | |
| | | | | | | | | | | |
| | | | | | | | | | | |
| | | | | | | | | | | |
| | | | | | | | | | | |

质检员：　　　　　　　　现场监理：　　　　　　　　日期：

**研　究　区　段**　　　　表 7-5

| 试验区段 | 测试点号 | 里程号 | 试验区段 | 测试点号 | 里程号 |
|---|---|---|---|---|---|
| I（型号 1） | 10 | K188＋595 | III（型号 3） | 4 | K188＋528 |
| | 11 | K188＋610 | | 5 | K188＋516 |
| | 12 | K188＋625 | | 6 | K188＋504 |
| II（型号 2） | 1 | K188＋570 | IV（型号 4） | 7 | K188＋478 |
| | 2 | K188＋555 | | 8 | K188＋466 |
| | 3 | K188＋540 | | 9 | K188＋454 |

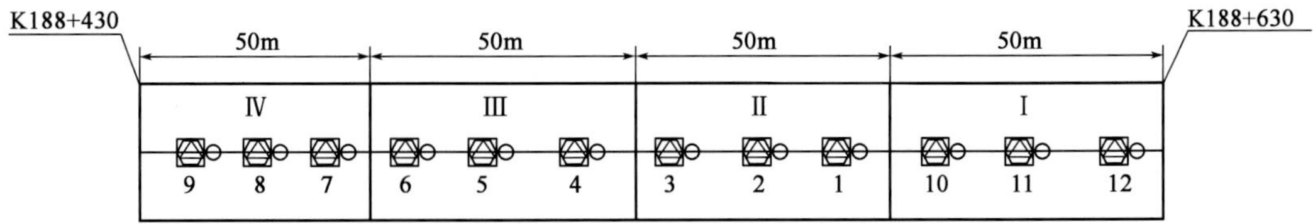


图 7-24　京石高速改扩建 JS11 段夯实地基检测点位平面示意图（尺寸单位：m）

2. 检测方法

对加宽路基的压实质量检测采用面波法和重型动力触探方法。

面波检测基本原理是在地面施加适当的竖向激振力(可用大锤敲击地面,或吊高重物自由下落,或爆炸),地下介质中可产生纵波、横波和瑞利面波,其中瑞利面波有3个与岩土(体)质量检测有关的主要特征,适用于加宽路基夯实效果测试。

(1)在分层介质中,瑞利面波具有频散特性(波速随频率或波长而变化)。

(2)瑞利面波的波长不同,穿过深度也不同。

(3)瑞利面波的传播速度与介质的物理力学性质密切相关。

瑞利波检测方法分为瞬态法和稳态法两种。这两种方法的区别在于震源不同。瞬态法是在激震时产生一定频率范围的瑞利面波,并以复频波的形式传播;稳态法是在激震时产生相对单一频率的瑞利面波,并以单一频率波的形式传播。本项目中采用的是瞬态瑞利波法。

本项目采用12道采集系统,面波排列的中点即为测点,测点面波排列方向与测线方向垂直,道间距为2m;由一端激发,偏移距为15m,其震源方式采用大锤激振。检测仪器使用重庆地质仪器厂DZQ24地震仪,分析软件为GeogigaSurface,接收传感器使用2.5Hz垂直地震检波器。数据信号处理采用频率波数谱分析法,输入采集记录后,确定面波时域窗口,经过二维傅立叶变换,把记录数据由时间—空间域转换到频率—波数域,得到二维振幅谱图像(图7-25)。

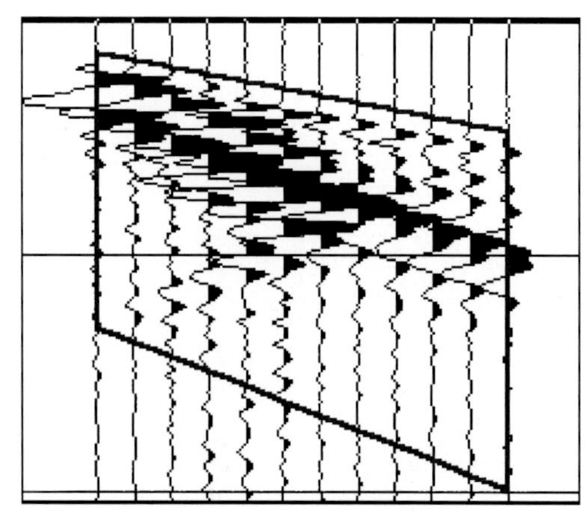

图7-25 二维振幅谱图像

在振幅谱图中拾取面波振幅等值线的极大值,根据拾取的极大值求得面波频散曲线。面波频散曲线是地层速度结构分层的基础。在层状介质中,面波能量的传播深度和它的波长有关,波长越长的面波,它的能量传至地表以下的深度也越大。面波沿地表传播的速度与面波传播深度内介质的弹性参数有关,包括介质的密度、压缩波和剪切波速度,而主要的影响参数是介质的剪切波速度。研究水平地层面波的频散特征，可以求得地层内部不同深度的弹性参数，通过反演分析即可对岩土层的速度和厚度进行划分。

动力触探测试是利用一定的锤击动能，将一定规格的探头打入土中，根据打入土的难易程度（可用贯入度、锤击数或探头单位面积动贯入阻力来表示）判定土层性质的一种原位测试的方法。对地基进行重型动力触探试验，采用车载63.5kg动探仪，记录每贯入10cm所需锤击数$N_{63.5}$。

动力触探实验设备包括：钻机、穿心锤、探杆、探头等。其工作流程包括：

（1）试验前将触探架安装平稳，使触探保持垂直地进行。垂直度的最大偏差不得超过2%。

（2）贯入时应使穿心锤自由落下。地面上的触探杆的高度不宜过大，以免倾斜与摆动太大。

（3）锤击速率宜为15～30击/min。

（4）及时记录每贯入10cm所需的锤击数。

（5）绘制锤击数与贯入深度关系曲线，根据夯实前后击数，评价夯实效果。

3.检测结果

对所有面波检测点进行统计分析，结合频散数据反演出分层等效剪切波速度，绘制夯实前后深度—速度曲线，如图7-26所示。

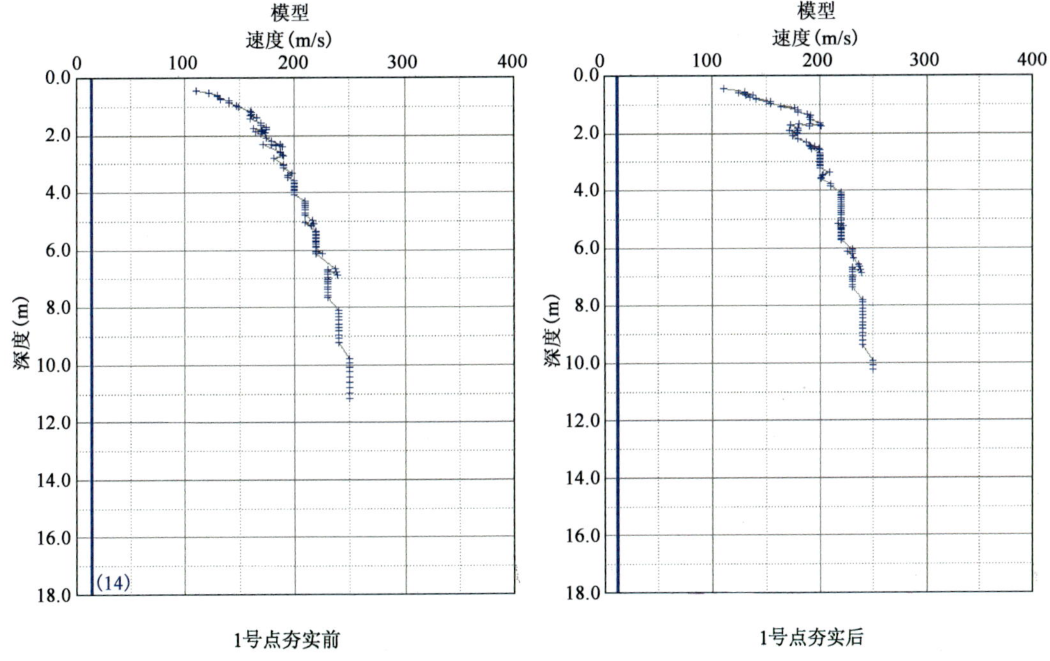


图　7-26

模型
速度(m/s)
0
100
200
300
400
0.0
2.0
4.0
6.0
8.0
10.0
12.0
深度(m)
(21)
2号点夯实前
模型
速度(m/s)
(11)
2号点夯实后
b)
模型
速度(m/s)
5.0
10.0
15.0
20.0
(20)
3号点夯实前
模型
速度(m/s)
(26)
3号点夯实后
c)

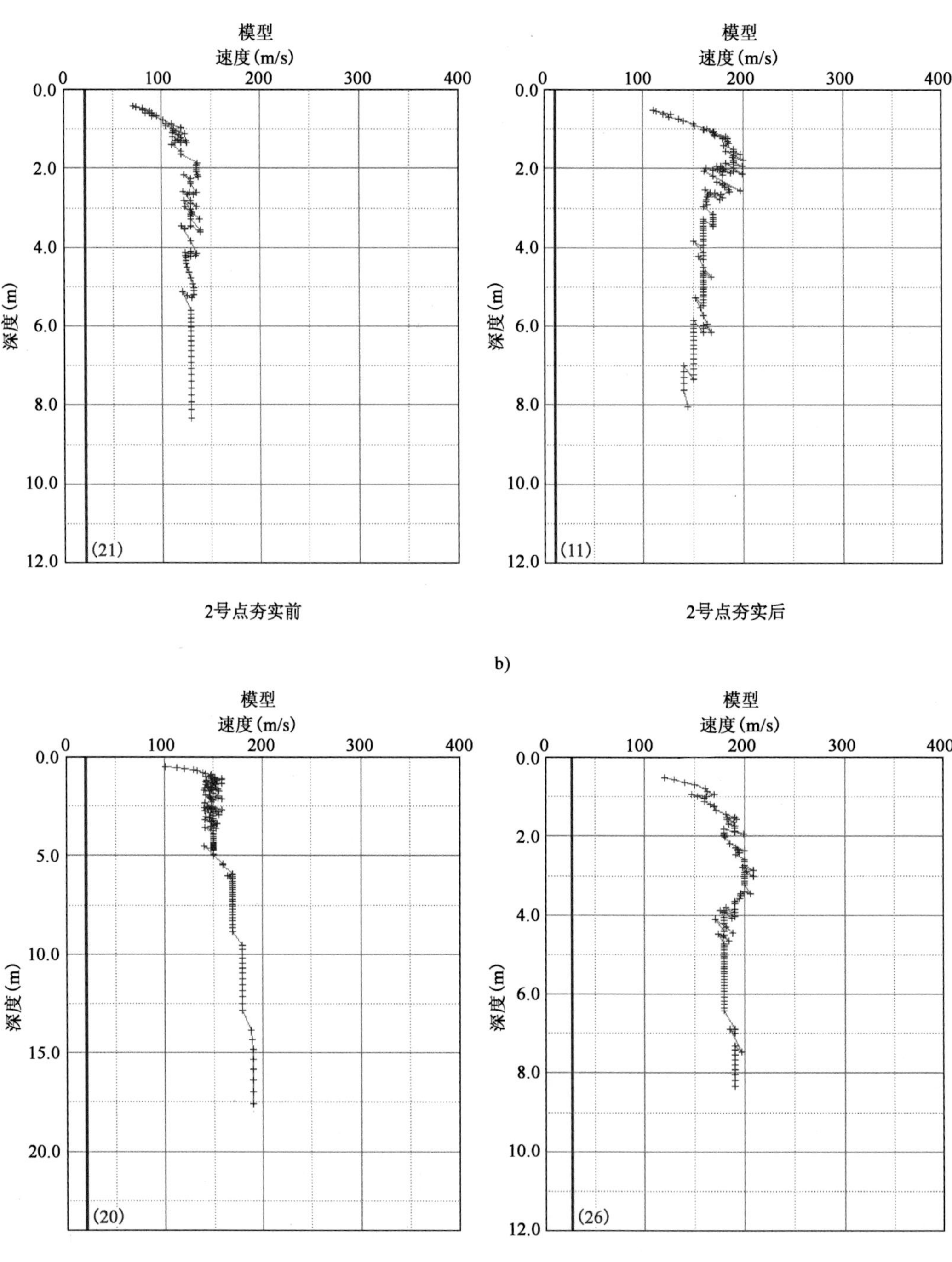

图 7-26

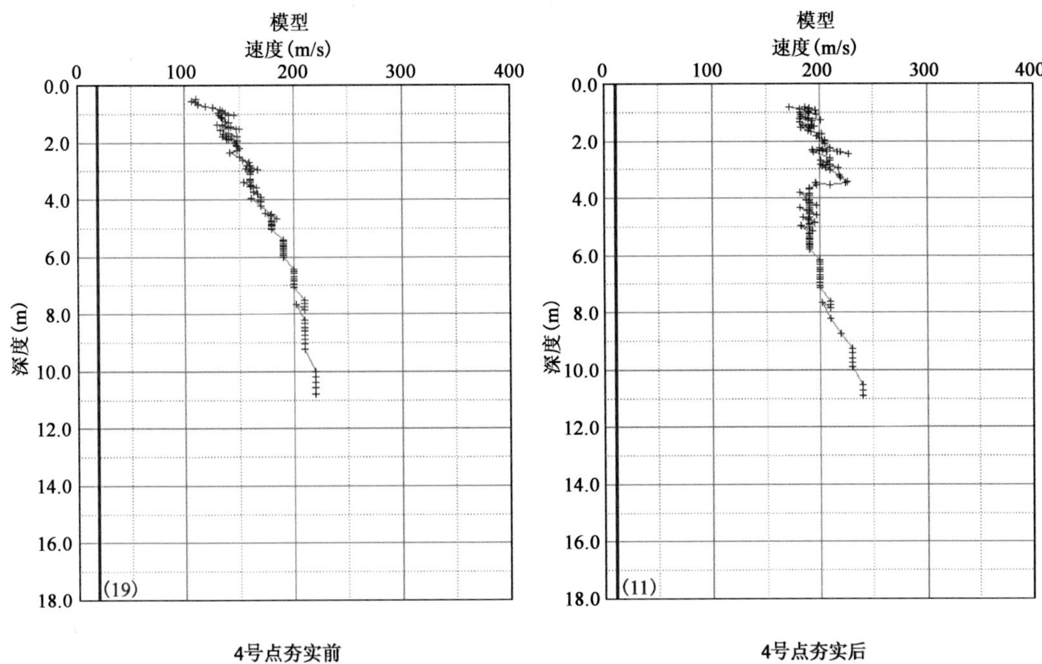


d)

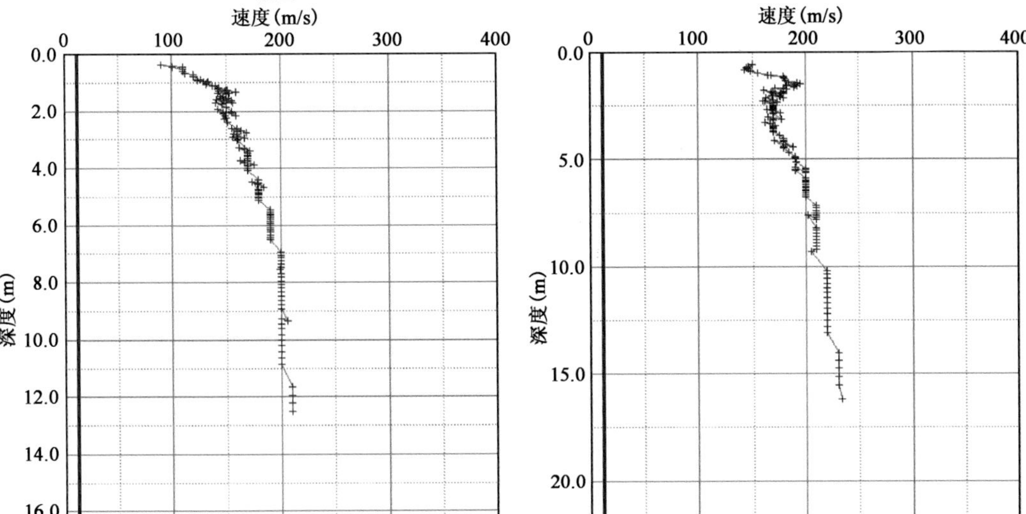


e)

图 7-26

模型
速度(m/s)
0
100
200
300
400
0.0
2.0
4.0
6.0
8.0
10.0
12.0
14.0
16.0
18.0
深度(m)
(13)
6号点夯实前
模型
速度(m/s)
(14)
6号点夯实后
f)
模型
速度(m/s)
5.0
10.0
15.0
20.0
深度(m)
(11)
7号点夯实前
(12)
7号点夯实后
g)

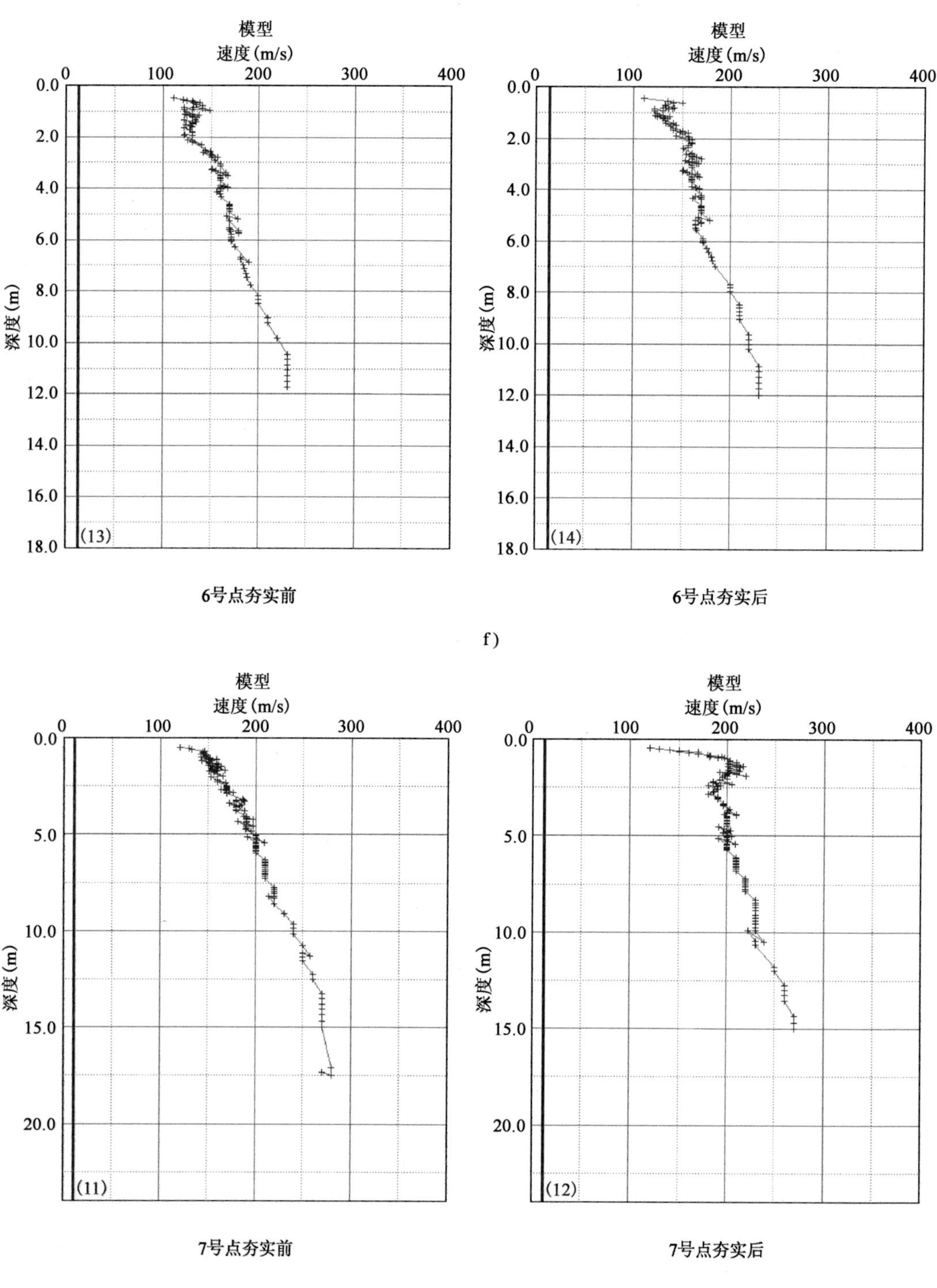

图 7-26

模型
速度(m/s)
0
100
200
300
400
0.0
5.0
10.0
15.0
20.0
深度(m)
(13)
8号点夯实前
模型
速度(m/s)
0
100
200
300
400
0.0
5.0
10.0
15.0
20.0
深度(m)
(12)
8号点夯实后

h)

模型
速度(m/s)
0
100
200
300
400
0.0
5.0
10.0
15.0
20.0
深度(m)
(13)
9号点夯实前
模型
速度(m/s)
0
100
200
300
400
0.0
5.0
10.0
15.0
20.0
深度(m)
(11)
9号点夯实后

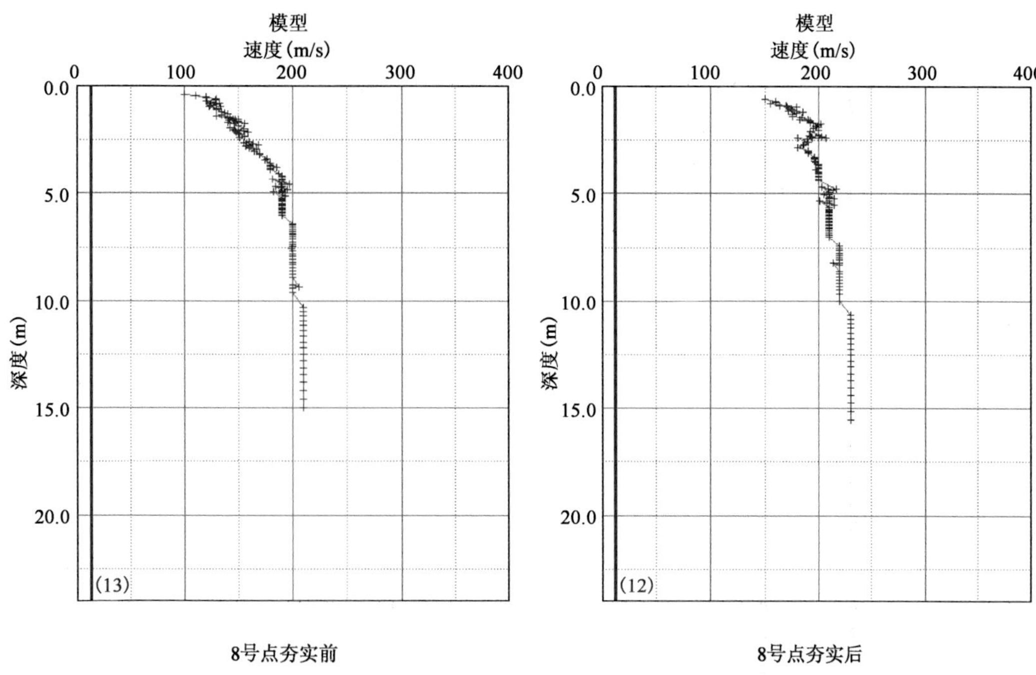

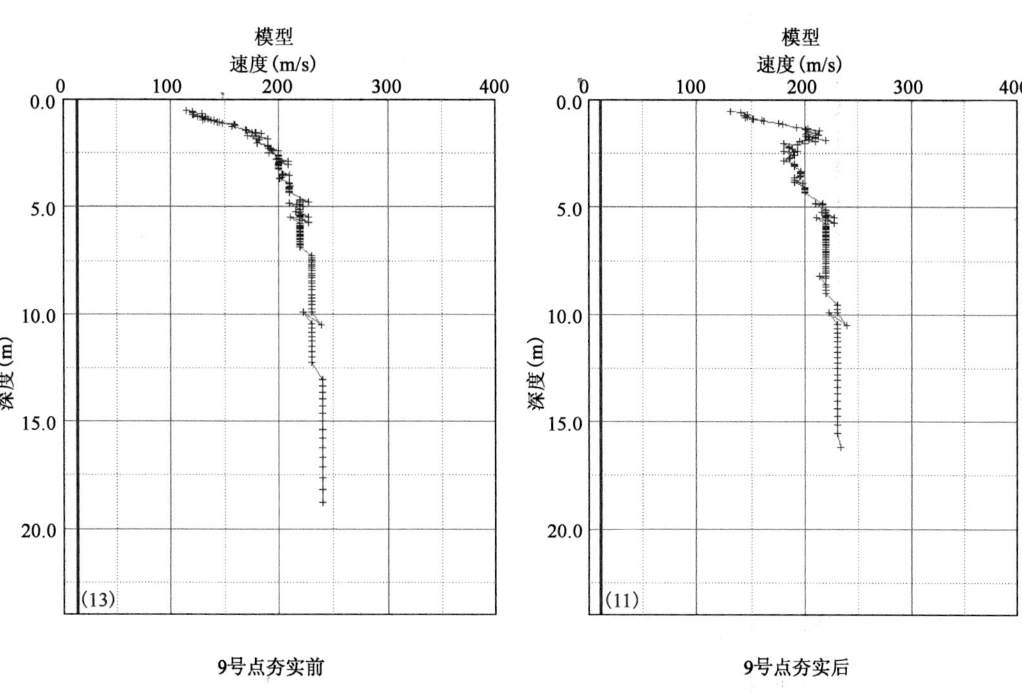

i)

图　7-26

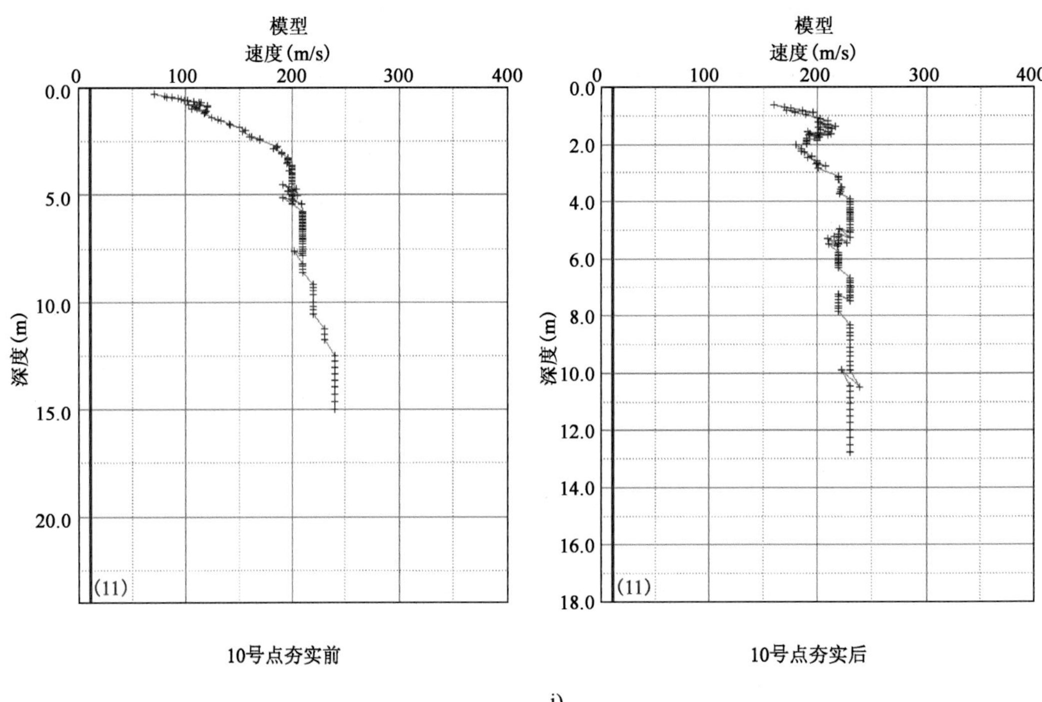


10号点夯实前　　10号点夯实后

j)

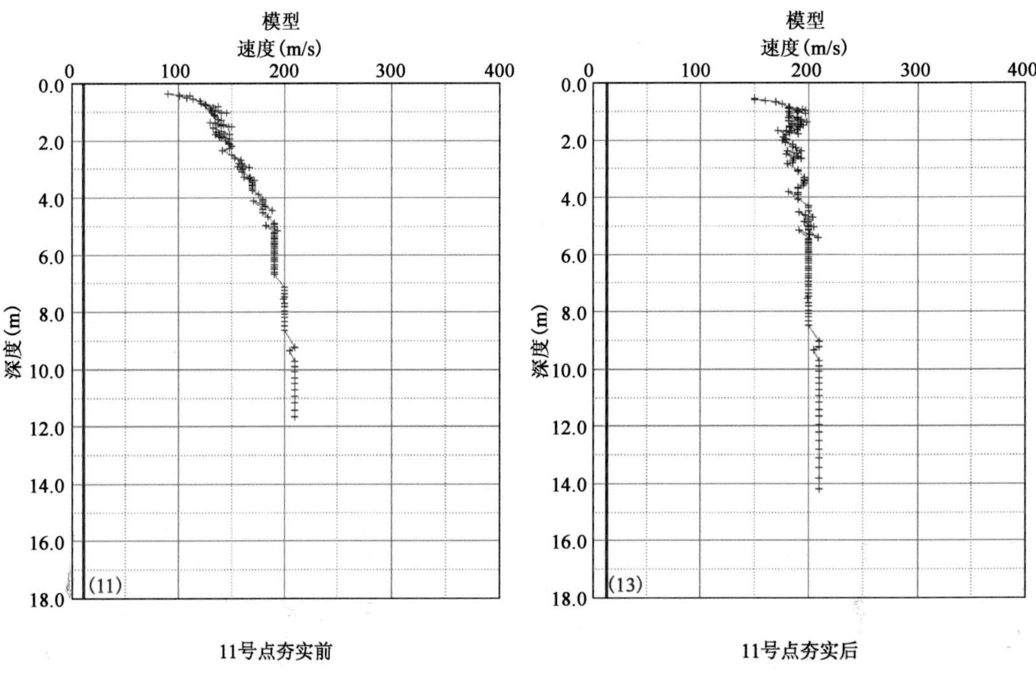


11号点夯实前　　11号点夯实后

k)

图　7-26

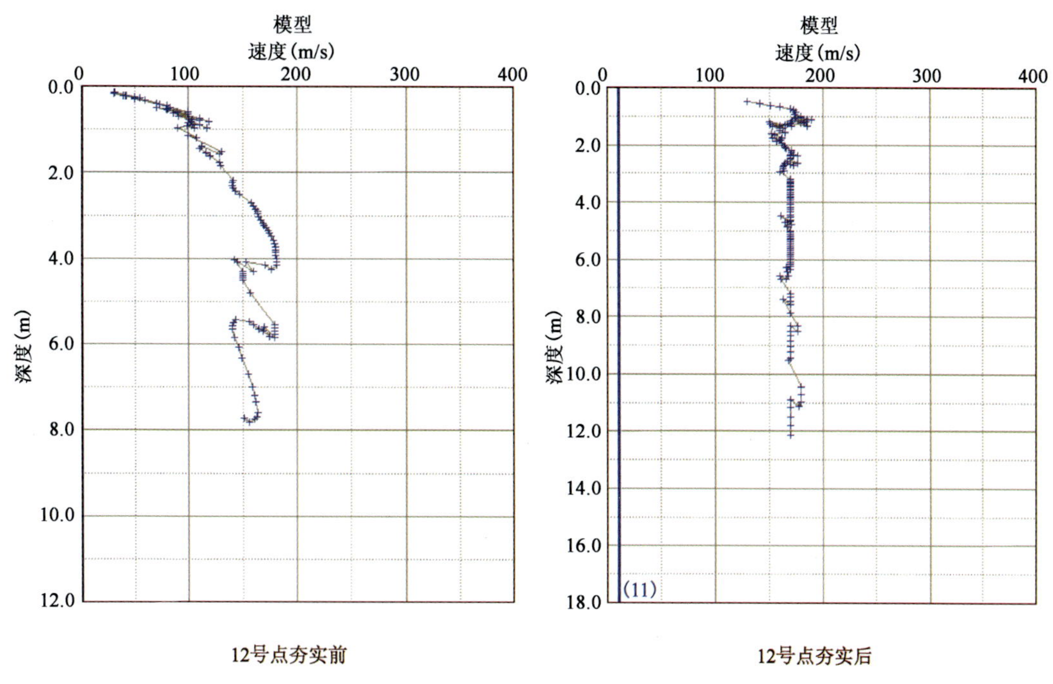


1)

图 7-26　夯实前后深度—速度曲线

夯前、夯后动力触探试验结果如图 7-27 所示。

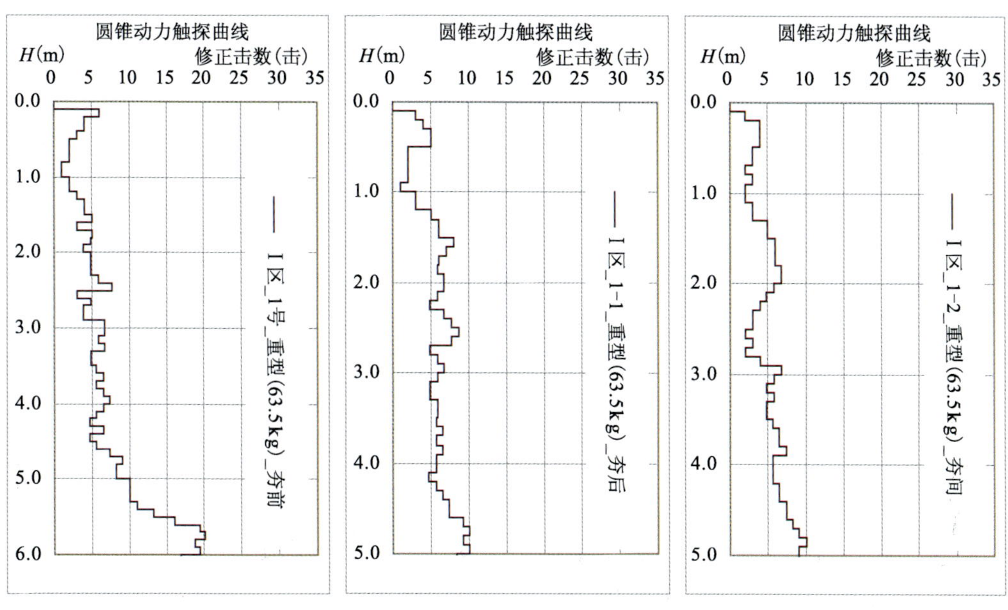


a) Ⅰ区1号点夯前、夯后、夯间圆锥动力触探曲线

图　7-27

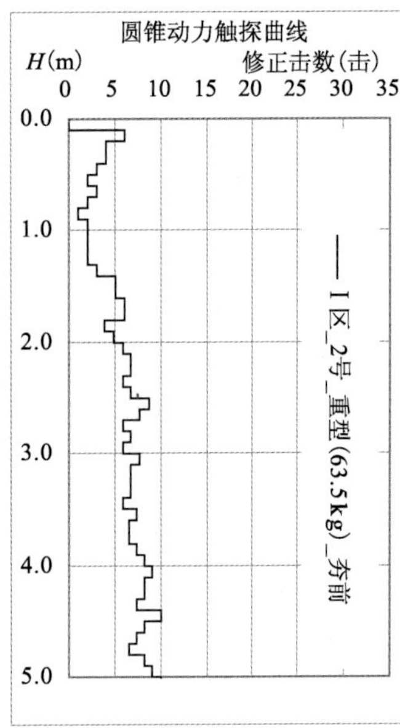


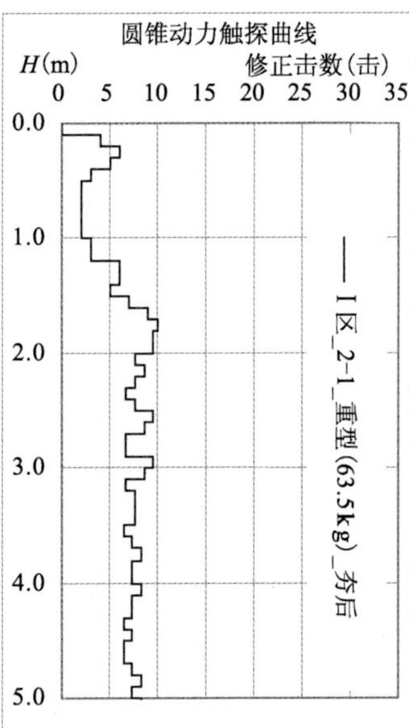


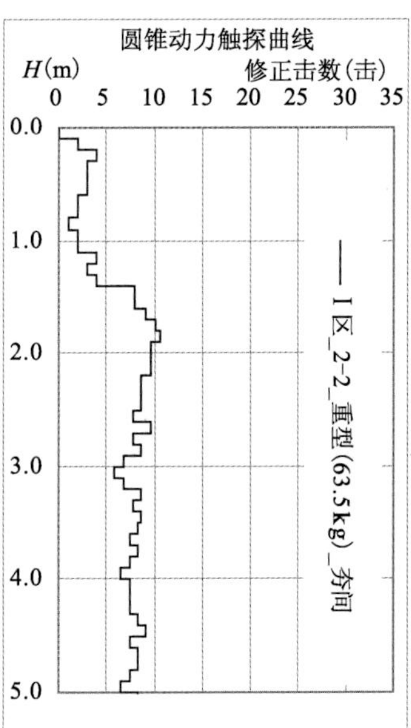


b) I区2号点夯前、夯后、夯间圆锥动力触探曲线

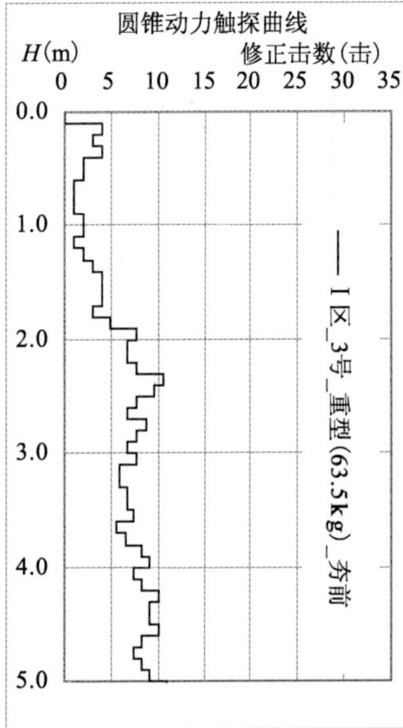


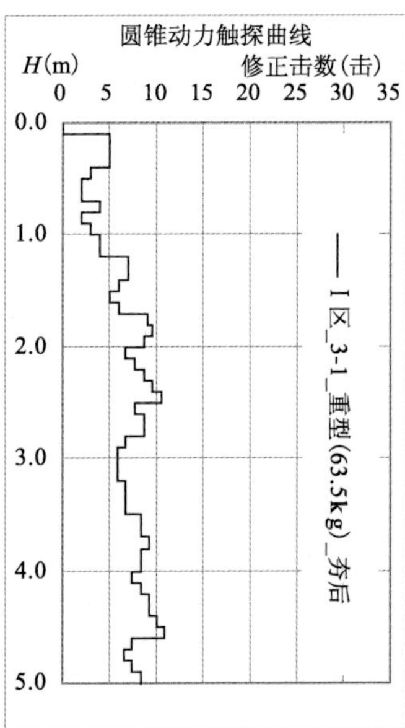


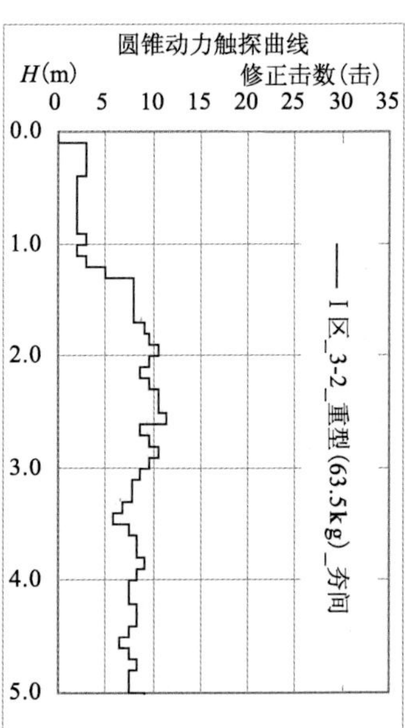


c) I区3号点夯前、夯后、夯间圆锥动力触探曲线

图 7-27

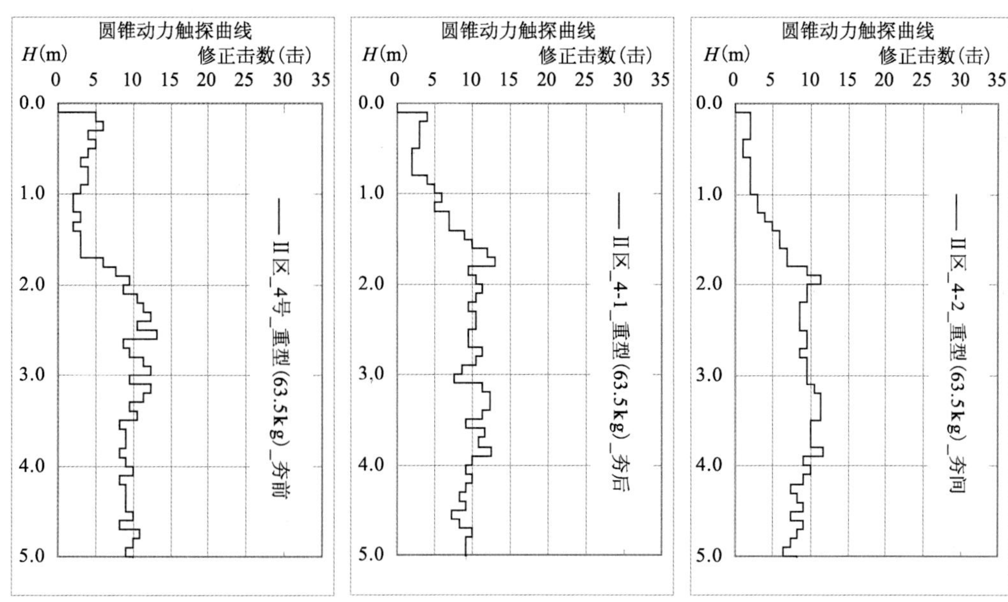


d) II区4号点夯前、夯后、夯间圆锥动力触探曲线

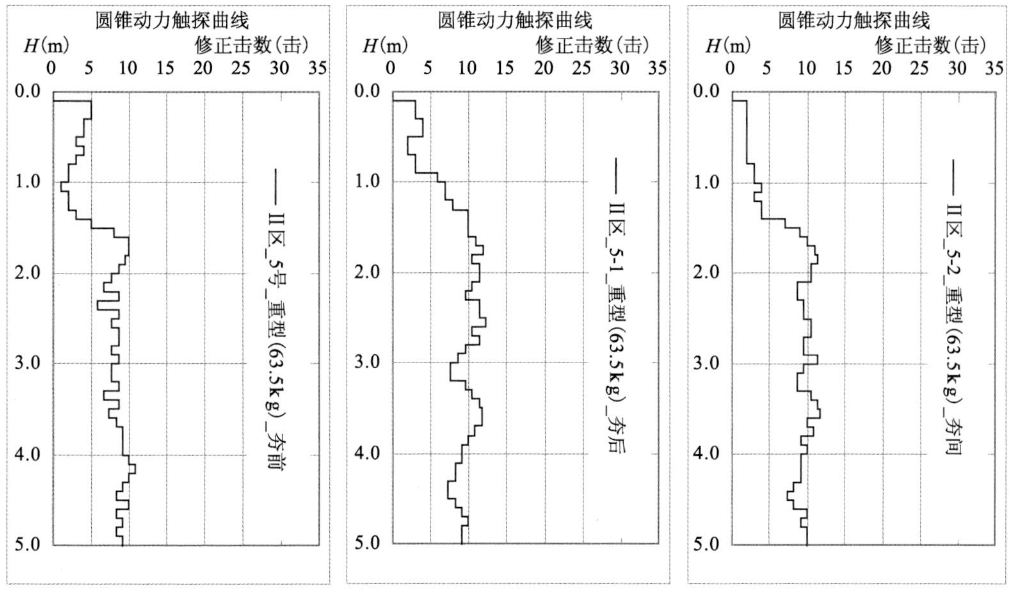


e) II区5号点夯前、夯后、夯间圆锥动力触探曲线

图 7-27

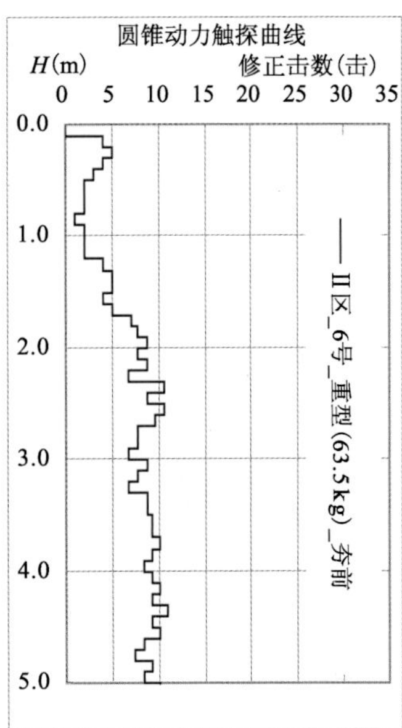


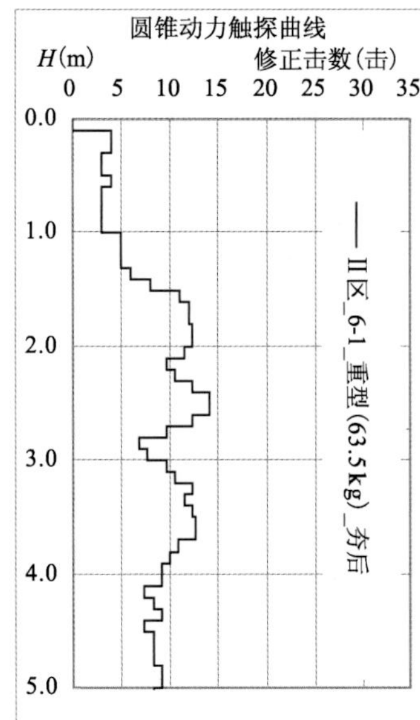


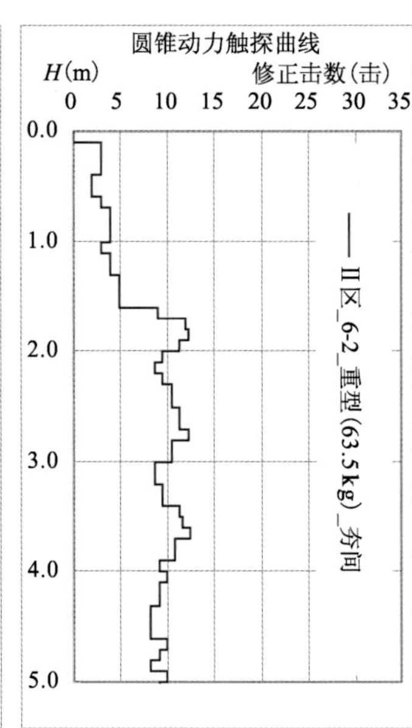


f）Ⅱ区6号点夯前、夯后、夯间圆锥动力触探曲线

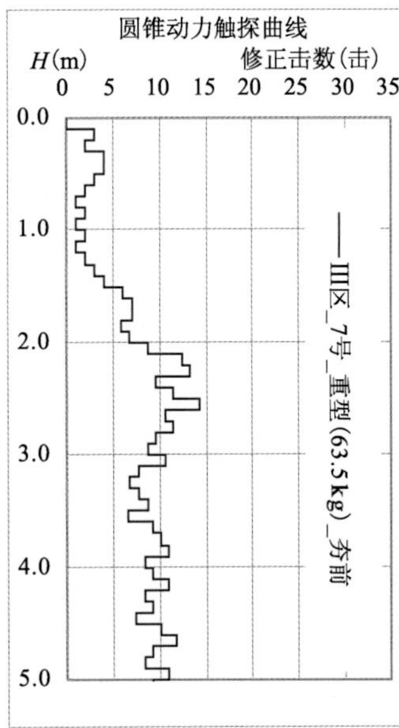


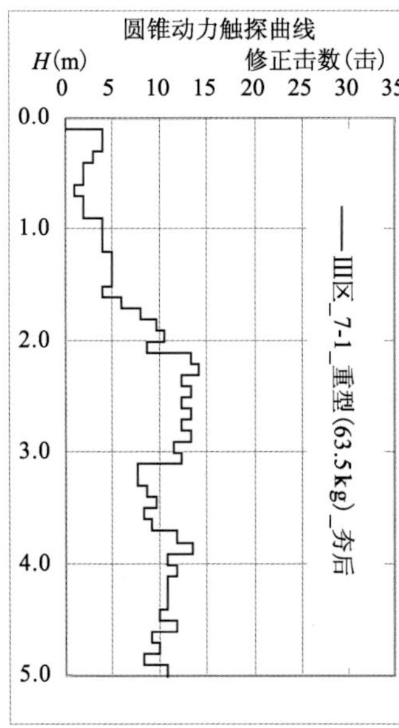


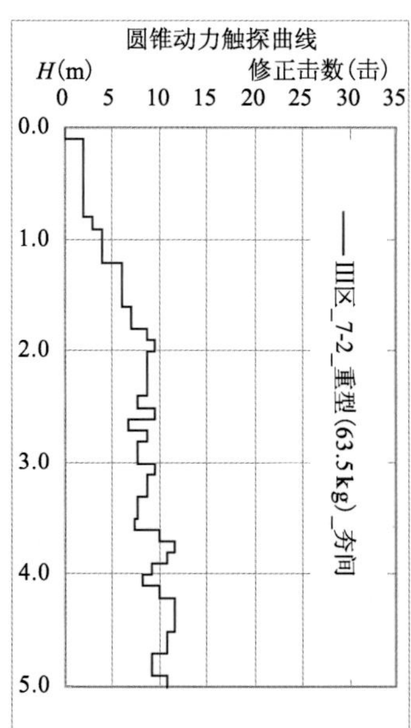


g)Ⅲ区7号点夯前、夯后、夯间圆锥动力触探曲线

图 7-27

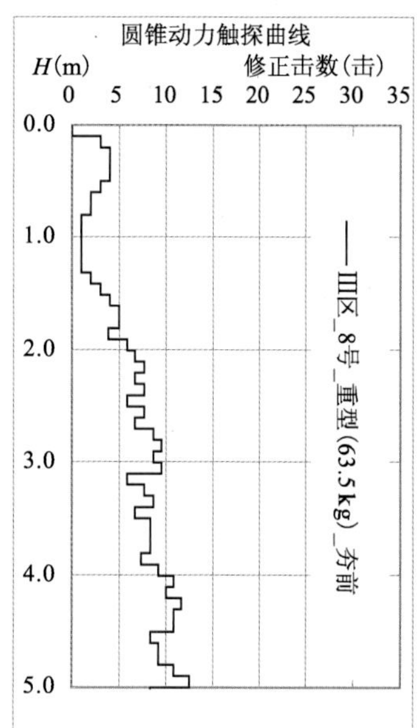


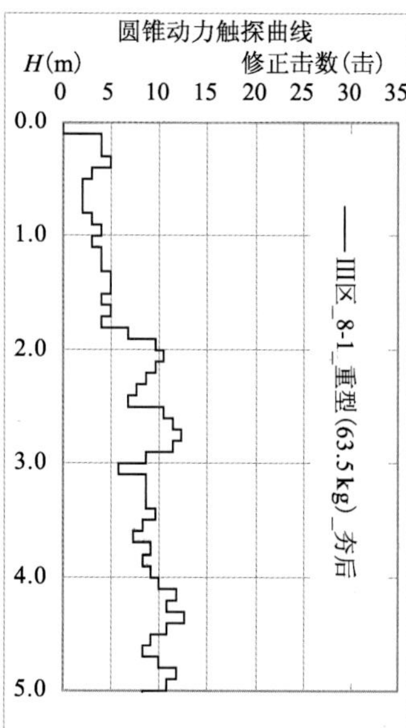


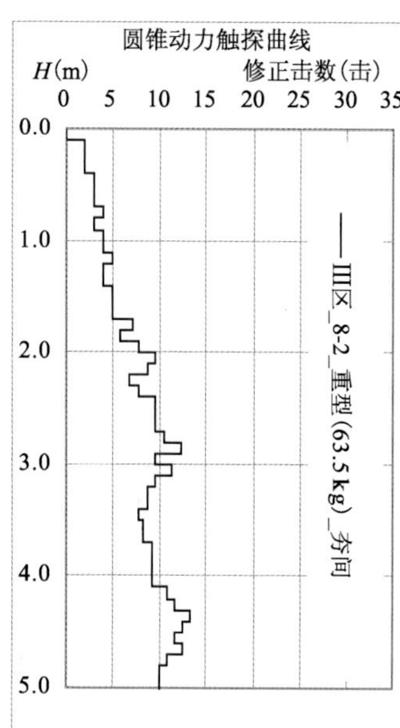


h)Ⅲ区8号点夯前、夯后、夯间圆锥动力触探曲线

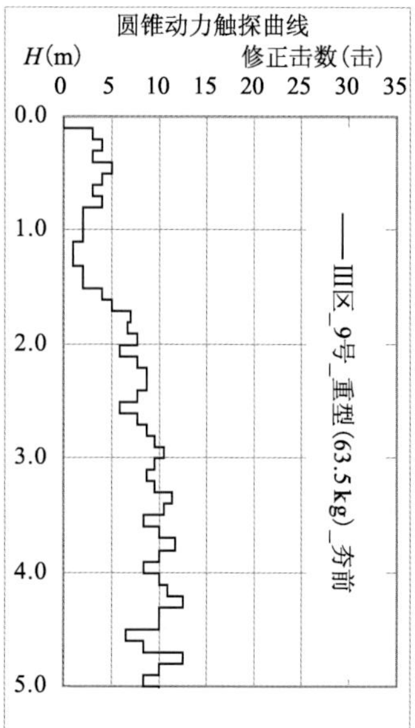


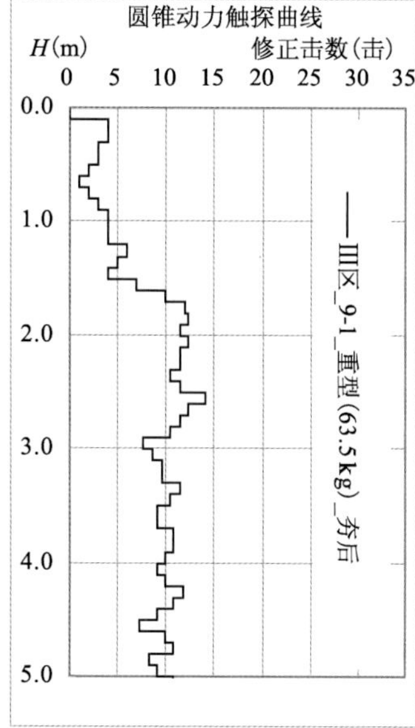


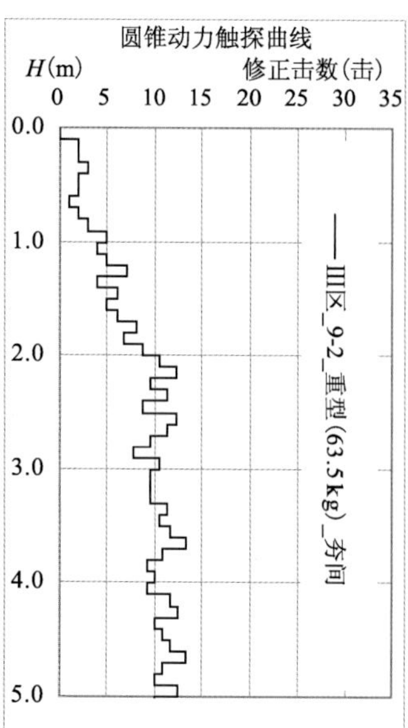


i)Ⅲ区9号点夯前、夯后、夯间圆锥动力触探曲线

图 7-27

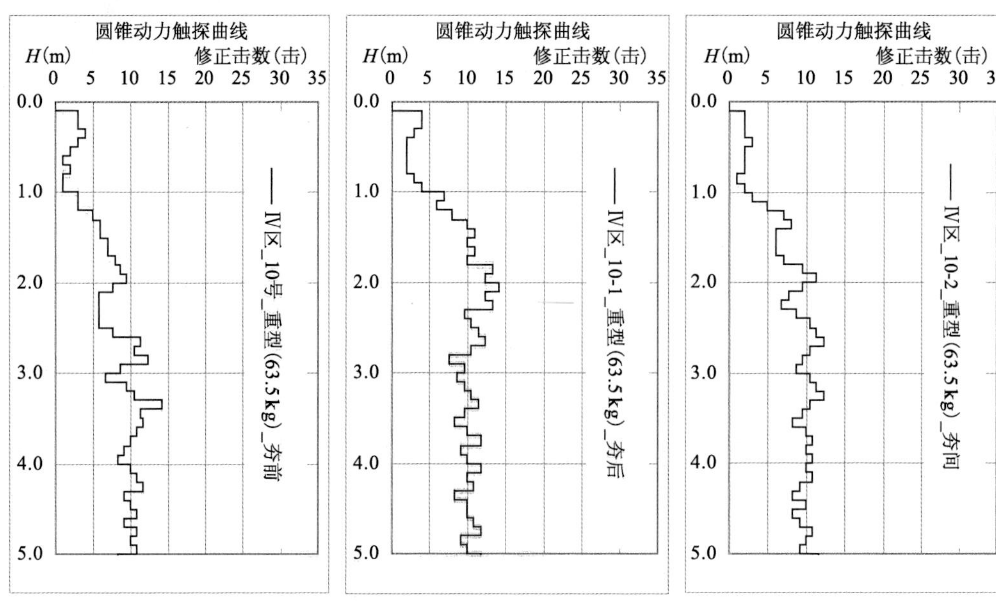


j) Ⅳ区10号点夯前、夯后、夯间圆锥动力触探曲线

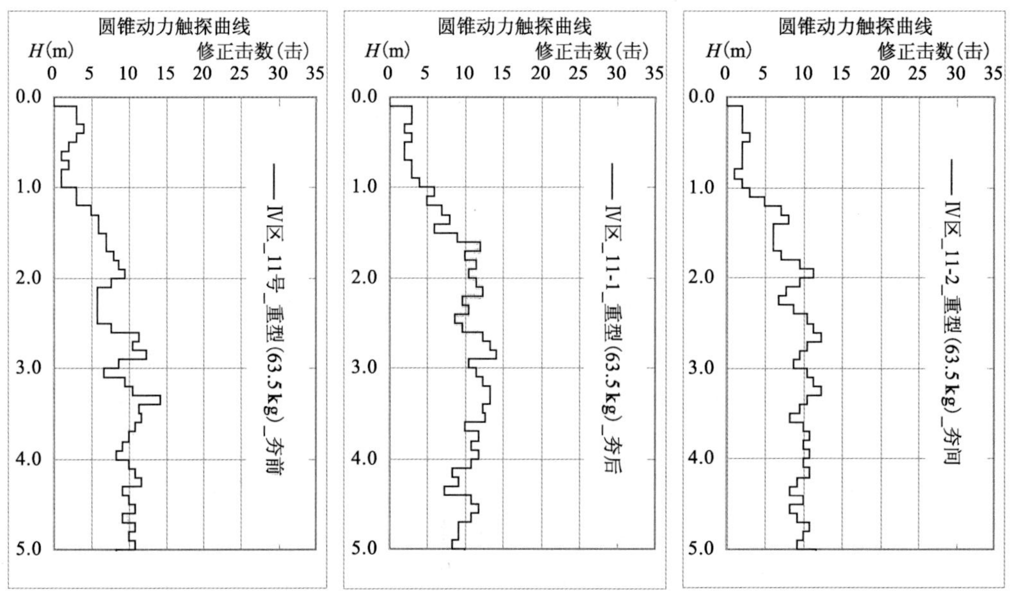


k) Ⅳ区11号点夯前、夯后、夯间圆锥动力触探曲线

图 7-27

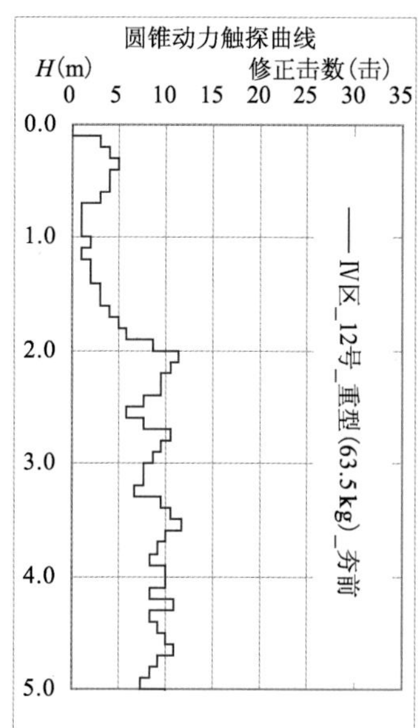


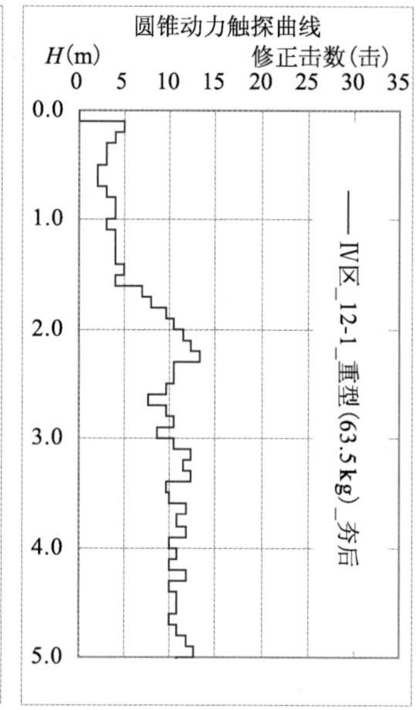


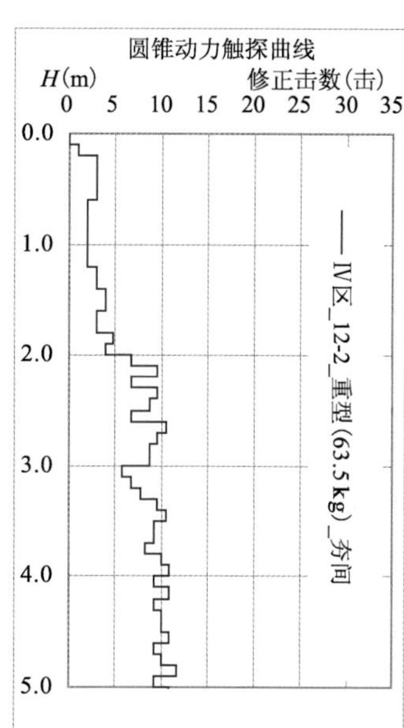


l) Ⅳ区12号点夯前、夯后、夯间圆锥动力触探曲线

图 7-27 夯前、夯后和夯间圆锥动力触探曲线

从图 7-26 可见,夯实前,0 ~ 1m 深度范围波速约为 100m/s,1 ~ 4m 深度范围波速约为 100 ~ 150m/s,4m 以下波速约为 150 ~ 200m/s。经夯实补强后,1 ~ 4m 深度范围内路基土剪切波速均有不同程度提高,约为 150 ~ 200m/s,补强效果较明显;0 ~ 1m 深度范围及 4m 以下路基土剪切波速变化不大,补强效果不明显。

对图 7-27 进行整理,结果如表 7-6 ~ 表 7-9 所示,可以得到四种机械夯实效果对比,如表 7-10 所示。从表 7-10 可以看出夯实后 1 ~ 4m 深度范围动探击数均有不同程度增加,路基土补强效果较明显;0 ~ 1m 深度范围及 4m 以下路基土动探击数变化不大,补强效果不明显。从施工速度上来看,大概都在 40min 左右,施工速率都较高。

**I 区型号 2 夯实机加固前后重型触探锤击数对比表** 表 7-6

| 点 号 | 深度(m) | 夯前(击) | 夯后(击) | 夯间(击) | 夯后增长(%) | 夯间增长(%) |
|---|---|---|---|---|---|---|
| 1 | 0.0 ~ 1.0 | 27 | 29 | 29 | 7 | 7 |
| | 1.0 ~ 2.0 | 40 | 61 | 54 | 53 | 23 |
| | 2.0 ~ 3.0 | 54 | 67 | 39 | 24 | -22 |
| | 3.0 ~ 4.0 | 64 | 60 | 61 | -6 | -5 |
| | 4.0 ~ 5.0 | 76 | 85 | 86 | 12 | 12 |
| 2 | 0.0 ~ 1.0 | 29 | 31 | 24 | 7 | -16 |
| | 1.0 ~ 2.0 | 44 | 74 | 77 | 68 | 45 |
| | 2.0 ~ 3.0 | 71 | 84 | 85 | 18 | 17 |

续上表

| 点　号 | 深度(m) | 夯前(击) | 夯后(击) | 夯间(击) | 夯后增长(%) | 夯间增长(%) |
|---|---|---|---|---|---|---|
| 2 | 3.0~4.0 | 76 | 80 | 82 | 5 | 8 |
| | 4.0~5.0 | 91 | 79 | 85 | -13 | -8 |
| 3 | 0.0~1.0 | 22 | 35 | 24 | 59 | 6 |
| | 1.0~2.0 | 41 | 70 | 80 | 71 | 56 |
| | 2.0~3.0 | 83 | 83 | 102 | 0 | 23 |
| | 3.0~4.0 | 74 | 81 | 82 | 9 | 10 |
| | 4.0~5.0 | 99 | 93 | 84 | -6 | -16 |

**Ⅱ区型号 3 夯实机加固前后重型触探锤击数对比表**　　表 7-7

| 点　号 | 深度(m) | 夯前(击) | 夯后(击) | 夯间(击) | 夯后增长(%) | 夯间增长(%) |
|---|---|---|---|---|---|---|
| 4 | 0.0~1.0 | 40 | 34 | 19 | -15 | -62 |
| | 1.0~2.0 | 49 | 96 | 70 | 96 | 22 |
| | 2.0~3.0 | 115 | 103 | 96 | -10 | -18 |
| | 3.0~4.0 | 105 | 120 | 114 | 14 | 8 |
| | 4.0~5.0 | 103 | 98 | 88 | -5 | -15 |
| 5 | 0.0~1.0 | 33 | 37 | 24 | 12 | -24 |
| | 1.0~2.0 | 67 | 103 | 82 | 54 | 15 |
| | 2.0~3.0 | 82 | 108 | 102 | 32 | 19 |
| | 3.0~4.0 | 91 | 110 | 108 | 21 | 15 |
| | 4.0~5.0 | 101 | 94 | 100 | -7 | -1 |
| 6 | 0.0~1.0 | 27 | 35 | 31 | 30 | 11 |
| | 1.0~2.0 | 57 | 97 | 79 | 70 | 23 |
| | 2.0~3.0 | 89 | 112 | 109 | 26 | 18 |
| | 3.0~4.0 | 93 | 120 | 113 | 29 | 17 |
| | 4.0~5.0 | 101 | 91 | 98 | -10 | -3 |

**III 区型号 4 夯实机加固前后重型触探锤击数对比表**　　表 7-8

| 点　号 | 深度(m) | 夯前(击) | 夯后(击) | 夯间(击) | 夯后增长(%) | 夯间增长(%) |
|---|---|---|---|---|---|---|
| 7 | 0.0~1.0 | 24 | 28 | 25 | 17 | 4 |
| | 1.0~2.0 | 52 | 67 | 70 | 29 | 27 |
| | 2.0~3.0 | 117 | 135 | 87 | 15 | -22 |
| | 3.0~4.0 | 91 | 107 | 97 | 18 | 6 |
| | 4.0~5.0 | 104 | 114 | 118 | 10 | 12 |
| 8 | 0.0~1.0 | 25 | 32 | 30 | 28 | 16 |
| | 1.0~2.0 | 38 | 59 | 59 | 55 | 36 |
| | 2.0~3.0 | 82 | 97 | 100 | 18 | 19 |

续上表

| 点　号 | 深度(m) | 夯前(击) | 夯后(击) | 夯间(击) | 夯后增长(%) | 夯间增长(%) |
|---|---|---|---|---|---|---|
| 8 | 3.0~4.0 | 87 | 94 | 94 | 8 | 7 |
| | 4.0~5.0 | 112 | 115 | 126 | 3 | 12 |
| 9 | 0.0~1.0 | 32 | 30 | 26 | -6 | -20 |
| | 1.0~2.0 | 43 | 86 | 68 | 100 | 29 |
| | 2.0~3.0 | 88 | 115 | 108 | 31 | 17 |
| | 3.0~4.0 | 106 | 108 | 114 | 2 | 7 |
| | 4.0~5.0 | 109 | 108 | 126 | -1 | 16 |

**VI 区型号 1 夯实机加固前后重型触探锤击数对比表**　　表 7-9

| 点　号 | 深度(m) | 夯前(击) | 夯后(击) | 夯间(击) | 夯后增长(%) | 夯间增长(%) |
|---|---|---|---|---|---|---|
| 10 | 0.0~1.0 | 24 | 33 | 28 | 38 | 12 |
| | 1.0~2.0 | 67 | 108 | 94 | 61 | 25 |
| | 2.0~3.0 | 80 | 111 | 90 | 39 | 9 |
| | 3.0~4.0 | 74 | 110 | 107 | 49 | 30 |
| | 4.0~5.0 | 101 | 113 | 106 | 12 | 4 |
| 11 | 0.0~1.0 | 23 | 31 | 21 | 35 | -6 |
| | 1.0~2.0 | 69 | 92 | 77 | 33 | 9 |
| | 2.0~3.0 | 84 | 118 | 101 | 40 | 14 |
| | 3.0~4.0 | 114 | 129 | 112 | 13 | -2 |
| | 4.0~5.0 | 112 | 104 | 107 | -7 | -5 |
| 12 | 0.0~1.0 | 28 | 33 | 23 | 18 | -15 |
| | 1.0~2.0 | 47 | 69 | 38 | 47 | -13 |
| | 2.0~3.0 | 91 | 108 | 88 | 19 | -3 |
| | 3.0~4.0 | 101 | 120 | 98 | 19 | -3 |
| | 4.0~5.0 | 101 | 121 | 112 | 20 | 9 |

**四种机械夯实效果对比**　　表 7-10

| 项目 | 型号 1 | | | 型号 2 | | | 型号 3 | | | 型号 4 | | |
|---|---|---|---|---|---|---|---|---|---|---|---|---|
| 点号 | 10 号 | 11 号 | 12 号 | 1 号 | 2 号 | 3 号 | 4 号 | 5 号 | 6 号 | 7 号 | 8 号 | 9 号 |
| 夯前平均击数 | 6.92 | 8.04 | 7.37 | 5.22 | 6.22 | 6.38 | 8.24 | 7.48 | 7.34 | 7.76 | 6.88 | 7.56 |
| 夯后平均击数 | 9.50 | 9.48 | 9.02 | 6.04 | 6.96 | 7.24 | 9.02 | 9.04 | 9.10 | 9.02 | 7.94 | 8.94 |
| 夯间平均击数 | 8.50 | 8.36 | 7.18 | 5.38 | 7.06 | 7.44 | 7.74 | 8.32 | 8.60 | 7.94 | 8.18 | 8.84 |
| 夯前平均击数 | 7.44 | | | 5.94 | | | 7.68 | | | 7.40 | | |
| 夯后平均击数 | 9.33 | | | 6.74 | | | 9.05 | | | 8.63 | | |
| 夯间平均击数 | 8.01 | | | 6.62 | | | 8.22 | | | 8.32 | | |
| 夯后增长百分比 | 25% | | | 13% | | | 17% | | | 16% | | |
| 夯后影响深度(m) | 4.20 | 4.00 | 4.00 | 2.80 | 3.40 | 2.60 | 3.90 | 3.80 | 3.90 | 3.00 | 2.90 | 2.80 |
| 夯后平均影响深度(m) | 4.07 | | | 2.93 | | | 3.87 | | | 2.90 | | |

综上,上述四种夯实机都能取得较好效果,能达到加宽路基的补强冲密要求,可以在京石高速公路路基加宽中推广使用。

# 7.3 土工合成材料在路基加宽工程中的应用技术

## 7.3.1 设计技术

(1)原老路基低填路段(填方高度不大于0.8m+路面厚度)。开挖一级台阶,宽1.5m,一级台阶到顶;为减小新老路基不均匀沉降及提高新老路基衔接性,在下路床底面及顶面分别铺设一层钢塑格栅。

(2)原老路基非填砂路段。边坡高度大于0.8m+路面厚度且小于或等于8m时,原老路基边坡清坡50cm或75cm(土路肩宽度)后,自下而上第一级台阶采用1.5m(宽)×1m(高),第二级台阶及第二级台阶以上采用1.2m(宽)×0.8m(高),开挖一级填筑一级;填筑路基时在基底铺设一层土工格室,在下路床底面及顶面分别铺设一层钢塑格栅,以减小新老路基不均匀沉降及提高新老路基衔接性。

(3)原老路基非填砂路段。边坡高度大于8m时,清坡50cm或75cm(土路肩宽度)后,分层填筑拼宽路基至距路基设计高程5m处,开始自下而上开挖台阶,第一级台阶采用1.5m(宽)×1m(高),第二级台阶及第二级台阶以上采用1.2m(宽)×0.8m(高),开挖一级填筑一级;填筑路基时在最下一级台阶铺设一层土工格室,在下路床底面及顶面分别铺设一层钢塑格栅,以减小新老路基不均匀沉降及提高新老路基衔接性。

(4)老路填砂路段。先清除包边土,然后在坡表喷2~3cm厚M10水泥砂浆,自下而上开挖台阶,第一级台阶采用1.5m(宽)×1m(高),第二级台阶及第二级台阶以上采用0.6m(宽)×0.4m(高),开挖一级填筑一级;填筑路基时在最下一级台阶铺设一层土工格室,在下路床底面及顶面分别铺设一层钢塑格栅,以减小新老路基不均匀沉降及提高新老路基衔接性。

## 7.3.2 加筋材料要求

(1)新老路基拼接时,路床铺设的钢塑格栅宽度统一采用6m,新旧路基各搭设3m;土工格室铺设宽度一般采用8m,路堤墙及加宽宽度较小路段,土工格室宽度采用4m,土工格室自路基开挖台阶内侧开始铺设。

(2)钢塑格栅采用整体加工成型的凸结点双向钢塑格栅,抗拉强度不小于100kN/m,对应延伸率不大于3%,焊点剥离力不小于500N,条带厚度大于2mm,条带宽度为15~20mm,结点高度不小于5mm,网孔尺寸为100~150mm,钢丝外裹聚乙烯塑料碳黑含量不小于2%。

(3)基底土工格室材料要求(表7-11和表7-12)。

高强土工格室的尺寸偏差要求(单位:mm)　　表7-11

| 格式高度 | | 焊接、连接点距离 | |
|---|---|---|---|
| 标称值 | 偏差 | 标称值 | 偏差 |
| 50 | ±2 | 800 | ±2 |

高强土工格室力学性能　　表7-12

| 格室片单位宽度的断裂拉力(N/cm) | 格室片间连接处的断裂拉力(N) | 连接处连接件的抗剪切力(N) |
|---|---|---|
| ≥1200 | ≥6000 | ≥6000 |

高强土工格室的网带连接采用U型钢钉插接编织。U型钉直径不小于2.5mm,格室高度为50mm,网格尺寸为40cm×40cm;单网面积不小于50m$^2$。布网时应张拉到位,及时填埋,严禁暴晒。

### 7.3.3　高强土工格室铺设及施工技术

(1)布网时应张拉到位,及时埋填,严禁暴晒(图7-28)。

(2)路堤墙路堤或加宽小于2.8m路段土工格室铺设4m,其他路段铺设8m,从第一级台阶内侧开始铺设。

(3)铺设格室的层面应平整,不得有片石等坚硬凸出物,距土工格室10cm以内的路基填料的最大粒径不得大于12cm。

(4)网间连接可采用专用插件或现场连接方式。

图7-28　土工格室的铺设

### 7.3.4　钢塑格栅铺设及施工技术

(1)路床铺设两层格栅,铺设宽度为6m,新旧路床各搭设3m宽,铺设位置分别在距路床顶面以下50cm、80cm处。格栅之间搭接宽度不小于50cm。

(2)钢塑格栅的铺设面平整,铺设层经验收合格后,为防纵向歪斜现象,先按幅宽在铺设层画出白线或挂线,即可开始铺设,然后用U型钉固定格栅的端部(每米宽用钉4根,均匀距离固定)(图7-29)。

(3)固定好格栅端部后,将格栅缓缓向前拉铺,每铺10m长进行人工调整一次,直至一卷格栅铺完,再铺下一卷。

钢塑格栅施工质量的检查、验收见表7-13。

钢塑格栅施工质量的检查、验收　　表 7-13

| 项　次 | 检 查 项 目 | 规定值或允许偏差 | 检查方法和频率 |
|---|---|---|---|
| 1 | 平整度、拱度 | 符合设计施工要求 | 每 200m 检查 4 处 |
| 2 | 横向搭接宽度(mm) | +50,0 | 抽查 2% |
| 3 | 纵向搭接宽度(mm) | ≥150 | 抽查 2% |
| 4 | 搭接缝错开距离(mm) | 符合设计施工要求 | 抽查 2% |
| 5 | 粘结力(mm) | ≥20 | 抽查 2% |

图 7-29　土工格栅的铺设

# 7.4　高速公路路基加宽标准化施工技术

## 7.4.1　路基清表

(1)清表目的

清除表面松散、腐殖土,使新旧路基填土均匀、一致,较好衔接,加强路基整体性,达到设计图纸及技术规范要求。

(2)清表要求

①原地面清表(含边沟清表)。根据设计图纸要求深度进行清表,路基红线之内的垃圾、有机物残渣及原地面以下厚度不低于 30cm 内的草皮、农作物的根系和表土全部清理干净(图 7-30),以达到清除腐殖土层的目的。清表段划分要适当,不宜过长,清表完成后及时向现场监理工程师报验,验收合格后进行下道工序施工。

②边坡清表。根据设计图纸要求,植草路段按宽不小于 50cm、厚不小于 28cm 进行控制;根系较深路段(紫穗槐等)按宽 75cm、厚 40cm 进行控制;第一级台阶处清表宽度严格控制不小于 60cm(图 7-31)。

③清表土处理。清表土不可随意丢弃,由施工单位负责找场地集中堆放,留做将来绿

化换填使用。

图7-30 原地面清表

图7-31 边坡清表

④注意事项。清表前施工单位应参照设计图纸核对原地面高程,如有图纸未标明的构筑物由施工单位统计上报,按照不确定工程量程序进行确认。边坡清表考虑到旧路基边坡稳定性,在边沟填至原地面后再进行。

⑤控制要点。路基红线之内要清表到位,清表厚度要符合设计要求,清表段划分要适当,不宜过长,应多次报验。

### 7.4.2 填前碾压

(1)碾压要求

路基(包括边沟、护坡道及无边沟路段)清表后,由试验室对填前碾压段取土样做标准试验,以确定土的最大干密度和最佳含水率等试验指标,对天然含水率接近最佳含水率时可以进行填前碾压工作。当含水率较大、大于最佳含水率但不超过最佳含水率5%的段落,采取翻拌晾晒的方式,以降低土的含水率,达到压实条件后进行压实。当含水率较大且无法碾压,经过翻拌晾晒仍然达不到碾压标准时,由施工单位按照程序上报,建设单位、监理单位、设计单位、施工单位现场根据具体情况确定处理方案,并形成会议纪要。处理方案中涉及不确定工程量的部分由建设单位、监理单位、施工单位等现场确认工程数量。图7-32为填前碾压现场图。

图7-32 填前碾压

(2)控制要点

①检测换填厚度、宽度、长度并做好原始记录。

②控制松铺厚度、碾压遍数,现场观察边角压实情况,无碾压轮迹。

③山皮土或砂砾压实度检测采用高程差控制,待填筑层顶面稳定无明显高程差异时进行沉

降差检测,检测方法采用18t以上振动压路机振压两遍,以高程差不大于3mm进行控制。

### 7.4.3 边沟处理

依据第5章中的要求根据老边沟大小进行回填。

### 7.4.4 加宽路基施工技术

(1)路基加宽填筑施工工艺与流程,如图7-33所示。

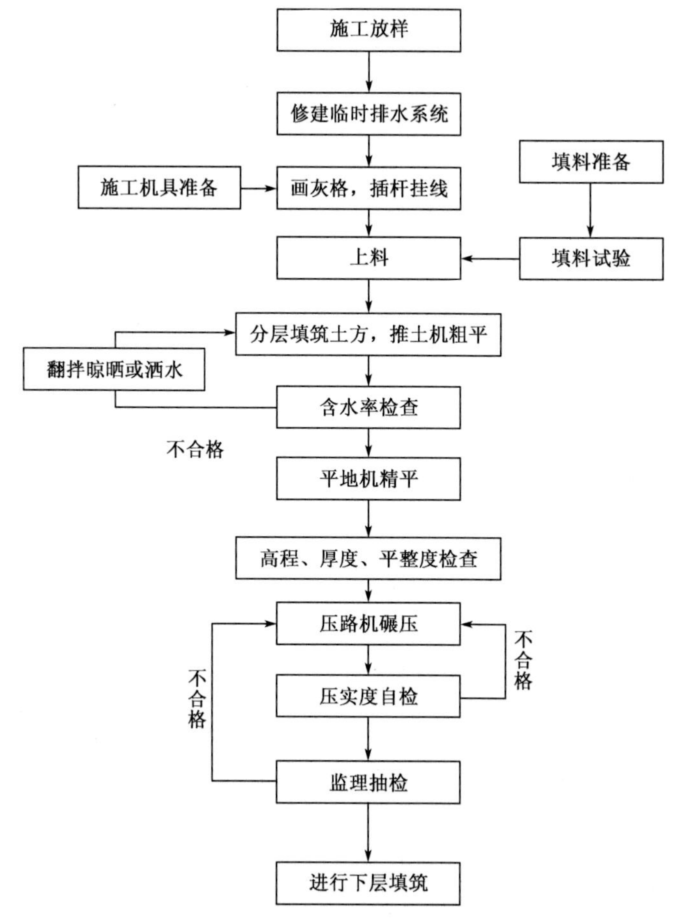


图7-33 路基加宽填筑施工工艺流程

(2)老路基边坡台阶开挖,如图7-34所示。

①路基开挖前,先进行原路基坡脚以外原地面及边坡的清表。边坡清表时要根据填筑速度和台阶的开挖高度沿路线逐段进行,不可将边坡清表和台阶开挖一次性完成。

②台阶沿原坡面线相应位置采用逐层开挖的方法,填筑一层台阶高度的路基再开挖下一层台阶。

③施工时,台阶开挖要确保开挖层面落在坚实的土基上,禁止为了台阶线形一致而用

虚土人工培护台阶。

④为保证新旧路基拼接质量，除灰土层以外，每级台阶高度必须用重型压路机和小型台阶夯实机进行补强。

⑤如果开挖后老路台阶上的土基强度达不到要求，需将表面强度不足的土层翻拌晾晒，再与新路基土一起碾压至规定的密实度。

⑥注意事项。

a. 采取机械进行开挖，开挖时要注意不能破坏原路基结构。在开挖台阶时，由于机械开挖不易控制，要用人工配合开挖，在机械将台阶基本挖到位时，人工进行修整。

b. 由于在施工过程中，原高速公路仍然正常通车，所以在开挖时要注意行车的安全。项目部应设有保通人员，负责指挥引导车辆尽量不靠近紧急停车带行驶，以免影响边坡稳定。

c. 为保证原路基的稳定性，边坡台阶开挖前应在原路基路肩侧及老路基坡面埋观测点监控，防止因超挖造成原路滑坍等现象的发生。如有问题及时报告，并采取相应的保护措施。

d. 台阶开挖过程中要做好排水工作，以防雨水冲刷开挖好的台阶而破坏原高速公路路基。具体措施为将原高速公路路面水引向泄水槽内，并在加宽路基上设置横向排水沟将水排向路基外侧水沟。当雨水很大时可在原路基边坡上覆盖彩条布，防止冲刷。

(3)施工放样。根据原高程控制点和加密导线点用全站仪进行测量放线，按照20m间距放出边桩，根据填筑层面的高程，放出路基的填筑边线（按照加大50cm控制）并用白灰撒线，做好各高程记录，以便控制填筑层厚。

(4)临时排水设施。可在新路堤便道1m外开挖临时排水沟（图7-35），梯形断面不宜小于80cm×80cm，纵坡不小于5‰。

图7-34　开挖台阶

图7-35　临时排水设施

(5)划格上土，挂线施工。上土前，根据压实厚度和每车土的运量确定单位车辆的卸土面积，用白灰线打出方格控制卸土范围（图7-36）。整平时，根据松铺厚度在老路基台阶边缘和填土路基边缘纵向钉桩挂线施工，挂线桩采用5cm×5cm×70cm的木桩，并用红白油漆每10cm交错标注,沿路线每7m两侧各插一根,要求钉桩竖直,挂线平顺,按其挂线高度找平。

a)

b)

图7-36 打格画线

(6)路基上土(图7-37)。路基卸土,应派专人负责管理。路基填料应均匀地摊铺在整个拼宽路堤宽度范围内,碾压前应先整平并做成设计横坡。

(7)推土机粗平,含水率检查,平地机精平,高程、厚度、平整度检查。用推土机和平地机将填料按试验段确定的松铺厚度摊铺平整(图7-38),土方路堤分层填筑最大松铺厚度不超过30cm,最小压实厚度应不得小于10cm。性质不同的填料分段填筑,同一水平层路基的全宽采用同一种填料,不得混填。每种填料的填筑层压实后的连续厚度不小于50cm,填筑路床顶最后一层时,压实厚度应不小于100mm;碾压前,应确保土的含水率在最佳含水率±2%范围内,否则应进行翻拌晾晒(图7-39)或掺水,并进行高程、厚度、平整度检查,以便获得均匀的压实效果。

图7-37 路基上土

图7-38 平地机整平

(8)压路机碾压(图7-40)。碾压由路基边侧向中心碾压,超高路段由内侧向外侧超高部分碾压,先轻后重,先静压,后振动。对振动压路机须重叠40~50cm,对三轮压路机须重叠后轮宽的1/2,前后相邻两区段纵向须重叠不小于2m,并应达到无漏压、无死角,确保碾压均匀。碾压厚度满足设计要求(图7-41)。连接结构物的路堤工程,施工不得危害结构物的安全稳定。新老路基搭接范围采用强力夯实机或重型压路机进行补强追密(图7-42和图7-43)。

图7-39　翻拌晾晒

图7-40　压路机碾压

图7-41　高程检查

图7-42　强力夯实机夯实

图7-43　重型压路机补强追密

(9)压实度检测(图7-44和图7-45)。路基压实度检测方法采用灌沙法。施工单位自检合格后,报驻地办和总监办,总监办和驻地办共同抽检,保证满足压实度要求。

(10)进行下层填筑。监理单位检查合格后进行下层填筑。

图7-44　压实待检

图7-45　压实度检测

# 第8章　高速公路改扩建特殊路基加宽施工技术

## 8.1　路桥(涵)过渡段路基加宽施工技术

### 8.1.1　路桥(涵)过渡段路基加宽施工原则

(1)台背回填所用填料要求为石灰土或液态粉煤灰。

(2)根据现场施工情况,当结构物已完成且路基土方未填筑或填筑进度较慢时,采用7%石灰土与路基同步填筑;当路基填筑较快或已完成,结构物施工较慢时,采用液态粉煤灰填筑。严禁使用砂砾或山皮土作为填料进行台背回填。

(3)台背回填时,台(涵)身圬工砂浆的强度或混凝土强度应达到设计强度的100%以上,并且在结构物施工过程中应采取妥善的措施保证基底不被水浸泡。

(4)台背回填施工的范围应符合设计图纸的尺寸要求;根据图纸设计本项目U型桥台,肋式,扶壁式桥台、暗板涵、明板涵、箱涵、管涵,施工时认真审核图纸;按桥头路基处理设计图进行施工。

(5)台背回填的顺序。梁式桥的轻型桥台填土应在梁板安装以后在两侧对称进行;对于有支撑梁的轻型桥台回填必须在支撑安装或浇筑完成之后方可进行;对于整体式箱涵应在两侧对称进行回填;柱(肋板)式桥台宜先做台背回填再浇筑盖梁。柱(肋板)式桥台两侧对称、平行进行回填,回填施工的顺序应保证构件不产生附加水平推力,严防产生桥台位移和偏心受压。柱和肋板式桥台宜先填筑桥台土方再浇筑盖梁,这样可充分发挥机械作用,做到台背回填不沉降,确保工程质量。已浇筑盖梁的桥台,当填至盖梁下,由于净空较小,小型机械不能作业,可用M7.5砂浆浆砌片石,分层铺砌盖梁底。

(6)构造物基坑回填。基础施工完毕及时进行基坑回填,并保证严格分层。地质良好地段且施工区域狭小无法采用机械回填压实时,可采用小型振动机械振压以达到要求的压实度,严禁人抬木夯、石夯和蛤蟆夯上路。软土地基段,应将基地积水排出,并将松软土清理干净。

### 8.1.2 石灰土台背回填施工技术

1. 材料要求

(1)石灰。石灰的各项参数应符合技术规范的要求,所用石灰应采用Ⅲ级以上石灰。石灰应尽量缩短存放时间,当在野外存放时,应覆盖防潮;生石灰应于使用前7～10d消解,并在使用前过10mm的筛,或直接采用磨细的生石灰粉,对磨细的生石灰粉应加大试验检测频率,以确保石灰质量合格。

(2)稳定用土。最适宜用于石灰稳定的土,应是塑性指数为15～20的黏性土及含有一定数量黏性土的中粒土和粗粒土;当采用塑性指数较小的土时,应在其中添加一定数量的黏土,以提高其混合料的板结性能和强度(回弹模量)。

(3)水。混合料含水率不符合最佳含水率要求时,应添加适量的水,采用饮用水(含牲畜饮用水)即可。

2. 混合料拌制

(1)混合料各种原材料用量计算。图纸中采用的是7%石灰土,施工之前应根据设计要求的石灰剂量配制土样,对石灰土进行标准击实试验,以确定最大干密度和最佳含水率,并同时配制相应试件以检验混合料的强度,计算出每立方米混合料的石灰和原状土用量。

(2)拌制。为保证石灰土拌和的均匀性,要求台背回填土都必须采用场外集中拌和,各标段可根据自身设备情况选择相应的拌和方式,但拌和后的混合料应满足如下要求:①混合料中土块的最大粒径应符合规范要求,即采用塑性指数偏大的黏性土时,最大粒径不大于15mm;当采用粗粒土时,最大粒径不大于37.5mm。②混合料所采用的各种原材料用量计量要准确,含水率应大于最佳含水率1%～2%。③混合料拌和要充分,色泽应均匀,无明显的生土团和石灰窝现象。

3. 回填施工与质量检验

(1)现场准备。台背回填应和路基施工统筹安排,对高填方处台背回填最好是能与路基平行进行,以降低该处的施工难度,回填施工之前应采用醒目的颜色在台背后的左、中、右三个部位做出分层填筑厚度的标记,用以控制分层填筑的厚度,每层松铺厚度15cm,以相应石灰土的松铺系数确定。回填施工之前,应人工将台背基坑中的松土清除干净。已填筑的路基进行挖台阶处理,底部距基础外缘3m,与新填路基衔接处按1:1.5的比例放坡开挖台阶,台阶宽度1.5m,高1m。

(2)摊铺。摊铺前对混合料进行灰剂量及含水率检测,合格后进行回填。回填时应根据每一填筑层的高程位置现场量测出填筑面积,并根据填筑面积和松铺厚度15cm计算出该层的石灰土用量。用汽车将混合料从集中拌和场运至现场后进行摊铺,摊铺施工可采用推土机配平地机进行。

(3)压实。采用压路机进行碾压,对压路机不能靠近的台背、耳墙附近区域,应采用小型的振动式的压路机或采用高性能的冲击夯、汽夯进行压实。

(4)压实度检测。台背回填的压实度从填方基底至路床顶面均为97%。每层回填压实完成后,应按规范规定的频率进行压实度检测,检测合格并经监理工程师抽检合格后方可进行下一层的施工。

4. 控制要点

(1)回填应分层填筑,根据压实机型,一般控制在每层压实厚度不大于15cm。分层填筑应尽量保证摊铺厚度均匀。在雨季回填时,填筑面应做成3%~4%的坡度,以利于排水。

(2)构造物的回填应遵照两边对称原则。并做到在基本相同的高程上进行,防止不均匀回填造成对构造物的损坏。

(3)靠路基的坡应当挖成设计要求的台阶,以保证回填质量。

(4)回填前,先在断面上划分回填层次,确定检测频率,填写检测记录。

(5)填筑时要设专人负责。

(6)不同土质应分层填筑,不准混合使用。回填土要经过选择,含水率接近最佳含水率时碾压,边角要碾压到位。

(7)台背与锥坡同时回填。

5. 施工质量问题预防措施

(1)路基灰土层开裂。控制土灰比例、含水率,后期养生要及时,保持湿润状态。

(2)灰剂量不足。灰土拌和不均匀或备灰量不满足设计要求,拌和时应及时检测灰剂量,保证满足设计要求,避免返工。

(3)灰土出现鼓包现象。灰土中有灰块存在,消解不充分,施工前消石灰应过孔径为10mm的筛。

### 8.1.3 液态粉煤灰回填施工技术

1. 施工流程

测量放样→台阶粗开挖→开挖清理基坑→基坑验收→基坑回填砂(或砂砾)→台阶精细开挖→施工包边土→浇筑液态粉煤灰→养生→检查验收。

2. 施工工艺

(1)测量放样

根据台后填土高度、边坡坡率测放出台背回填的施工范围,并做明显的标识。

(2)台阶粗开挖

做好台背填筑范围标识后,按图纸设计的尺寸对台后填土进行粗放的台阶开挖(图8-1),原地面的台阶宽度要不小于3m,以便于对基底松软土进行开挖回填。

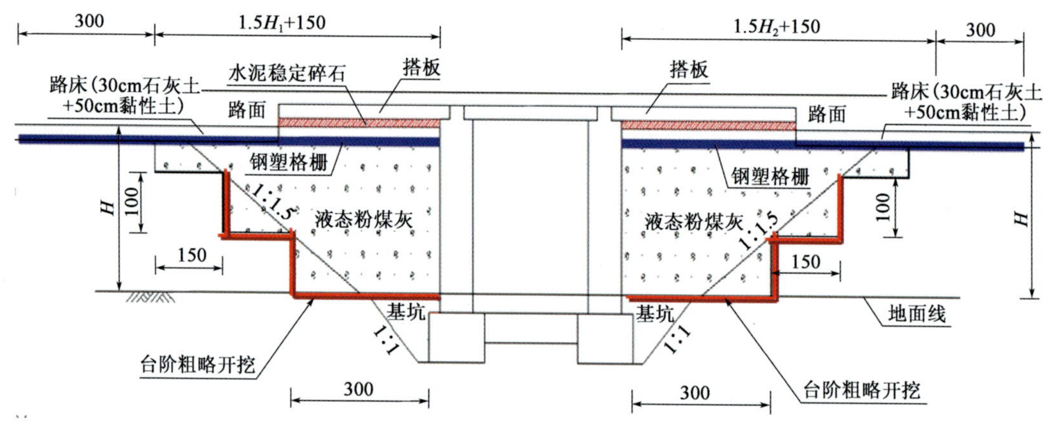


图8-1　台背填土台阶开挖

台阶粗开挖既能保证现场有足够的施工工作面,也能避免发生坍塌等不安全状况。

(3)开挖清理基坑

挖除原基坑内的松散土层,直至基底原状土。并开挖成相对规整的形状,既美观也便于回填和夯实。基坑开挖宽度尽量能够满足20t以上压路机碾压。局部受场地或空间的限制时必须用冲击夯进行夯实(图8-2)。

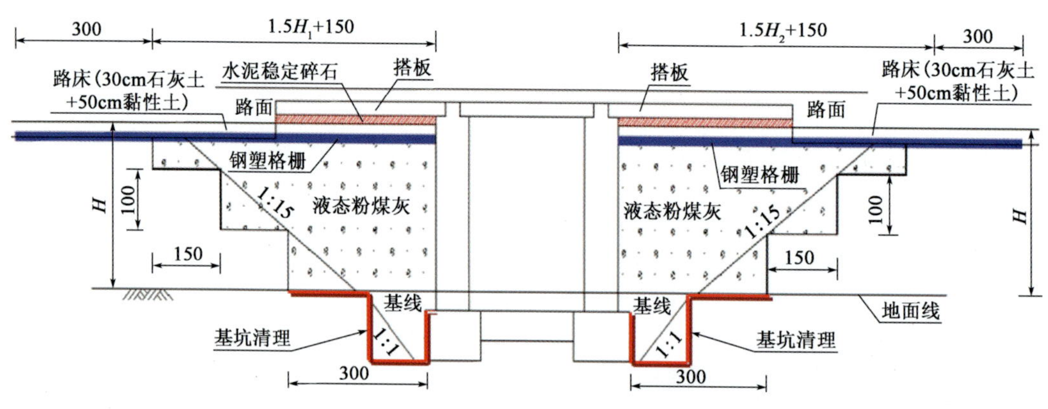


图8-2　基坑清理

(4)基坑验收

基坑开挖清理夯实完成后,需对基底进行压实度等指标进行检测,满足要求后方可进行回填工序。

(5)基坑回填

选择砂或砂砾对基坑进行分层回填,直至略高于基础顶和原地面3~5cm。用人工对表面进行修整,使表面平整,无硬块和凸出物。

回填至基础顶以后用20t以上压路机对原地面3m范围进行补强碾压,直至达到97%的压实度要求。对压路机碾压不到的部位用小夯机进行夯实(图8-3)。

a)

b)

图8-3　台背基底碾压

(6)台阶精细开挖

原地面处理完成后,根据填土高度和图纸设计的台阶开挖尺寸(宽1.5m,高1.0m)进行台阶的精细开挖(图8-4)。

图8-4　台阶精细开挖

开挖形成的台阶表面必须平整,质地要坚实。无松散,且棱角分明。

如已开挖到设计尺寸,台阶压实度仍不满足要求,需继续向后开挖,直至合格。

(7)施工包边土(图8-5)

包边土不仅是锥坡的重要组成部分,而且还起到支挡液态粉煤灰的作用,因此压实度至关重要。其压实标准不小于路基压实标准。包边土施工需做好以下几点:

①必须分层填筑,用20t以上压路机碾压时厚度不大于25cm,用小夯机夯实时厚度不大于15cm。

②为保证压实设备的施工工作面、台后修整面和坡面刷坡后的密实度,包边土在填筑过程中每侧宜宽出设计边线不小于25cm。包边土内壁采用人工进行精细修整,确保内壁竖直,表观密实。

③包边土尽量选择塑性指数大于12的黏性土。

(8)浇筑液态粉煤灰(图8-6)

a)

b)

c)

图 8-5　包边土施工

图 8-6　浇筑液态粉煤灰

浇筑液态粉煤灰之前,需对基槽四周进行检查,确保密实、无缝隙或敞口现象,避免出现渗流现象,并对内壁进行润湿。

混合料运输就位后通过自制溜槽注入基槽内,混合料拌和运输能力应保证现场浇筑过程连续。混合料自由倾落高度不宜大于 2m。

混合料浇筑完成后用人工对表面进行整平。

(9)养生

每次灌注完成,待混合料初凝后,用土工布进行覆盖养生。一直保持表面湿润。

强度增长过程中会出现表面开裂现象。可用 1:2 的水泥浆进行灌缝处理。

(10)检查验收

以上每道工序完成后均需报现场监理工程师对回填范围(几何尺寸)、压实度、混合料的拌和质量、强度进行检查。全部符合要求后方可进行下道工序施工。

3. 液态粉煤灰拌和工艺

(1)液态粉煤灰的拌和必须选用混凝土拌和站进行集中拌和。严禁使用滚筒式拌和机在现场直接拌和使用。

(2)混合料组成控制

现场检测粉煤灰的含水率,据此按每次拌和容量精确计算出各种材料的用量。水泥用量控制在水泥总量的 ±1% 范围内,粉煤灰用量控制在总量的 ±3% 范围内,水控制在总

量的 ±3% 范围内，减水剂应准确称量后加入。

(3)结块粉煤灰的粉碎

粉煤灰尽量使用干粉煤灰，因为湿粉煤灰容易结块。结块粉煤灰在进料前应粉碎或过筛，保证水与粉煤灰颗粒完全接触以顺利进行化学反应。结块的粉煤灰进入混合料会成为夹心，造成局部强度不足。

(4)拌和

为保证混合料的拌和质量。每次混合料的拌和时间不得小于 120s，搅拌完成后现场量测混合料的稠度，使其流动性满足施工要求。

(5)留样检测

每天或每工作班按相关评定标准要求制作试件，检验 7d 和 28d 强度(图 8-7)。并于 28d 检验钻芯强度。

图 8-7　试样制作

4. 施工质量控制

(1)必须保证基底及原地面处理后的压实度达到设计指标和规范的要求，否则依然会发生沉降或变形。

(2)回填盖板涵、盖板通道、箱涵等小型结构物台背必须两侧同时进行。对于装配式面板的轻型桥台必须在梁板安装完成后才能回填。

(3)液态粉煤灰的保水能力较差，比较容易泌水。为尽可能获得较高的强度，必须及时将积水清除。并进行 2～3d 的晾晒，使水分尽量蒸发。

(4)台背卸载以后应抓紧进行回填，避免基底出现反弹。

(5)质量标准。

①要严格控制周边填土的压实度，四周界面必须到硬茬，驻地监理工程师亲自验收并拍摄照片备查。

②施工过程严格控制配合比，及时填写浇筑记录并建立台账。

③强度指标满足设计要求。

(6)质量档案记录。

①基坑开挖清理后照片、尺寸记录。

②原地面压实度检测记录。

③原材料质量检测记录。

④混合料组成设计报告。

⑤浇筑前混合料配合比通知单。

⑥混合料浇筑施工原始记录。

⑦混合料 28d 室内无侧限抗压强度试验记录。

⑧钻芯照片和强度记录。

⑨回填后顶面尺寸、高程、平整度记录

## 8.2 高速公路短路基加宽施工技术

既有京石高速公路具有小型结构物繁多、密度大,路基段落相对较零碎等特点。将路基填筑长度小于 100m 的路基定义为短路基。考虑到填筑路基短,碾压机工作面小,填筑普通填料难以确保其压实度满足设计要求,因此短路基设计可采用以下方案。

(1)路基长度 $L \leq 30$m 的路基定义为超短路基。考虑到碾压困难,填筑普通填料难以满足压实度要求,可采用液态粉煤灰填筑(图 8-8)。

a)

b)

图 8-8 短路基浇筑液态粉煤灰

(2)30m < 路基长度 $L$ < 100m 时,路基填筑采用 7% 石灰土。为确保路基填筑满足压实度指标要求,经普通碾压机碾压后,对局部无法压实的部位采用小型强夯机或人工夯实进行补强,待填筑至路床顶高程后,若有条件,建议增加堆载预压。(堆载预压具体要求:路床施工完毕后,满足设计高程、路床顶面必须整平为 2% 的横坡,确保排水需求。然后进

行堆载预压,堆载预压土方可以为砂土、黏性土、砂砾、山皮土、块片石;若有条件,可以采用路面材料进行预压。预压期不小于90d,最好选择冬季。)

(3)路基长度 $L \geq 100$m 时,按一般路基段处理。

## 8.3　路桥(涵)过渡段加宽路基冬季备土堆载预压

### 8.3.1　堆载预压目的

为了减小台背路基及一般路基工后沉降,实现京石高速公路改扩建工程桥头路基沉降满足设计要求的目标,确保通车后行车的舒适性与安全性,自2013年底对全线桥头路基进行堆载(等载或超载)预压。

### 8.3.2　堆载预压及备土方案

根据工程进度详细计算需备土方量,按照"先台背,后主线,再互通"的原则,保证预压完成后备土完全利用而不产生弃方,倒运距离不宜超过2km。

1.改扩建段一般路基备土预压方案

已施工至路床的一般路基备土预压松方高度为2.0m,堆载预压设置段落长100m,两堆载预压土体段落之间预留1.5m宽作为排水通道,排水通道上铺设塑料薄膜;备土段落修整整形并采取覆盖措施防止扬尘,如图8-9所示。

2.改扩建段路基堆载备土方案

根据施工便利原则在就近位置备土,已完成下路床填土的,预压备土松方高度为0.8m,下底宽6m;已完成上路堤填土的,预压备土松方高度为1.6m,下底宽8.3m;未施工至上路堤的段落,以两构造物为单元计算土方工程量,分别在主线拼宽路基上进行备土,便于来年土方填筑施工,备土段落修整整形并采取覆盖措施防止扬尘,如图8-10所示。

3.改扩建段台背预压方案

改扩建段已施工至路床的台背进行堆载预压,预压松方高度为2.5m,在桥头搭板范围内预压宽度为桥涵拼接宽度,在路基拼接范围内从拼接部位开始预压,台背路基预压长度不少于30m,顶层修整整形并采取覆盖措施防止扬尘,如图8-11所示。

4.短路基备土预压方案

已施工至路床的短路基需进行预压,备土预压松方高度为2.5m,在桥头搭板范围内,预压宽度为桥涵拼接宽度,在路基拼接范围内从拼接部位开始预压,备土段落修整整形并采取覆盖措施防止扬尘,如图8-12所示。

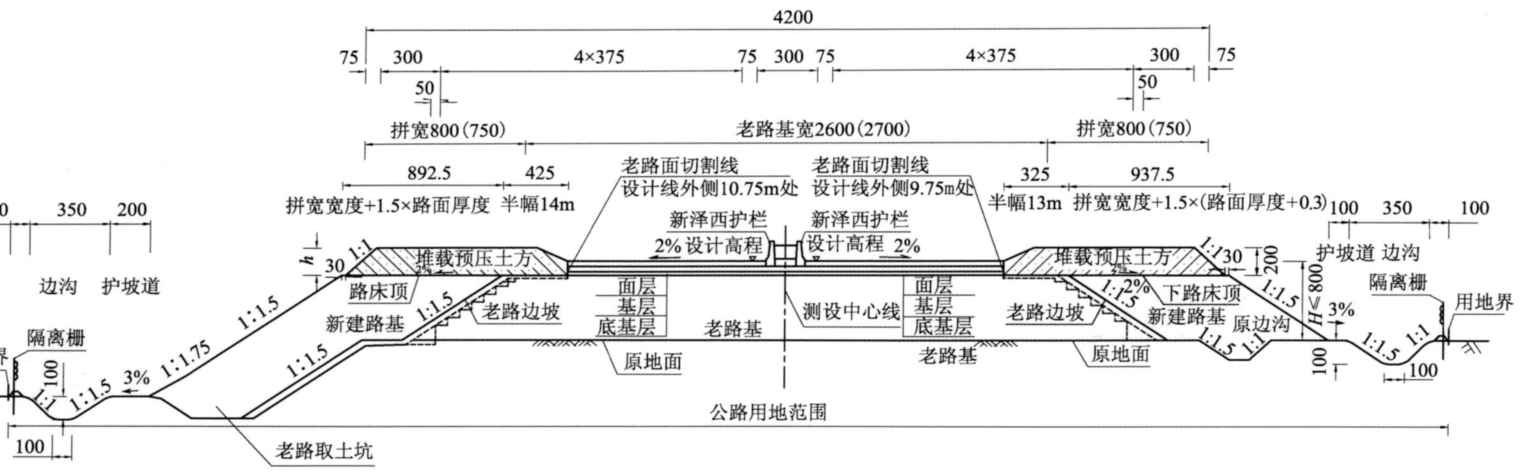


附注：
1. 本图尺寸均以cm计。
2. 本图为全路段路基超载堆载预压示意图，考虑到老路路面接受自然降雨和融雪、融冰将产生积水，建议堆载预压设置段落长为100m，两堆载预压土体段落中间预留1.5m宽度，铺设塑料薄膜为预留排水通道。
3. 图中$h$为堆载高度，一般路基堆载高2.0m，桥头路基、短路基堆载高2.5m；桥头路基纵向2.5m堆高堆载长30m。
4. 堆载填料可以为：砂土、黏性土。
5. 堆载预压时间建议不少于90d。
6. 为了避免老路路面的污染，必须在卸载完成且对老路路面进行冲洗干净后，方能进行路面施工。

**图8-9　路基堆载备土横断面设计图（一）**

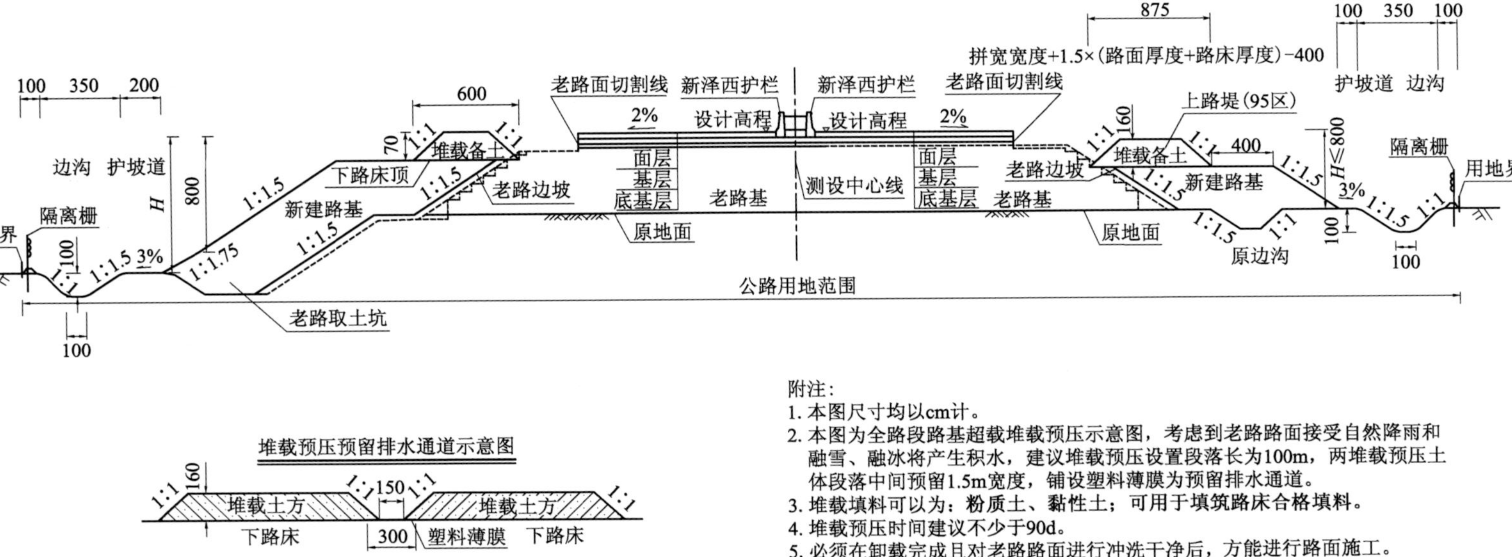


附注：

1. 本图尺寸均以cm计。
2. 本图为全路段路基超载堆载预压示意图，考虑到老路路面接受自然降雨和融雪、融冰将产生积水，建议堆载预压设置段落长为100m，两堆载预压土体段落中间预留1.5m宽度，铺设塑料薄膜为预留排水通道。
3. 堆载填料可以为：粉质土、黏性土；可用于填筑路床合格填料。
4. 堆载预压时间建议不少于90d。
5. 必须在卸载完成且对老路路面进行冲洗干净后，方能进行路面施工。

图8-10　路基堆载备土横断面设计图（二）

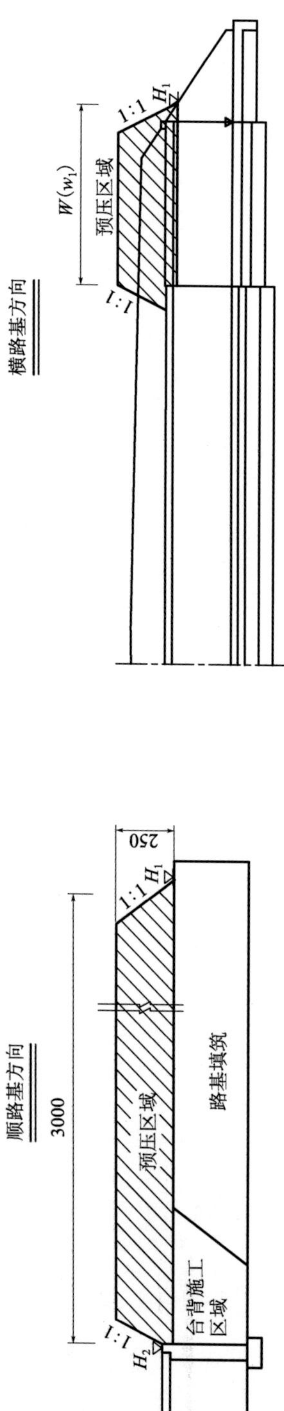


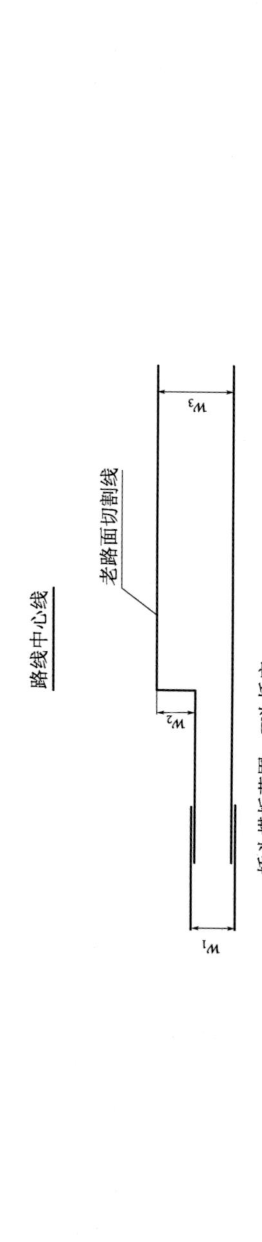


注：1. 单位为cm。
2. $H_1$为97区顶面高程；$H_2$为台帽顶面高程。
3. $w_1$在桥头搭板范围内为桥梁拼宽宽度。

图8-11 路基堆载备土横断面设计图（三）

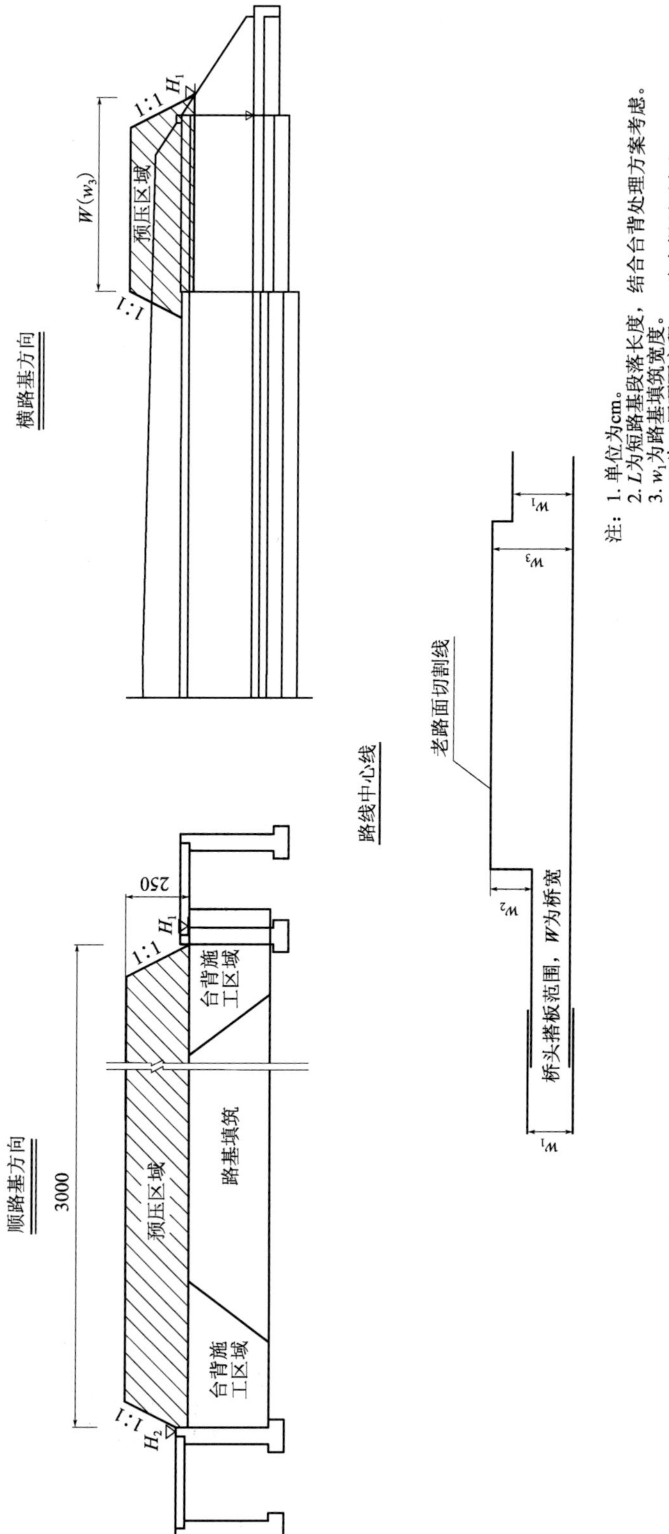


注：1. 单位为cm。
2. $L$为短路基段落长度，结合台背处理方案考虑。
3. $w_1$为路基填筑宽度。
4. $H_1$为97区顶面高程；$H_2$为台帽顶面高程。

图8-12　路基堆载各土横断面设计图（四）

### 8.3.3 堆载预压沉降观测方案

1. 堆载预压沉降观测原则

为了确保台背预压达到预期效果，提出了台背预压沉降观测原则。

(1)对已完成桥涵盖板未填筑台背的桥涵，在基底和台后路基上设置沉降观测板，每幅每侧桥台设置两处，堆载填筑期每填高1m观测一次，堆载预压码方整形后每7d观测一次。

(2)对已完成桥涵盖板且已填筑部分台背的桥涵，在现有填筑的台背面上和台后路基上设置沉降板，每幅每侧桥台设置两处，堆载填筑期每填高1m观测一次，堆载预压码方整形后每7d观测一次。

(3)对已填筑完成的台背在台背顶设置沉降板，每幅每侧桥台设置两处，堆载预压码方整形后进行沉降观测，每7d观测一次。

(4)对已完成台背预压土的桥涵，在预压土顶面1m范围内埋设沉降板并加以固定，沉降板位置距离台身后不小于10m。

2. 堆载预压沉降观测方案

(1)沉降板的制作

沉降标由底座、管节和保护套管组成。底座为60cm×60cm×1cm的钢板；直杆为一根φ25mm的钢管，焊接固定于钢板中心，也可由3根$\phi<10$mm的斜钢筋或三块钢板焊接在沉降板上；沉降杆应随填土升高而逐渐接高，每段接管的长度为50cm左右；保护套管采用塑料套管，套管尺寸以能套住测杆并使标尺能进入测头为宜。随着填土的增高，测杆和套管也相应接高，每节长不超过55cm。接高后测杆顶面应略高于套管上口。底座及管节如图8-13所示。

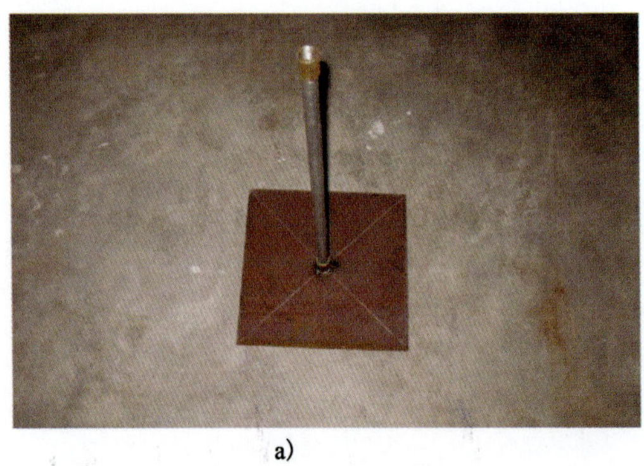
a)

b)

图8-13　底座及管节

(2)沉降板的点位数量及分布

由于主要是针对台背进行沉降观测，每个台背按照不同工况布置两个观测断面。具体布置分为横向和纵向两个方面。

①纵向布置。观测断面距桥头方向的距离为2.5～20m,据现场的情况可进行调整,但必须保证距桥头距离不小于2m。对已完成台背预压土的桥涵,沉降板位置距离台身后10m。

②横向布置。每个观测断面横向布置一个沉降观测点。其中,新建段沉降板在路中心线上埋设;改扩建段沉降板距路中心线距离13.5～15.5m处埋设。沉降板的布设如图8-14所示。

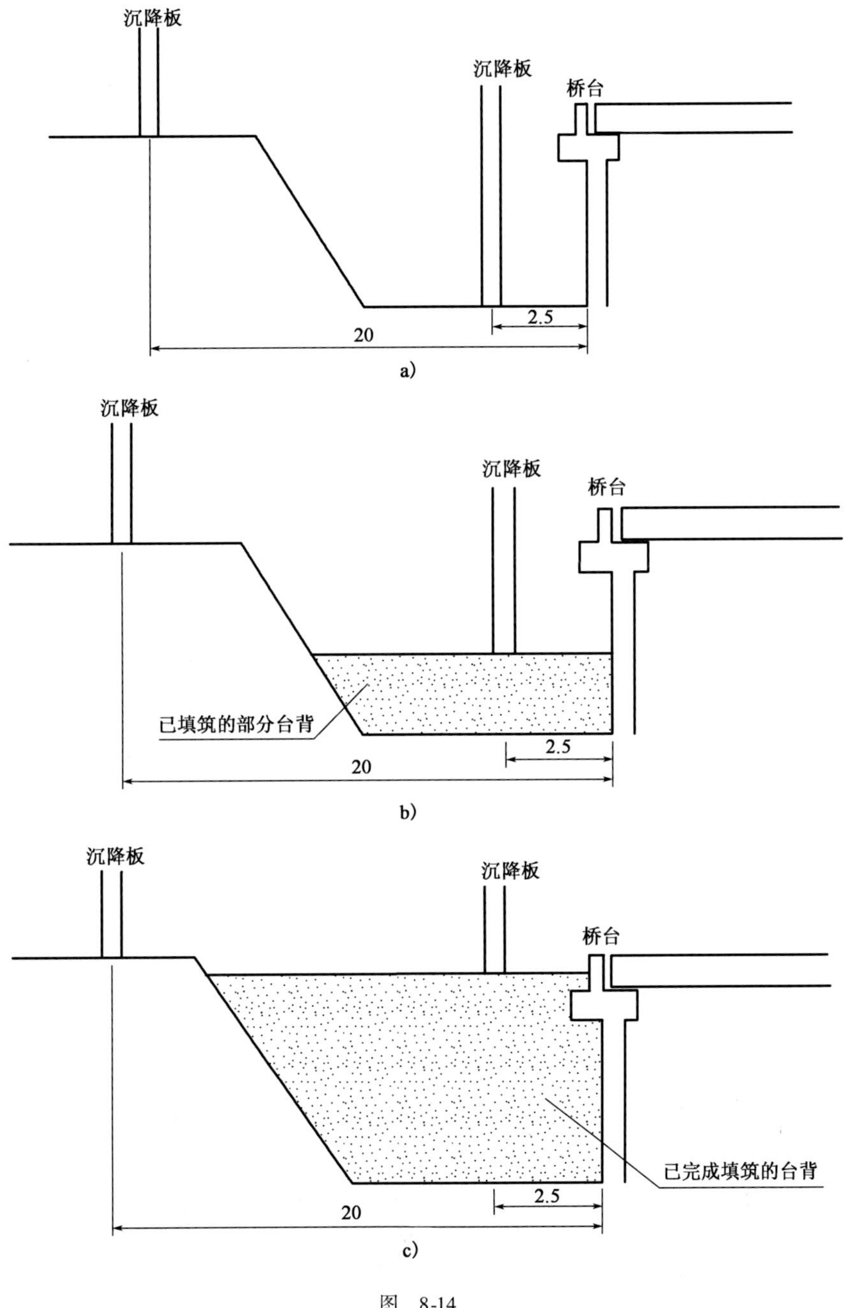


图　8-14

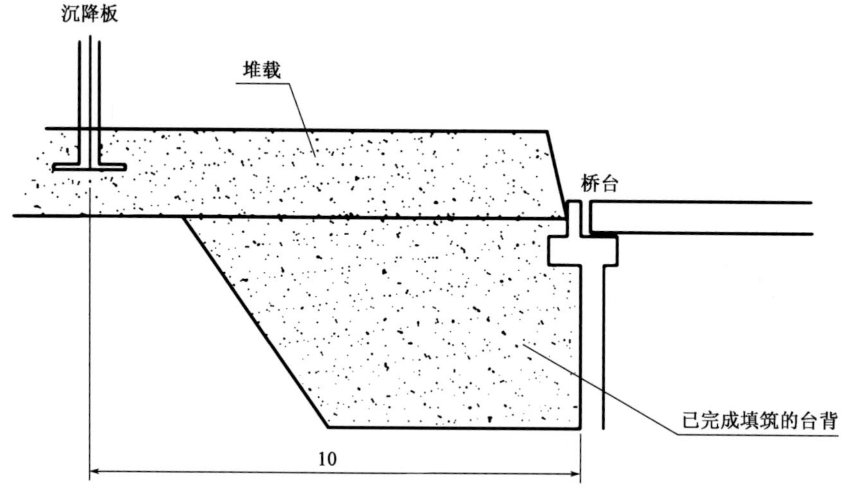


d)

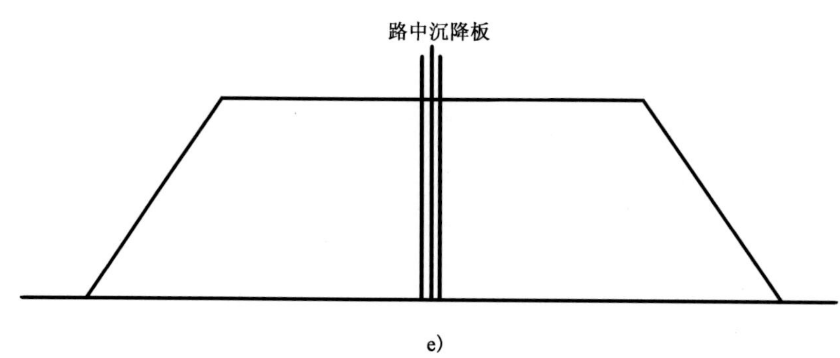


e)

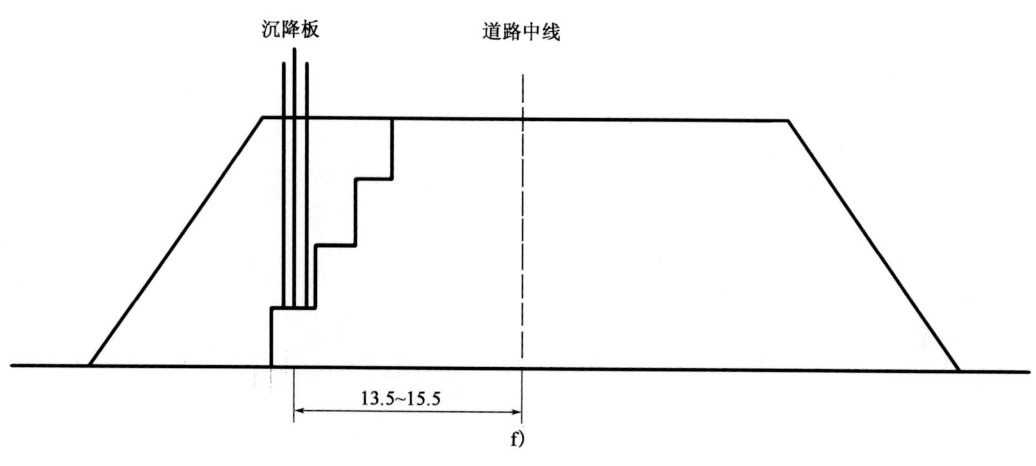


f)

图 8-14

g)

h)

图 8-14　沉降板布设图(尺寸单位:m)

(3)沉降板的埋设方法

①工况一:台背未填筑。

a. 在埋设地点挖 100cm × 100cm × 50cm 左右的土坑,坑内用厚 3 ~ 5cm 的黄砂垫平压实。

b. 将沉降板平放在坑内,四周用黄砂填实并校正水平,再回填土整平压实。

c. 填料时,应先在沉降板周围填料压实,以保护沉降板,护套管埋设于离底板 30㎝处。

d. 为防止施工时损坏沉降板与测杆,周围采用小型夯实机夯。沉降板埋设如图 8-15 所示。

②工况二、三:台背填筑中及已完成填筑的路段。

对于填料为灰土的台背,上述工况一的方法同样适用。对于已经填筑部分液态粉煤灰及灰土的路段,开挖工作如果难以实施,可将沉降板直接放置于压实后的路基顶面,后续工作同工况一。当开挖工作难以实施时,沉降板埋设如图 8-16 所示。

③工况四:已完成台背预压土的桥涵。

a. 在埋设地点挖 100cm × 100cm × 100cm 左右的土坑,坑底用人工夯等夯实,坑内用厚 3 ~ 5cm 黄砂垫平压实。

b. 将沉降板平放在坑内,四周用黄砂填实并校正水平,再回填土整平压实。待回填土填至距沉降板 30cm 左右时,将护筒放置在正确位置,尽量使沉降管位于护筒正中。

c. 继续回填并压实,待沉降板稳定后方可停止。

注意:回填时,注意沉降管及护筒的高度,若高度不够,应及时接管。

(4)观测频率

对已完成桥涵盖板未填筑台背的桥涵,预压土填筑期间每填高 1m 观测一次,堆载预压码方整形后每 7d 观测一次;对已完成桥涵盖板且填筑部分台背的桥涵,预压土填筑期间每填高 1m 观测一次,堆载预压码方整形后每 7d 观测一次。对已填筑完成的台背,堆载预压码方整形后进行沉降观测，每7d观测一次（图8-17）。

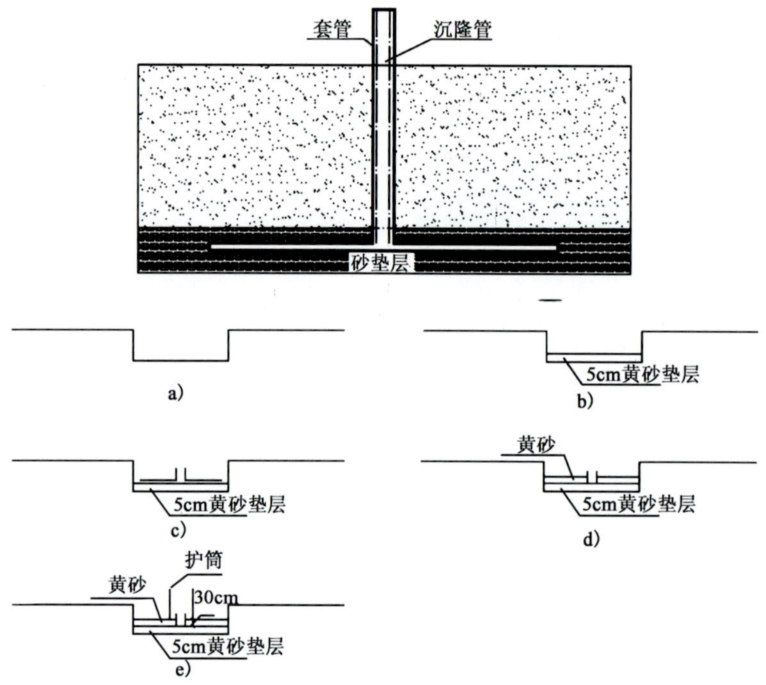


图8-15　沉降板埋设示意图

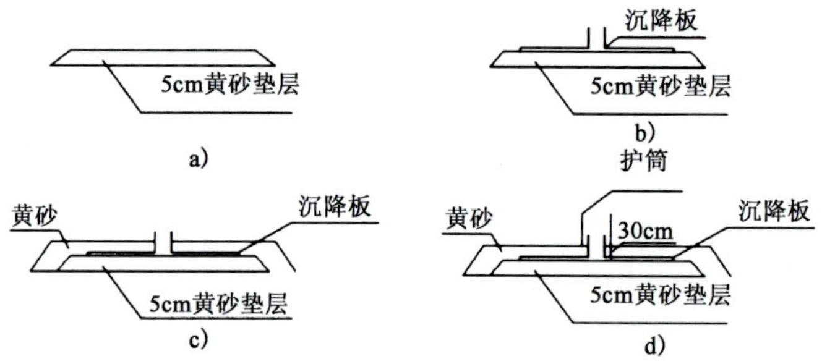


图8-16　直接埋设沉降板步骤示意图

图8-17　台背预压与沉降观测

### 8.3.4　冬季备土堆载预压卸载时机

根据沉降观测结果，经过冬季备土堆载预压，随着时间的增加桥头路基地基沉降逐步呈以下形式：

（1）快速增长期。加载初期，地基沉降量随着时间的增加快速增大，本观测期的沉降速率较上个观测期的平均沉降速率偏大。

（2）稳定增长期。预压一段时间后，地基沉降量随着时间的增加线性增大。本观测期的沉降速率等于或略小于上个观测期的平均沉降速率，地基沉降在向趋于稳定的方向发展。

（3）趋于稳定期。地基沉降量随着时间的增加逐渐增大，本观测期的沉降速率小于上观测期的平均沉降速率，地基沉降曲线逐渐变缓，沉降基本稳定。图8-18为典型的沉降观测结果曲线。

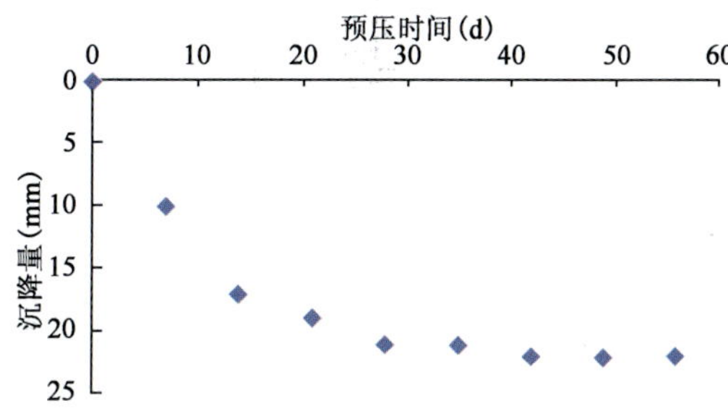

图8-18　K183+330桥头路基预压沉降观测结果

根据本工程实际情况和沉降观测结果，冬季备土堆载预压卸载方案如下：

（1）按照“先互通、后主线、再台背”的原则对堆载预压土进行卸载。

（2）总沉降量不大于20mm、最后一期沉降速率不大于1mm/d且数值小于月平均沉降速率的段落，直接卸载。直接卸载的台背段落应卸载至压实成型的路基面，不得留有虚铺土，且与相邻路基以台阶方式相连接。

（3）台背路基卸载完成后，应按照设计要求尽快安排回填施工，使路基及早成型。

（4）不满足卸载需继续堆载预压的段落，按照规定要求继续进行沉降观测，根据观测结果判断合理的卸载时间。

# 第9章　高速公路路基边坡纤维毯防护技术研究

## 9.1　概　　述

植物纤维毯是一种利用植物纤维制成的坡面防护材料,其上层和下层为聚丙烯网,中间层从上到下依次是天然纤维层、蓄水层。所述天然纤维层为秸秆、椰壳纤维或两者的混合物。根据现场情况不同,植物纤维毯可以进行针对性的组合,以满足坡面防护的需要。

植物纤维毯主要有以下特点:

(1)可在气候比较恶劣的环境中,为植被营造适宜生长的条件。

(2)植物纤维毯可实现在斜坡角度超过25°的坡面上提供绿化条件,防止流经地表水造成的水土流失。

(3)植物纤维毯的原料均为天然农作物的废弃秸秆等,解决农作物的废物利用问题。

(4)结构简单,便于搬运、操作和施工,日常养护简单。

## 9.2　植物纤维毯护坡的结构

根据植物纤维毯是否加入植物种子,将其分为两类。

(1)无草籽植物纤维毯

无草籽植物纤维毯的结构如图9-1所示。

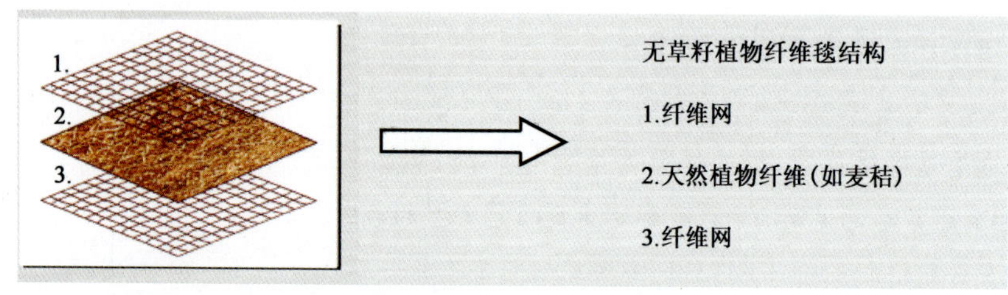


图9-1　无草籽植物纤维毯

(2)有草籽植物纤维毯

有草籽植物纤维毯的结构如图9-2所示。

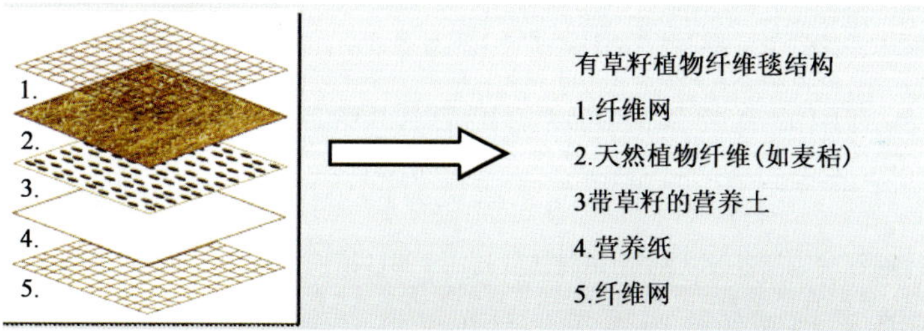


图9-2　有草籽植物纤维毯

# 9.3　植物纤维毯的护坡原理

植物纤维毯利用植物纤维和坡面种植的植物构成一种复合的坡面防护结构。在铺设初期,植物纤维毯与边坡坡面充分固定结合形成一个整体,可以起到调节表土湿润度、防止扬尘和风雨侵蚀、有效防止地面径流的作用;植物生长旺盛后,利用植物比较发达的根系,深入土层,使表土固结;根茎与土壤间的附着力及根茎间的网络加筋作用,可形成稳定的土壤结构,增加高速公路边坡结构的稳定性。

# 9.4　植物纤维毯的技术优势

## 9.4.1　防护和景观效果突出

经过植物纤维毯固坡防护后,路基边坡稳定,外观与周围原生植被协调,既起到了工程防护的作用,又美化了公路景观(图9-3)。这种将绿化工程与路基防护工程有机结合的施工方法,既实现了“远绿近美”的绿化原则,又起到了改善生态环境、美化路容的目的,而且可以有效控制水土流失。

a)

b)

图9-3　植物纤维毯的功效

### 9.4.2 施工速度快、植被恢复见效快

植物纤维毯的应用取消了其他植物防护形式中的圬工防护，促进了施工工序的季节优化，即边坡防护在雨季之前、路基施工完成之后即可实施，施工程序简单快速，可节省大量时间和人力。植物纤维毯采用标准化施工，一组 4 人，一天可以铺设 3000m$^2$，施工速度快，可以尽早起到保护坡面的作用。在北方地区完成铺设后，45d 内就可以实现植被恢复（图 9-4）。

a）生长10d后效果

b）生长20d后效果

c）生长30d后效果

d）生长45d后效果

e）生长60d后效果

图 9-4 植物纤维毯不同阶段的防护效果

# 9.5 植物纤维毯防护的施工工艺

## 9.5.1 整修坡面

铺设前,先对边坡进行整修(图9-5),确保坡体稳定,不会发生滑坡。这一阶段的工作主要有清除安全隐患和工程垃圾、填平凹陷处、剔除杂草植株,最终达到表面平整、密实、湿润,坡度符合植物纤维毯铺设的设计要求并使坡面有利于植物纤维毯的完全覆盖。

a)

b)

图9-5 修整坡面

## 9.5.2 改良土壤

土壤改良包括土壤酸碱性的改良和有机质物质含量的改良两项。由于土壤酸碱性和有机质含量不同,应分别选择合适的处理方法。

对于土壤的酸碱性要进行试验确定,对于酸性土和碱性土应分别采取不同的措施进行中和修正。处理方式为:若土质为酸性,则施用适量石灰粉调节;若土质为碱性,则选用酸性肥料和石膏($CaSO_4$)等来改善土壤肥力。

对于有机质含量不达标的土壤要进行土壤改良,土壤改良采用的材料由泥炭土、耕作土、消毒剂、营养剂、pH调节剂、菌根剂、保水剂、有机肥和保墒剂等组成;有机质含量高的土壤,可根据具体情况稍作调整,均匀撒高效农药于坡面表土层对土壤进行消毒,并同时增施有机肥。

## 9.5.3 铺设植物纤维毯

(1)为了防止坡面路基在铺设时造成土体滑动,在铺设施工作业前,用雾状喷头斜向上阴湿坡面,以达到坡面的平整和密实。坡面阴湿以后,草籽和坡面可以更好地贴合,并且能起到一定的保湿作用,有利于植物的生根发芽。

(2)纤维毯铺设时从坡顶至坡脚由上而下铺放草毯卷。同时用锚杆和锚钉固定住植物纤维毯的顶部和底角,使植物纤维毯贴紧坡面并呈半绷紧状态而不悬空,植物纤维毯毯面保持平整,无褶皱现象。两毯交接处重叠搭接,搭接宽度为3~5cm,并利用U型钉、绑扎铁丝和锚杆等连接器件对纤维毯的横向、纵向分别连接固定。锚钉用量设计为每平方米不少于3只,锚杆、锚钉长度视坡面土层结构情况而定(图9-6)。

a)开锚固沟

b)铺植物纤维毯

c)锚固

d)铺设完成

图9-6　植物纤维毯的铺设

### 9.5.4　施工质量控制

施工质量控制主要分三个阶段进行:施工前检查、施工过程控制和竣工质量检查。

(1)施工前检查的主要任务是确认施工材料没有发生变化,如成品草毯会因搁置时间长而使内部肥料发生质变影响植物的发芽率;测试各项指标是否符合要求,如草毯中肥料、草籽的配合比和用量等指标必须按照设计规定进行安放。

(2)施工过程控制是指在施工过程中应对坡面的稳定性和草毯固定的牢固性进行检查,上道工序未经检验,不得进行下道工序,并做好自检。

(3)竣工质量检查。对铺设完成后的纤维毯铺放情况进行检查,此阶段要求铺设的纤维毯表面平整、密实、无粗糙、无裸露坡面现象;两毯缝隙衔接平顺,外观色泽均匀一致。

## 9.6　植物纤维毯防护的植物选择

树种和草种的选择直接关系到边坡的长期防护效果,是植物纤维毯的关键技术之一。而植被的选择需要根据沿线气候和土壤特点采用适宜在当地生长的树种和草种。一般情况下采用草灌混播的形式进行种植。

采取草灌相结合的植物配置方案:以灌木为主(如紫穗槐),同时要考虑中远期绿化护坡效果(采用草本类植物),且初期见效快(采用禾本科牧草),还要有观赏价值(采用草花类植物)。植物配置方案见表9-1。

植 物 配 置 方 案 表9-1

| 施工季节划分 | 植物配置方案 | 植 物 说 明 |
|---|---|---|
| 春季(3月~6月) | 紫穗槐+紫花苜蓿+黑麦草+波斯菊 | 紫穗槐,灌木,长期固坡效果;<br>紫花苜蓿,草本,初期固坡效果;<br>黑麦草,草本,长期固坡效果;<br>波斯菊,草本花卉,观赏效果,花期7月~10月 |
| 夏季(6月~8月) | 紫穗槐+紫花苜蓿+高羊茅+波斯菊 | 高羊茅,草本,长期固坡效果 |
| 秋季(8月~9月) | 紫穗槐+紫花苜蓿+高羊茅+二月兰 | 二月兰,草本花卉,观赏效果,花期2月~6月 |

# 第10章 高速公路路基加宽沉降变形观测技术

## 10.1 沉降变形观测的目的、范围与依据

### 10.1.1 沉降变形观测的目的

京石高速公路路基沿线高度差异较大,软(弱)土地质条件差,土性变化复杂。老路基经过近20年的运营地基沉降基本完成,而在对其进行加宽拼接扩建的过程中,新路基的沉降刚刚开始发生,为了解决新老路基协同变形,以及施工过程和通车运营后路面开裂和路基塌陷等问题,在路基施工及运营期间对路基变形和稳定性进行监测非常重要。通过监视路基的动态变化,检验地基的加固及拼接效果,分析新拼接路堤荷载对老路基产生的附加沉降和横断面方向横坡改变规律,为路基填筑计划的制订和执行提供定量的参考数据,保证填筑过程中路堤的安全,保证公路运营过程中的工后沉降及差异沉降满足行车要求。

新旧路基拼接质量决定着工程的成败,为保证加宽后路面性能满足路用功能,避免出现路基塌陷、路面开裂,在路基加宽施工过程及运行期间对新老路基进行沉降变形观测,分析新拼接路堤荷载对老路基产生的附加沉降和横断面方向横坡改变规律。在路基上设沉降观测点进行全过程跟踪监测,为进一步优化设计和验证设计对策的合理性提供依据。

### 10.1.2 沉降变形观测的范围

(1)软土地基区段,路基高度大于6.0m。

(2)非软土地基区段,路基高度大于7.0m。

### 10.1.3 沉降变形观测技术依据

(1)《建筑变形测量规范》(JGJ8-2007)。

(2)《国家一、二等水准测量规范》(GB/T 12897—2006)。

(3)《工程测量规范》(GB 50026—2007)。

(4)《公路路基设计规范》(JTG D30—2004)。

(5)《公路工程质量检验评定标准》(JTG F80/1—2004)。

(6)交通运输部颁标准、规范、规程和有关规定。

(7)路基和桥涵设计文件。

## 10.2 沉降变形观测技术要求

京港澳高速公路涿州(京冀界)至石家庄段改扩建工程变形观测工作以路基的垂直沉降观测为主,水平位移观测根据路基工点具体要求确定。

### 10.2.1 沉降变形观测等级及精度要求

变形测量按国家二等水准测量规定执行,见表10-1。

测量等级及精度要求　　表10-1

| 变形测量等级 | 垂直位移观测 | | 水平位移观测 |
|---|---|---|---|
| | 沉降变形点的高程中误差(mm) | 相邻沉降变形点的高差中误差(mm) | 沉降变形点点位中误差(mm) |
| 二等 | ±1.0 | ±0.5 | ±6.0 |

### 10.2.2 沉降变形观测网主要技术要求及建网方式

(1) 垂直位移监测网建网方式

垂直位移监测一般按国家二等水准测量的要求施测。根据沉降变形测量精度要求高的特点,以及标志的作用和要求不同,垂直位移监测网用分级布网等精度观测逐级控制的方法布设。其观测网布设方法为:在全线二等精密高程控制测量布设的基岩点、深埋水准点及一般水准点的基础上,按照国家二等水准测量的技术要求进一步加密水准基点或设置工作基点至满足工点垂直位移观测需要。加密后的水准基点(含工作基点)间距不大于200m时,可基本保证线下工程垂直位移观测需要。

(2)垂直位移监测网主要技术要求

垂直位移观测网主要技术要求按表10-2执行。

垂直位移监测网技术要求　　表10-2

| 等级 | 相邻基准点高差中误差(mm) | 每站高差中误差(mm) | 往返较差、附合或环线闭合差(mm) | 检测已测高差较差(mm) | 使用仪器、观测方法及要求 |
|---|---|---|---|---|---|
| 三等 | 1.0 | 0.3 | $4\sqrt{F}$ | $6\sqrt{R}$ | DS05型仪器,按国家二等水准测量的技术要求施测 |

注:$F$-附合线路或环线长度,km;$R$-检测已测测段长度,km。

(3)水平位移监测网建网方式

一般按独立建网考虑,根据沉降变形测量等级及精度要求进行施测,并与施工平面控制网进行联测,引入施工测量坐标系统,实现水平位移监测网坐标与施工平面控制网坐标的相互转换。

(4)水平位移监测网主要技术要求

水平位移监测按国家二等水准测量的要求施测执行,对于软土地基等设计有特别技术要求的复杂工点,可根据需要按国家二等水准测量的规定执行,见表10-3。

**水平位移监测网技术要求** 表10-3

| 等级 | 相邻基准点的点位中误差(mm) | 平均边长(m) | 测角中误差(″) | 最弱边相对中误差 | 作业要求 |
|---|---|---|---|---|---|
| 二等 | ±3.0 | <300 | ±1.0 | ≤1/120000 | 按国家二等平面控制测量要求观测 |
| | | <150 | ±1.8 | ≤1/70000 | 按国家三等平面控制测量要求观测 |
| 三等 | ±6.0 | <350 | ±1.8 | ≤1/70000 | 按国家三等平面控制测量要求观测 |
| | | <200 | ±2.5 | ≤1/40000 | 按国家四等平面控制测量要求观测 |

## 10.2.3 沉降变形测量点的布置要求

(1)沉降变形测量点分为基准点、工作基点和沉降变形点三类,其布设要求如下:

①基准点。要求建立在沉降变形区以外的稳定地区,基准点使用全线的基岩点、深埋水准点和二等水准点,增设时按国家二等水准测量的相关要求执行。基准点标石埋设规格应符合图10-1的规定。

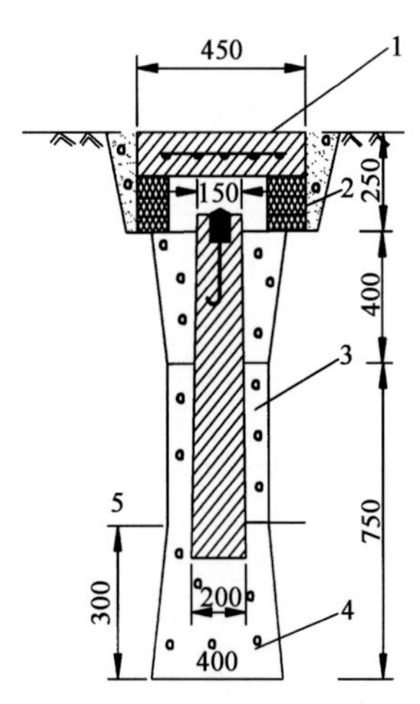


图10-1 基准点标石埋设图(尺寸单位:mm)

1-盖;2-砖;3-素土;4-贫混凝土;5-冻土线

②工作基点。要求埋设在稳定区域,在观测期间稳定不变,测定沉降变形点时作为高程和坐标的传递点。工作基点除使用普通水准点外,按照国家二等水准测量的技术要求进一步加密水准基点或设置工作基点至满足工点垂直位移监测需要。加密后的水准基点(含工作基点)间距为200m左右时,可基本保证线下工程垂直位移监测的需要。

③沉降变形点。直接埋设在要测定的沉降变形体上。点位应设立在能反映沉降变形体沉降变

形的特征部位，不但要求设置牢固，便于观测，还要求形式美观，结构合理，且不破坏沉降变形体的外观和使用。沉降变形点按路基、桥涵专业布点要求进行。

(2)每个独立的监测网应设置不少于3个稳固可靠的基准点。基准点应选设在沉降变形影响范围以外便于长期保存的稳定位置。

(3)基准点和工作基点的检测。

工作基点应选在比较稳定的位置，但由于自然条件的变化，人为破坏等原因，不可避免的有个别点位会发生变化。为了验证监测网基准点和工作基点的稳定性，应对其进行定期检测。垂直位移监测网的观测分为首次观测和施工过程中的定期复测，定期复测按每6个月进行1次，尽可能结合精测网复测进行。在区域沉降地区应每3个月进行1次复测。

### 10.2.4　沉降变形观测测量工作基本要求

(1)水准基点使用时应做稳定性检验，并以稳定或相对稳定的点作为沉降变形的参考点，并应有一定数量稳固可靠的点以资校核。

(2)每次观测前，对所使用的仪器和设备应进行检验校正，并保留检验记录。

(3)每次沉降变形观测应符合一定的要求。

①严格按水准测量规范的要求施测。首次(即零周期)观测应进行往返观测，并取观测结果的中数，以经严密平差处理后的高程值，作为变形测量初始值。

②参与观测的人员必须经过培训才能上岗，并固定观测人员。

③为了将观测中的系统误差减到最小，达到提高精度的目的，各次观测应使用同一台仪器和设备，前后视观测最好用同一水准尺，必须按照固定的观测路线和观测方法进行，观测路线必须形成附合或闭合路线，使用固定的工作基点对应沉降变形观测点进行观测。实行“五固定”即“固定水准基点、工作基点，固定人，固定测量仪器，固定监测环境条件，固定测量路线和方法”，以提高观测数据的准确性。

④观测时要避免阳光直射，且在基本相同的环境和观测条件下工作。

⑤成像清晰、稳定时再读数。

⑥随时观测，随时检核计算，观测时要一次完成，中途不中断。

(4)沉降观测均采用精密电子水准仪，不得采用光学水准仪。

(5)测段观测完成后，必须及时整理观测数据。

(6)当发现沉降监测数据出现异常时先自查，应重测并分析工作基点的稳定性，必要时联测基准点进行检测，并提交自查分析报告。

(7)在观测过程中，应做好一些重点信息的记录，如对架梁、天气情况、地下水影响情况等的记录，以利于对结构变形特性的分析和异常数据进行分析。

### 10.2.5 测量工作具体要求

(1)水准网的观测按照国家二等水准施测,采用单路线往返观测。每次观测均形成闭合检验条件。

(2)应使用DS05级及以上的电子水准仪,仪器及配套水准尺均应在有效检定期内。水准仪与水准尺在使用前及使用过程中,经常规检校达到合格,水准仪视准轴与水准管轴的夹角均不超过15″。仪器各种设置正确,其中有限差要求的项目按规范要求在仪器中进行设置,并在数据采集时自动控制,不满足要求的应根据仪器的提示进行重测。

(3)外业测量一条路线的往返测使用同一类型仪器和转点尺垫,沿同一路线进行。观测成果的重测和取舍按《国家一、二等水准测量规范》(GB/T12897—2006)二等水准有关要求执行。观测时,视线长度不大于50m,前后视距差不大于1.5m,前后视距累积差不大于6.0m,视线高度不小于0.5m;测站限差:两次读数差不大于0.4mm,两次所测高差之差不大于0.6mm,检测间歇点高差之差不大于1.0mm;观测读数和记录的数字取位:使用数字水准仪读记至0.01mm。

(4)观测时,一般按“后→前→前→后”的顺序进行,对于有变换奇偶站功能的电子水准仪,按以下顺序进行:

①往测。奇数站为“后→前→前→后”;偶数站为“前→后→后→前”。

②返测。奇数站为“前→后→后→前”;偶数站为“后→前→前→后”。

(5)每一测段必须为偶数测站结束。

(6)观测前30min,将仪器置于露天阴影处,使仪器与外界气温趋于一致,并进行仪器预热。测量中避免望远镜直接对着太阳;尽量避免视线被遮挡,要求遮挡不超过标尺在望远镜中截长的20%;观测时用测伞遮挡阳光,仪器需装遮光罩。

(7)自动安平水准仪的圆水准器,严格置平。在各连续测站上安置水准仪时,使其中两脚螺旋与水准路线方向平行,第三脚螺旋轮换置于路线方向的左侧与右侧。除路线拐弯处外,每一测站上仪器与前后视标尺的三个位置的连线,一般接近一条直线。

(8)观测过程中为保证水准尺的稳定性,选用2.5kg以上的尺垫,水准观测路线必须路面硬实,观测过程中尺垫踩实以避免尺垫下沉。同时观测过程中避免将仪器安置在容易振动的地方,如果临时有振动,确认振动源造成的振动消失后,再激发测量键。水准尺均借助尺撑整平扶直,使标尺上的气泡居中,确保水准尺垂直。

(9)当相邻观测周期的沉降量超过限差或出现反弹时,应重测并分析工作基点的稳定性,必要时联测基准点进行检测。

(10)数据处理时,闭合差、中误差等均满足要求后进行平差计算,水准路线要进行严密平差。

(11)元件保护要求。

①元件埋设时应根据现场情况进行编号,有导线的元件应将导线引出至路基坡脚观测箱内。

②凡沉降杯附近1m范围内土方应采用人工摊平及小型机具碾压,不得采用大型机械推土及碾压,并配备专人负责指导,以确保元器件不受损坏。

③应制订稳妥的保护措施并认真执行,确保元器件不因人为、自然等因素而破坏。元器件埋设后,制作相应的标识旗或保护架插在上方。路堤填筑过程中,派专人负责监督观测断面的填筑。

## 10.3 加宽路基沉降观测方案

加宽路基铺筑路面前,应对其沉降变形进行评估,确认加宽路基的工后沉降和新老路基间不均匀沉降符合设计要求。路基填筑完成或施加预压荷载后应有一定的观测和调整期,观测数据不足以评估时,应继续观测;工后沉降和不均匀沉降评估不能满足设计要求时,应采取必要的加速完成沉降或控制沉降的措施。

加宽路基沉降观测应以老路路面沉降和新加宽路基基底沉降观测为主,并有针对性地对路桥过渡段纵横向差异沉降和软土地基路段的横向差异沉降进行重点观测。在高填、深厚软基路段可适当设置水平位移观测断面。

### 10.3.1 加宽路基控制标准

(1)加宽路基工后沉降小于10cm,桥头过渡段总沉降不大于30cm,老路基与加宽路基的路拱横坡比的工后增大值不应大于0.5%。

(2)扩建工程路基施工期间,加宽路堤地表沉降速率应小于5mm/d,边坡水平位移应小于3mm/d。

(3)路基填筑完成后,应对完成的路基进行沉降变形观测。根据沉降观测资料推算剩余沉降,如果剩余沉降小于规定的允许工后沉降值或满足连续3个月沉降小于2mm/月,才能进行路面施工。对于沉降速率达不到要求的路段,不得进行路面施工,应采取必要的措施进行处理。处理后的路基沉降速率小于2mm/月后,再进行路面施工。

(4)扩建工程路面施工期间,实测路面沉降速率应小于1mm/月。

(5)扩建工程路面施工期间,实测路面横坡变化应小于0.5%。

(6)扩建工程通车运行期间,实测路面沉降速率应小于1mm/月。

### 10.3.2 加宽路基沉降观测断面布置

1. 布置原则

加宽路基沉降观测断面布置在考虑工程地质条件、地基处理及路堤设计方式、荷载因素、结构物特征、路堤高度、周边环境、经济因素等几个因素的情况下,原则上按照以下要求布置观测断面和观测点:

(1)地基条件均匀良好且路基高度大于7m、软土地基地段路基高度大于6m时,沉降观测断面的间距一般为150~200m。

(2)对于地势平坦、地基条件均匀良好、高度大于4m且小于6m的路堤可适当放宽。

(3)对于地形、地质条件变化较大的地段应适当加密。

(4)路堤与不同结构物(大中桥、分离式立交)的连接处应设置沉降观测断面,每个路桥过渡段在搭板尾部和距离桥头35m处分别设置一个沉降观测断面。

2. 观测断面组成

本线路加宽路基沉降观测采用Ⅰ、Ⅱ、Ⅲ型观测断面。

Ⅰ型观测断面主要用于一般地段加宽路基(软土地段高度大于6.0m或非软土地基地段高度大于7.0m)沉降观测(图10-2)。

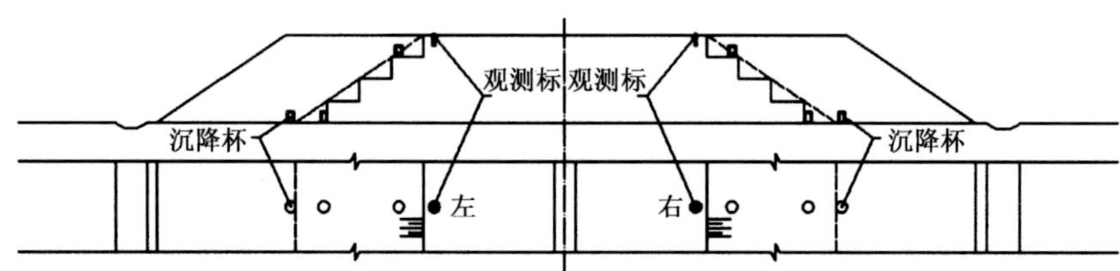


图10-2 加宽路基沉降观测剖面原件布置示意图(Ⅰ型)

Ⅱ型断面仅在桥头搭板尾部(软土地段高度大于6.0m或非软土地基地段高度大于7.0m)布置(图10-3)。

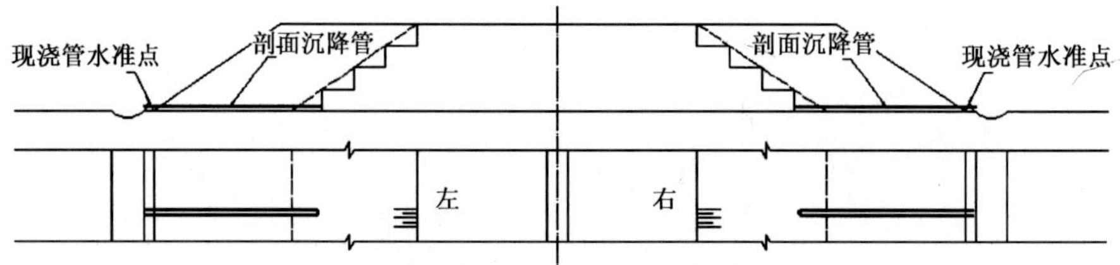


图10-3 加宽路基沉降观测剖面原件布置示意图(Ⅱ型)

Ⅲ型观测断面用于软土路基高度大于7m的地段和非软土路基高度大于8m的地段(图10-4)。

Ⅰ型观测断面包括沉降观测标和沉降杯。每个断面设置两个沉降观测标,埋设于两侧防撞护栏内1.0m处。沉降杯分别位于新路肩、加宽路面中部、老路肩外侧2.0m垂线处对应的地基或开挖后的边坡上。

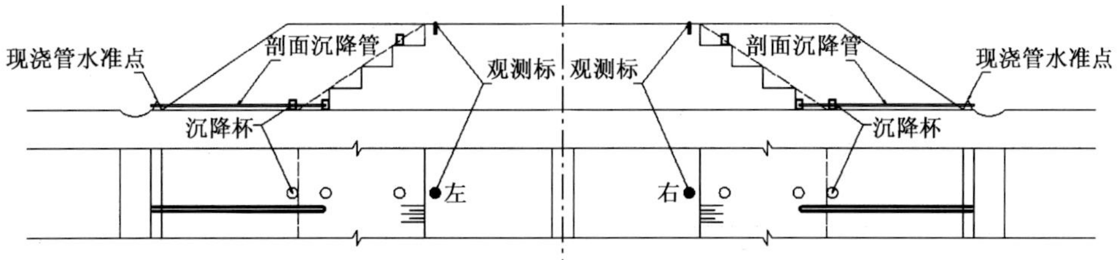


图 10-4　加宽路基沉降观测剖面原件布置示意图(Ⅲ型)

Ⅱ型观测断面只包括剖面沉降管,每个断面设置两条剖面沉降管,埋设位置为新路基坡脚至老路基坡脚台阶底部。

Ⅲ型观测断面包括两个沉降观测标、6 个沉降杯以及两条剖面沉降管,埋设位置参照Ⅰ型观测断面和Ⅱ型观测断面。

3. 观测元件埋设要求

(1)老路肩沉降观测标

观测标选用 $\phi$20mm 不锈钢棒,顶部磨圆并刻划十字线,底部焊接弯钩,通过测量埋置在距离老路护栏内侧 1.0m 观测断面设计位置,埋置深度 0.3m,桩周 0.15m 范围内用 C20 混凝土浇筑固定(图 10-5),完成埋设后按二等水准标准测量桩顶高程作为初始读数。

(2)沉降杯

相对于常用的沉降板沉降测量方法,沉降杯一旦安装完成,观测时对路堤上部施工没有影响,在路基施工过程中可连续观测。

沉降杯(图 10-6)是利用液体在连通管两端口保持同一水平面的原理制成的。在测量室内读出测量管内液面高度,与用水准测量方法测出的测量尺基准高程相加可得到测量室内液面的高程,由连通器原理便可知另一端口(测点)的液面高程,前后两次测量得到高程之差,即为被测点的沉降量。

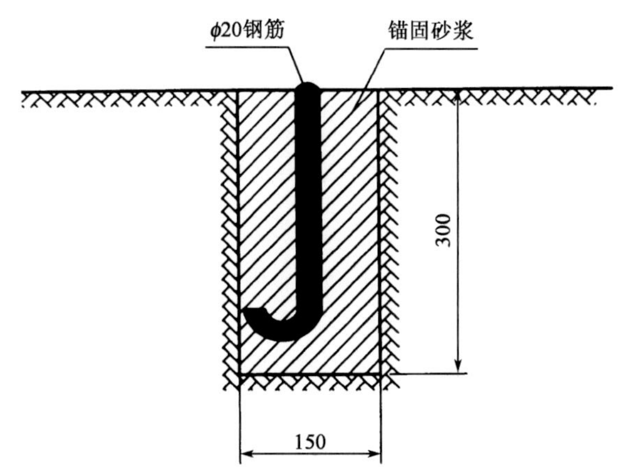


图 10-5　沉降观测桩埋设方案示意图(尺寸单位:mm)

图 10-6　沉降杯

沉降杯的管路系统由进气管、进水管、出水管以及保护管组成(图10-7)。进气管、进水管和出水管采用12×1尼龙管,尼龙管应采用整根管,中间不设接头,以保证系统的可靠性,管路必须使用保护管保护。保护管采用PVC管,每个测点使用单独的一条保护管,两根保护管之间采用直径较大的伸缩管连接,伸缩管长不小于50cm,接口处采用土工布包裹密封并用钢丝扎紧,防止泥沙进入保护管。这样可使保护管适应路基内部水平位移及沉降。

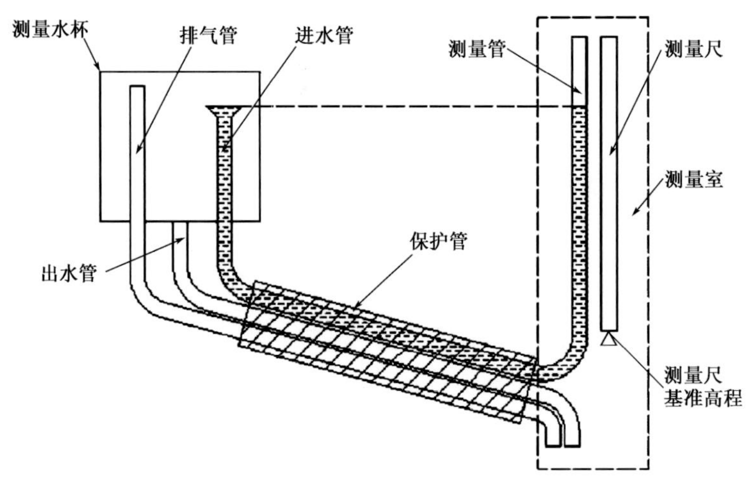


图10-7　沉降杯基本构造图

沉降杯的测量系统包括观测墩、测量管以及测量尺等。观测墩按照水准测量水准基点规格制作,埋深不小于600mm,顶部设置水准点,水准点埋设方式参考观测标;测量管采用有机玻璃管,长1m;测量尺量程为1m,精度为1mm。

由于埋设在土中的沉降杯会随地基的沉降不断下沉,埋设管道前应估计地基沉降量,避免管道中出现高于沉降杯的反坡,以致引起较大的误差,故埋设管道时应保证测点到观测点有一定坡度,坡度的大小取决于测点的沉降以及管道沿线的可能的沉降情况,一般可以设置成3%~5%,最终观测墩顶面高程应低于沉降杯埋设高程0.6~0.8m。

沉降杯具体埋设方法如下。

水杯式沉降仪通常采用挖沟槽的方法埋设,当路基填筑至测点以上1m时,从测点位置开始挖宽20~30cm的沟槽,测点位置开挖深度不小于30cm、长×宽为30cm×30cm的平台,其后的沟槽设置指向坡脚的向下3%~5%的坡度,最终到坡脚测量室位置时应比测点处至少低60cm,保证水可以顺畅排出。

测点位置应尽量整平压实,并用水平尺校准,把沉降杯与管线紧密连接后放入沟槽中,管线在沟渠中应略摆放成“S”型,以防止路基沉降时将管线拉断,填土时应先覆盖一层沙土或细土,压实后再填路基土,最后将沟槽压实。

埋设好沉降仪后应马上进行一次加水测量，检查整套仪器密闭性并测得沉降杯的初始高程。

沉降杯管路埋设方法如图10-8所示。

a)

b)

图10-8　沉降杯管路埋设

(3)剖面沉降管

路基基底剖面沉降管在地基加固及垫层施工完毕后，填土至0.6m高度碾压密实后开槽埋设，开槽宽度为20～30cm，开槽深度至地基加固垫层顶面，槽底回填0.2m厚的中粗砂(图10-9)。在加宽路基和既有路基交接处水平埋设U形管，在U形管两端分别密封连接回线钢管和内壁均布有四条轴向凹槽的PVC测管，并在回线钢管、U形管和PVC测管内穿设通长的测绳；回线管和测管平行设置，且两者轴线与线路延伸方向垂直；测管在埋设时，其中两条相对的凹槽要上下设置，另外两条要左右设置；测管上夯填中粗砂至与碾压面平齐。

a)

b)

c)

图10-9　剖面沉降管埋设

4. 观测方法及要求

(1)观测方法

①横剖面沉降观测方法(图10-10)。采用横剖仪和水准仪进行横剖面沉降观测。每次观测时,首先用水准仪按二等水准精度测出横剖面管一侧的观测桩顶高程,再把横剖仪放置于观测桩顶测量初值,然后将横剖仪放入横剖管内测量各测点。

a) b) c) d)

图10-10 横剖面沉降观测方法

②沉降杯观测方法。采用水准测量方法,按测量精度要求和频次定期观测沉降杯墩顶面水准点高程和测量管水位读数。

③路肩沉降观测标观测方法。采用水准测量方法,按测量精度要求和频次定期观测路肩观测标顶面测点高程。

(2)观测测量精度及频度

①观测精度。路基沉降观测水准测量的精度为±1.0mm,读数取位至0.1mm;剖面沉降观测的精度应不低于8mm/30m,横剖面沉降测试仪最小读数不得大于0.1mm。

②观测频度。路基沉降观测的频次不低于表10-4的规定。

加宽路基沉降观测频率　　表10-4

| 观测阶段 | | | 观测频次 |
|---|---|---|---|
| 路基施工 | 一般 | | 1次/(1~2)层或1次/(3~5)d |
| | 沉降量突变 | | 1次/天 |
| | 路基搁置期 | | 1次/15d |
| 路面施工 | 6个月 | | 1次/(10~15)d |
| 通车运行期 | 12个月 | 0~3个月 | 1次/月 |
| | | 4~12个月 | 1次/2月 |

## 10.3.3　典型断面观测结果

图10-11和图10-12为采用横剖面进行的典型观测断面地基沉降结果。可见,随着路基填筑高度的增加,地基沉降逐渐增大。从路基坡脚(观测室位置)向路基中心地基沉降逐渐增大。根据最大沉降点沉降—填高—时间曲线图,可见地基沉趋于稳定,最近四个月的月沉降量均小于2mm/月。

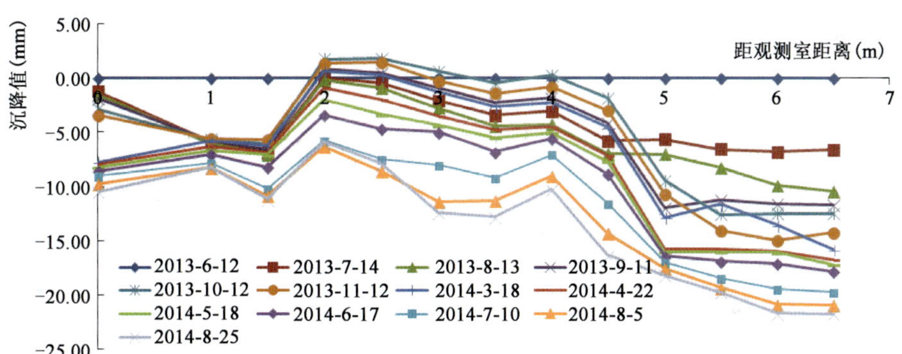


图10-11　典型观测断面的沉降观测结果(坡面管法)

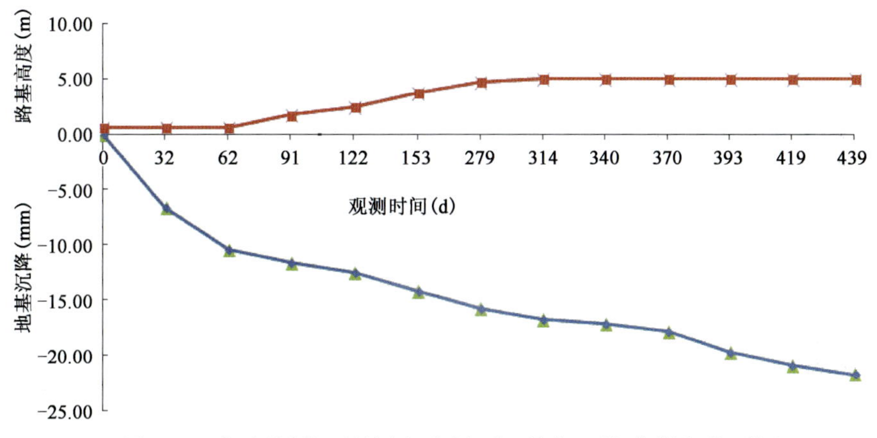


图10-12　典型观测断面的最大沉降点沉降—填高—时间曲线图(坡面管法)

路基加宽是高速公路改扩建工程的重要组成部分,其施工质量的优劣直接影响到路面的使用性能,影响到行车安全。为了实现新老路基的有效衔接,减小新老路基间的不均匀沉降,结合京石高速公路改扩建工程实践,展开了老路路基边坡及堤身的状态调查、明确了加宽路基软基 CFG 桩复合地基处理方法、提出了老路基边沟回填与重型压实技术、构建了新老路基台阶处治与路基加宽标准化施工技术、确定了土工合成材料加筋路基技术方案、提出了高速公路路特殊路基加宽施工技术(短路基施工和路桥(涵)过渡段加宽路基冬季备土堆载预压),制订了路基加宽沉降观测技术,从多角度、多方位对高速公路路基加宽工程质量进行了有效控制。

# 参考文献

[1] 白玉龙.高速公路改扩建既有路基的分析评价与对策[D].石家庄:石家庄铁道大学,2013.

[2] 方鹤.高速公路拓宽工程既有路面结构利用与处置技术[D].上海:同济大学,2009.

[3] 褚晨枫.高速公路改扩建旧路检测与评价技术[D].长沙:长沙理工大学,2008.

[4] 孙文智,金爱国,肖质江.沪杭甬高速公路拓宽工程施工[J].中外公路,2004,24(4):34-38.

[5] 杨昊.沈大高速公路改扩建工程软土地基处理的设计思路和施工控制要点[J].东北公路,2002,25(2):11-14.

[6] 张军辉.软土地基上高速公路加宽变形特性及差异沉降控制标准研究[D].南京:东南大学,2006.

[7] 贾宁.软土地基高速公路加宽的沉降性状及处理研究[D].杭州:浙江大学,2004.

[8] ALLERSMA H G B. Investigation of road widening on soft soil using a small centrifuge[J]. Transporttation Research Recorch,1994,15(2):47-53.

[9] 周志刚,郑建龙.老路拓宽设计方法的研究[J].长沙交通学院学报,1995,11(3):50-56.

[10] 章定文.软土地基上高速公路扩建工程变形特性研究[D].南京:东南大学交通学院,2004.

[11] 高翔.高速公路新老路基相互作用分析与处理技术研究[D].南京:东南大学交通学院,2004.

[12] 孙杰.软土地基高速公路拼宽工程变形特性研究[D].南京:河海大学岩土工程研究所,2005.

[13] 陈星光.高速公路扩建工程差异沉降控制技术研究[D].西安:长安大学公路学院,2006.

[14] BEINBRECH R. EPS in road construction-current situation in Germany[J]. Geotextiles and Geomembranes,1997,15(3):39-57.

[15] THOMPSETT D J, WALKER A. Design and construction of expanded polystyrene embankments practical design methods and used in the United Kingdom[J]. Construction and Building Materials,1995,9(6):403-411.

[16] 李朋卫.尾矿砂铁路路基修筑技术研究[D].石家庄:石家庄铁道大学,2011.

[17] 蒋鑫,邱延峻.旧路拓宽全程过程三维有限元分析[J].工程地质学报,2005,13(3):419-423.

[18] VOS E, COUVREUR J F, VERMAUT M. Comparison of numerical analysis with field data of a road widening project on peaty soil[C]. Transportation research record,1994.

[19] 汪浩,黄晓明.软土地基上高速公路加宽的有限元分析[J].公路交通科技,2004,21(8):21-24.

[20] 孙伟,龚晓南,孙东.高速公路拓宽工程变形形状分析[J].中南公路工程,2004,29(4):53-55.

[21] HAN J, OZT S OPRAK, PARSONS R L. Numerical analysis of foundation columns to support widening of embankments[J]. Computers and Geotechnics,2007,43(1):1-14.

[22] 交通部公路科学研究院. JTG E40—2007 公路土工试验规程[S].北京:人民交通出版社,2007.

[23] 罗会.低液限粉土工程特性试验研究[D].石家庄:石家庄铁道大学,2008.

[24] 中交第二公路勘察设计研究院. JTG D30—2004 公路路基设计规范.[S].北京:人民交通出版社,2004.

[25] 中交集团第一公路工程有限公司. JTG F10—2006 公路路基施工技术规范[S].北京:人民交通出版社,2006.

[26] 范永丰,周科峰,褚晨枫.郑洛高速公路旧路含水量对地基承载力的影响分析[C]. 2007.

[27] 王丽.路基含水率对其技术性能影响研究[D].呼和浩特:内蒙古农业大学林业工程学院,2009.

[28] 周镜.谈谈路基工程中天然软土地基沉降预测中的某些问题[J].路基工程,2001,5(6):1-8.

[29] 刘增贤,汤连生.路堤荷载下软土侧向挤出沉降分析[J].工程勘察,2003,2(4):1-4.

[30] 周镜.软土沉降分析中的某些问题[J].中国铁道科学,1999,20(2):17-19.

[31] 吴文英.城市道路拓宽改造的研究与实践[D].南京:南京理工大学土木工程学院,2008.

[32] 陈仲颐,周景星,王洪谨.土力学[M].北京:清华大学出版社,1994.

[33] 王晓谋,袁怀宇.高等级公路软土路堤设计与施工技术[M].北京:人民交通出版社,2001.

[34] 王健飞.软土地基上高速公路加宽工程变形特性研究[D].石家庄:石家庄铁道大学,2008.

[35] 陈海珊,胡永琛.广佛高速公路加宽公路的软基处理[J].广东公路交通,1998,3

(4):47-50.

[36] 舒晓武.高速公路加宽工程技术及应用研究[D].天津:天津大学,2005.

[37] 费康,张建伟. ABAQUS 在岩土工程中的应用[M].北京:中国水利水电出版社,2010.

[38] 黄传志.多维太沙基固结微分方程求解[J].岩土工程学报,1991,13(1):34-47.

[39] MCNAMEE J,GIBSON R E. Plane stain and axially symmetric problems of the consolidation of a semi-infiinity clay stratum[J]. Computers and Geotechnics,2007,43(1).

[40] 胡亚元,王立忠.多层地基二维 Biot 固结的理论解答[J].岩土工程学报,1998,20(5):17-21.

[41] GIBSON R. E,SCHIFFMAN R. L, Pu S L. Plane and axially symmetric consolidation of a clay layer on a smooth impermeable base[J]. Computers and Geotechnics, 1970,(4):505-519.

[42] 程泽海.群桩基础在饱和软土地基中的工作状态研究[D].杭州:浙江大学,2003.

[43] 赵明华.土力学与基础工程[M].武汉:武汉工业大学出版社,2000.